图书在版编目(CIP)数据

重建中国文明/余画洋著. —北京：商务印书馆，2011

ISBN 978-7-100-08356-0

Ⅰ. ①重… Ⅱ. ①余… Ⅲ. ①中华文化—文化史—研究 Ⅳ. ①K203

中国版本图书馆CIP数据核字(2011)第091714号

重建中国文明

余画洋 著

商务印书馆出版

(北京王府井大街36号 邮政编码 100710)

商务印书馆发行

三河市尚艺印装有限公司印刷

ISBN 978-7-100-08356-0

2011年7月第1版 开本 880×1230 1/32

2011年7月北京第1次印刷 印张 12 1/8

定价：32.00元

重建中国文明

余画洋 著

商務印書館

2011年·北京

谨以此书纪念我们文明史上的百代英杰！

九嶷山上白云飞，帝子乘风下翠微。
斑竹一枝千滴泪，红霞万朵百重衣。
洞庭波涌连天雪，长岛人歌动地诗。
我欲因之梦寥廓，芙蓉国里尽朝晖。

——毛泽东，《七律·答友人》，1961 年

目录 Contents

文明的起源和重建

《老子》是一把钥匙

欲将剥复问前因

附录

文明的起源和重建

尧舜及其族群考论

一、濮阳之战

1987 年 5 月，在河南濮阳西水坡发现了仰韶文化的遗存，之后出土了三组用蚌壳摆塑的图案。在一处土塘墓中，下葬了一位壮年男子，头朝南而足朝北。他的左右两侧，分别是蚌壳铺塑的虎和龙。另两组图在墓塘以南，即男子头朝的方向。我们按从南（头）到北（足）的顺序来观察这三组图形。

第一组图：在一条灰沟里，“又有一蚌壳摆塑的龙，头朝东，背上骑一人。这龙以北近处还有一蚌壳摆塑的虎，虎头朝西，作奔跑状”[1]。“在龙虎的西面还有一舒身展翅的飞禽……在飞禽与龙之间还用蚌壳摆一个圆圈。”[2]

第二组图：在第一组图南面约 25 米远的一个浅地穴中，“其图案有龙、虎、鹿和蜘蛛等，龙虎蝉联为一体；其鹿卧于虎的背上，

[1] 白寿彝总编：《中国通史》第二卷，修订本，上海人民出版社 2004 年版。

[2] 《1988 年河南濮阳西水坡遗址发掘简报》，《考古》1989 年第 12 期。

特别像一只站立着的高足长颈鹿。蜘蛛摆塑于龙头的东面……在蜘蛛和鹿之间，还有一件制作精致的石斧”[1]。此外，“正对龙的前方摆塑一圆球”[2]。

第三组图：即墓塘之图。在墓室东、西、北三面各设一小龛，小龛内为三具骸骨。北龛里的遗体是16岁左右的男性，头朝东；西龛里为11岁左右的少女，头部有刀砍痕迹；东龛内骨架保存不好，性别不明，其年龄大致也在12岁上下。北龛深1.1米，西龛深0.8米，东龛深0.6米。西龛旁边有蚌壳散落在地，“比较乱，不规则，没有一定的形状，里面还杂有一些石片”[3]。

墓主身体两侧的龙、虎均背对着他，虎身朝向西龛，而龙身朝向东龛。在壮年男子足部和少年遗骸之间，发现了两根人的胫骨，其西紧挨一蚌堆，呈三角形。

第三组图隐含了道教中龙虎丹法的起源。东龛里的疑为一男孩，龙虎相斗，则男女不及于乱。人走路的时候支撑在胫骨上，所以胫骨比喻途径。三角形蚌堆在胫骨旁，暗示途径为三家相见。墓主足部对着16岁少年，表示通过这个途径，年长者将返还少年的青春。

鹿形态优美，行动矫健，或可与少年人联系起来。鹿在虎背之上，鹿和虎都是兽类，似乎是以虎比喻一个族群，而鹿代表这个族群的领袖。墓主是当时的领袖，则鹿应指将来的领袖。

---

[1] 《1988年河南濮阳西水坡遗址发掘简报》，《考古》1989年第12期。

[2] 《中国通史》。

[3] 《河南濮阳西水坡遗址发掘简报》，《文物》1988年第3期。

龙喻指惊雷，即这个族群遇到的大灾难，反映了震怖的心理。龙背上有一人，表示人我之分。龙和鸟之间有一圆，暗示大灾难来自鸟所代表的族群。鸟在西边，龙头向东，虎头向西，可能是说本族西进，异族东扩，发生激烈战争。

灰沟为西南—东北走向，墓主遗体从头到足仔细看也指向东北方向，可能是说墓主将逝，让本族逃往东北边去，到那里培养下一代的领袖，希望他像鹿一样。

鹿还有什么特点呢？在《以〈老子〉观点略释〈周易〉四组卦》一文中，曾指出鹿可以比喻“无为”。[1]在《老子》里，“无为”有以下几种意思（词句后面括号里的数字是拙著《老子寻绎》[2]中的章节数）：

（1）谦虚柔和，不为私利，不突出自己。“上德无为，而无以为。”（1·1·1）“是以圣人处无为之事，行不言之教，万物作焉而不辞，为而不恃，功成而弗居。”（35·2）“爱民治国，能无为乎？”（43）

（2）秉要执本，知人善任，不事必躬亲。“损之又损，以至于无为，无为而无不为。”（7·2）

（3）清静无欲，不扰乱人心，不过于苛察。“我无为而民自化，我好静而民自正，我无事而民自富，我无欲而民自朴。”（15·3·1）“为无为，则无不治。”（36）

（4）慎为，不恣意而为，不超越阶段，不违背事物自身的规

[1] http://blog.sina.com.cn/s/blog_5c8ad7d40100awwz.html.

[2] 见《老子寻绎》，香港《中国与世界观察》杂志社有限公司 2008 年版。

律。“吾是以知无为之有益。不言之教，无为之益，天下希能及之矣。”（5·2）“为无为，事无事，味无味。”（20·1）“是以圣人无为，故无败；无执，故无失。”（20·2·4）

墓主的期望不见得有《老子》的“无为”这样丰富，但鹿性温驯，的确近于“无为”。虎性暴烈，可谓有为之极；鹿在虎上，即是说族群要有为，领袖既要有为又要无为，这就是墓主在惨痛战争中积累的经验教训，也是他留给未来继承者的宝贵遗嘱。[1]

濮阳西水坡属于考古学上的后冈一期遗存。后冈一期文化从磁山（河北武安）文化、北辛（山东滕县）文化而来。“磁山文化的年代在公元前 5800 年左右，是该地区目前发现年代最早的新石器时代文化……以磁山为代表的一类遗存，目前还只发现于河北南部地区。”[2] 而北辛文化“遗址早期堆积的年代为公元前 5875 年……晚期遗存中的相当多的因素，文化面貌很接近后冈一期文化，年代在公元前 4550—前 4350 年间，早于此地的大汶口文化……北辛文化主要分布在黄河下游、淮河以北的鲁中南及苏北地区”。

后冈一期文化分布的地区：“东至山东半岛，西越太行山而达晋中及长治盆地，南逾黄河，北达河套、桑干河—永定河沿线。”在后冈一期之后与之相衔接的早期大汶口文化，“分布地区较前者缩小，基本上龟缩于山东及苏北地区”[3]。

[1] 虎 + 鹿 ⇒ 麒麟，这就是中国文化中麒麟这种神兽的由来。

[2] 《中国通史》。

[3] 同上。

在西水坡遗址那条灰沟中，“在龙的南面、虎的北面、龙虎的东面，还各有一堆蚌壳，龙南面的蚌壳面积较大，高低不平，成堆状。虎北面和龙虎东面的两堆蚌壳较小，形状为圆形”[1]。从以上考古证据来看，虎北面的蚌堆可能代表河北南部地区（磁山文化），龙虎东面的蚌堆可能代表山东及苏北地区（早期大汶口文化）。南面的蚌壳堆积可能表示南方的重山阻隔。河北南部是虎族（暂且不妨这样称呼吧）的兴起之地，山东及苏北地区是眼下的剩水残山。墓主叫身边族人往东北方向走，叮咛他们，到了东北那边以后，不要忘记族群的来历，也不要忘记了留在中原的同胞。

后冈一期文化和早期大汶口文化存在的时间约当公元前第五千纪前叶后段至公元前第四千纪中期，它们同一时期的对立面是半坡文化及其后继者庙底沟文化前期。半坡文化分布的地区是：“以渭河流域为中心，东起太行山西侧及郑州左近，西止渭水之源，南至武当山北侧，北达河套及熊耳山地带。”庙底沟前期分布的地区“较前者向东推进了，至少达到太行山东麓”[2]。因此，是庙底沟文化的东侵，造成了虎族的败退。濮阳之战是势力消长的转折点。

1978年河南临汝出土了庙底沟类型的《鹳鱼石斧图》。[3]这幅画绘于陶缸上，大约占陶缸一半面积。一只白鹳眼睛很大，扬着头，身体丰满，腿轻捷而有力，长喙尖端衔着一条鱼，已经僵直

[1] 《1988年简报》。

[2] 《中国通史》。

[3] http://www.wenbao.net/html/whyichan/64th/2caihuitaohong.htm.

不能动弹。这俨然是一个得意洋洋奏凯的将军。旁边竖立一柄石斧，刃口厚实，说明不是平常使用的斧子，联系鹳鸟的姿态，则很可能代表杀伐的权力。鹳鸟衔鱼和石斧画在盛敛尸骨的陶缸上，那么这幅图“很可能是墓主人生前事功的写实”。

什么事功值得这样宣扬炫耀呢？庙底沟类型和后冈一期敌对，我推测鹳鸟衔鱼表现的正是濮阳之战，鱼代表被击败的虎族，而鹳鸟代表另一族（不妨称为鹳族）的领袖。

虎族和鹳族的领袖历史上有记载吗？

我们知道，“庙底沟类型……总体风格……和半坡类型截然不同”，“鱼纹是半坡类型的标志”，“至庙底沟时期……陶器上增加了泥塑鸟头装饰，彩绘纹饰的变化是鱼纹没有了，鸟纹大量增多”。这使人联想起《天问》中说禹是从已死的鲧的腹中出来的。[1] 鲧字的形状不正像鱼纹吗？所以鲧不是一个人，而是代表一个阶段。鲧就是共工，所以读音为滚。共工之声像惊雷阵阵，即西水坡龙所代表的含义。对虎族来说，鹳族无异于晴天霹雳，故呼之为共工（攻）。鹳族领袖去世之后，族人绘图勒功，禹字正像鹳鸟得志之形，因为战胜了虎族，且蔑视虎族为鱼，故谥之曰禹。鲧的阶段过去了，禹横空出世了。[2]

禹，过去也称为“戎禹”，即戎族之禹，所以鹳族就是戎族。濮阳之战后，戎族势力炽盛，大举东犯，犹如妖龙，所以虎族呼之为蚩尤。蚩尤二字像妖龙张牙舞爪的样子，其读音有强烈的憎

[1] 刘起钎：《古史续辨》，中国社会科学出版社 1991 年版。

[2] 《庄子·逍遥游》中鲲化为鹏的故事似乎暗含了鲧禹的兴替。

恶之意，就如近代中国人把西方人叫做鬼子一样。戎族善战，后世蚩尤竟被误奉为战神，“佛狸祠下，一片神鸦社鼓”。

戎族蔑称虎族为鱼族，后来在史籍中记为虞族，吴表音，带虎字头，仍存虎族之意。[1] 相传舜是虞族即虎族人，那么西水坡墓主是谁?《天问》在讲舜的故事的同时，还讲了尧和女娲。看来，在西水坡下葬的虎族领袖就是尧了，那位12岁左右的少女很可能就是他的女儿。《国语·郑语》说虞、夏、商、周四代相承，虞代之先祖为幕。所谓幕，就是墓，虎族领袖葬在濮阳墓中，在戎族高压下，族人不敢明言，唯以墓来暗示。《天问》中“登为上帝”一事素来不明其义，现在看来是说虎族领袖离世后升天，尧字繁体作堯，正像平冈上起坟之形，音为遥，高的意思，表示崇敬的心情。

《北山经》有炎帝的小女儿，叫女娃，疑即女娲，故尧就是炎帝。墓室三个龛深度不一，北龛代表领袖，最深；西龛里是他的女儿，第二深；东龛最浅。尧战败之后，吩咐族人往东北去，他生怕女儿落入敌手，将她杀死，所以她头上有刀痕；墓室西龛旁蚌壳散落，“比较乱，不规则，没有一定的形状，里面还杂有一些石片”，尧在女儿遗体边，伤恸不已，再也不能平静了。

所以濮阳之战便是有名的黄帝打败炎帝的战争。因此戎族的

---

[1] 据郭沫若《古代文字之辩证的发展》，“吾”字在金文中开始使用于春秋中叶，写成虎头鱼底的字形，或者是在右边再加上反文旁。这个字应是虞族后裔的自称，其读音在早期与“余”字相同。

禹就是黄帝。[1]《史记》叙述了这场战争的背景："神农氏世衰……教熊罴貔貅貙虎，以与炎帝战于阪泉之野。"我怀疑"教熊罴貔貅貙虎"是从"教熊貙虎"增益而来，"熊"为"龍（龙）"字的假借，而"貙"可能是"驱"字的假借。《天问》讲"事情萌始建成璜台"[2]，璜台即黄台，建在黄土坡（阪）上，可能尧在此营建新都不久，因附近有泉水，所以又可称为阪泉，就在濮阳那里。

那么，"神农氏世衰"是怎么回事呢？

二、问鼎中原

《周易·系辞下》论述了中国的上古文明史，"古者包牺氏之王天下也……始作八卦……包牺氏没，神农氏作……神农氏没，黄帝、尧、舜氏作"，我认为，"氏"字是族群的意思，并不只是代表一个时代。包牺氏即伏羲族，神农氏为神农族，黄帝（禹）和尧舜原不属于同一族群，后来在舜之世得以融合，所以用黄帝尧舜来代表这个族群。

考古学界有一种假说，"认为华北地区从旧石器时代早期开始，即存在着两个文化系统，二者以不同的石器传统相区别，这

---

[1] 《庄子·在宥》说黄帝往空同（崆峒）见广成子，则黄帝为禹，广成子即鲧，崆峒音转而为鲲鹏。《庄子·秋水》记庄子在濮水边垂钓，疑庄子久居濮阳，因此熟悉此地鲲鹏、崆峒之神话。

[2] 《古史续辨》。

两大系统一直延续至新石器时代，分别是新石器时代这一地区不同经济类型的文化产生的基础……”一个文化系统最早出现在距今180万年前，以西侯度文化为代表。西侯度在山西南部芮城县西北隅的中条山阳坡。这个系统分布范围在山西南部、河南西部和陕西东部。另一个文化系统大概从北京周口店发端，年代最早距今71万年，其分布范围在河北北部、山西北部和辽宁西南部。前一个系统的特征是使用大石片砍砸器，主要以采集为生；后一系统以捕猎为主，特征为使用船头状刮削器。

前一系统的区域恰与半坡文化覆盖的范围相重叠，使人猜想戎族本是中国境内最早起源的采集族群，“人猿相揖别”，最初也和猿猴一样靠采集生活。他们手持大石片砍砸器，较小的石器难以抵御，形成传统，善于作战，故无妨以戎族呼之。戎禹又称夏禹，而夏文化正始于戎族发源地晋南，我推测是留在晋南的戎族逐渐形成了夏族，到了公元前2000年前后的时候，建立了夏朝，他们追根溯源，将戎族最有名的战神禹奉为最早的先祖。我想，夏字有可能也是模拟猛禽的形状，只不过猛禽在山西南部叫做夏——就是鸮——罢了。疑夏后氏可释为鸮后氏或鹳后氏，即鹳族或戎族亦即奉祀大禹之族的后人。大禹治水的传说不可信，这个故事实际上反映了远古从事农业的劳动者世世代代治理水患的艰难和成就。

后冈一期文化可能由后一系统发展而来。濮阳战败后一部分人迁往辽宁西南部，亦为周口店系统的故地。尧希望族人牢记的发源地也可能是河北北部地区吧。虎为山林猛兽，宜其为有长期捕猎传统的族群所尊奉。伏羲正是捕猎的意思，故虎族的源头便是伏羲族。[1] 伏羲族在中国境内率先创造了捕猎文化。大约在5万年前，在旧石器时代晚期，“狩猎经济的进一步发展……许多过去没有人去过的地方，这时也已被广泛占领。至今发现的旧石器时代晚期遗址，远远超过旧石器早期和中期遗址的总和……在华北地区的旧石器晚期遗址甚多，尤以山西为最密集……这时的石器有普遍小型化的趋势[2]……东北旧石器时代晚期遗存也发现较多……其总体特征与华北旧石器晚期文化比较接近”[3]。“古者包牺氏之王天下”指的就是这个时期吧。

他们何时开始退出全盛期？“鹅毛口石器遗址位于山西省北部怀仁县境内、桑干河的支流鹅毛口河附近相连的小山包上，山包高出现河床80—100米，山体主要由岩石构成”，年代接近新石器时代，或即新石器时代初期，约当公元前1万年。这里发现了大量用于翻土的石锄和少量用于农业的石镰。或许此地就是神农族与伏羲族、戎族拉锯战的焦点，也是当时伏羲族文化的中心地带，因此“与鹅毛口遗址仅隔一条冲沟的窑子头地点……石器以细石器为主，其形式与旧石器时代晚期及更晚阶段遗址中的细石器[4]相近，同时，这里还存在着与鹅毛口遗址相同的粗大石器”[5]。这个

[1] 《汉书·食货志》颜师古注：“衡虞取山泽之材产也”，则虞字本来含有渔猎的意思，故虞族即是伏羲族。

[2] 即狩猎经济的成分普遍增多。

[3] 《中国通史》。

[4] 伏羲族特征。

[5] 戎族特征。

小山包不禁使人联想起中国古代帝王的封禅大典。“一寸长，一寸强；一寸短，一寸险”，石锄更利于作战。是否附近发生过与濮阳之战类似的大规模战争？神农族胜利后登上这个小山包庆贺他们赢得了天下？

公元前1万年前后，当神农族兴起之后，伏羲族一度被压缩到河北南部地区（磁山文化）。待到神农氏衰落了，伏羲氏首先扩张至北辛文化所代表的地带。此时，戎族的老官台文化“以关中地区为中心，西至渭河上游的陇东地区，向南越过秦岭一直到达汉中”[1]，势力所及还不如久远的过去。所以神农族大约从公元前5800年开始衰败，伏羲族趁势扩展；公元前第五千纪前叶后段（后冈一期），伏羲族继续扩展，此时戎族（半坡）也在壮大，两个族群争夺激烈，至濮阳之战戎族彻底击垮了伏羲族，其王族乃不得已逃往东北。此时约当公元前4500年（濮阳西水坡遗址所处年代）。

那么，神农族来自何方？他们的去向呢？

湖北房县樟脑洞出土过2000多件石制品，其中边刃刮削器数量最多，发掘者认为很可能代表了旧石器时代晚期的一种新型文化。我推测这就是神农族曾经活动过的地方。房县在鄂西北，这里有神农架，还相传神农族诞生于鄂北随州，都不是空穴来风。

1977年在河南新郑发现了裴李岗文化，在这类文化中，器物底部常加三足而形成鼎。裴李岗文化的分布区与磁山文化相邻，

[1] 《中国通史》。

而年代稍早，很可能就是神农族在河南中部地区的最后据点，因而裴李岗遗址的粮食遗物很少。裴李岗遗址的所有墓葬，遗骨的头向都偏向南方，说明他们来自南边，曾向北进军。而且这类文化的渔猎工具与同时代的其他文化相比，在工具中所占的比例最低，因而他们就是从鄂西北向中原挺进的神农族。他们发明了中国境内最早的农业技术，然后在公元前1万年前后发动了中国历史上第一轮农业化革命，即“包牺氏没，神农氏作”的情景。

伏羲族北辛文化（公元前5875年以后）墓葬的方向，一律为头东脚西，指明向西前进；而戎族老官台文化（公元前6000年以后）的葬式，均为头西脚东，指明往东发展。西水坡第一组图里的龙虎头部方向正是如此。东西夹击的结果便是神农族势力在中原的衰退。

但他们在中原还是留下了自己的印迹。在半坡期（公元前5000年内），“伊洛地区至鄂西北的汉水及丹江流域的陶器多作素面，红顶钵碗较多……本地在此以前存在着一种以鼎为重要因素的遗存”；在庙底沟期（公元前第四千纪中期以前），“伊洛—郑州地区的庙底沟类型的陶器，多作素面”。

在后冈一期文化中，流行陶鼎，碗、钵流行红顶的装饰。大概口沿外烧出一圈橘红色的钵碗是此时伏羲族文化的特征，鼎和素面陶器是神农族文化的特征，鄂西北的汉水及丹江流域为神农族的大本营，而伊洛地区为他们问鼎中原的中心地带。在濮阳大战之前，伏羲族可能已经与神农族结成亲缘，所以伊洛地区至鄂西北的汉水及丹江流域红顶钵碗较多。濮阳战后，伏羲族败逃，神农族的一部分仍然生活在伊洛地区，但此地文化受到戎族强烈影响，属于庙底沟类型，彰显大禹功绩的《鹳鱼石斧图》亦出现在这个区域之内。

史诗《天问》“至迟写于战国初”，“以夏、商、周为全部古史体系，和西周《诗》、《书》相同。唯前面加了天地开辟及洪水故事，后面加了些春秋及吴楚事。比《诗》、《书》有了丰富得多的故事，但没有《诗》、《书》中的伯夷、蚩尤”[1]。在此书商代传说部分，讲到“吴获迄古故事”，我推测作者为江淮一带的吴人，吴的源头良渚文化的侵袭是大汶口文化由盛转衰的关键因素（在江苏新沂县花厅村墓地，良渚贵族以大汶口文化的居民殉葬），则吴人必倾向于赞扬伏羲族的对立面戎族。既然把戎族的禹抬得很高，说成天地开辟之后治水的神，就绝不会否定濮阳战后的戎族即蚩尤族，而“伯夷”二字可能代表大汶口文化以前戎族主导中原的这段时期，伯通霸，夷是戎族对这个地区其他族群的蔑称。

三、往事越千年

考古研究表明，东北的赵宝沟文化在公元前第五千纪前叶后段到后叶前段这个时候，出现了许多红顶钵。可以相信，伏羲氏的王族从西南面迁到了这一带。赵宝沟文化的主要遗址有内蒙古

---

[1] 《古史续辨》。

赤峰敖汉旗的赵宝沟、小山和河北省迁安县安新庄。赵宝沟文化和东北的另一红山文化这时在西拉木伦河以南地区并存发展，村落经常比邻而居，估计后者也是伏羲族的后裔，较早来到这里。尧的遗属从伊洛到了东北，就先投靠亲族，将素面的敛口钵作为礼物送给亲人，自己留用敞口钵。素面是神农族文化的特点，神农族曾经长期占据中原，其文化在当时或许仍然为伏羲族所珍视。

在小山发现了两座房址，较大的一座屋内留存了两件特殊的器物。一件是精美的斧形石器，其刃部“却十分钝厚”，而且没有使用的痕迹，可见“不是一般实用之斧”[1]。我们记得在西水坡第二组图里，鹿的旁边正有一件制作精致的石斧。小山斧形器的顶端附近用简单的线条刻画了一个人的头部。斧形器整体上呈灰色，杂黑斑，石料中间有一大块红色，在凝重的氛围中显得十分醒目。把红色和人首结合起来，我推想这个斧子就象征着炎帝吧。伏羲族陶器上端的红边沿是否表示对炎帝的崇敬？屈原在《离骚》的开头追溯楚人的先祖叫高阳，也许尧是伏羲族和神农族联姻的后代。《史记》旧注引徐广的话，说尧“号陶唐”，我怀疑陶唐代表神农族，因为神农族陶器的特征为素面，而唐字最初可能有纯色的意思，如其同音字糖一样。[2] 尧在壮年做了两族的共主，神农族称他高阳，比拟为高悬天上红色的太阳。高阳死于濮阳，神农族退居汉水，之

[1] 《中国通史》。

[2] 《汉书·食货志》颜师古注：“隋，圜而长也。隋音他果反。”则隋字音义皆同椭圆的椭字。那么随州的随字的读音也可能近于椭字，或陶字。又，今随州有唐县镇，则陶唐氏故地应在随州。

后逐渐开发南方，融合各原始族群，成为楚国的主体。

另一件是鸟兽图尊形陶器。尊形器上“纹饰的主体内容是鹿、猪、鸟三个动物的侧视图像……猪具长吻和獠牙……鹿和猪做奔驰状，鸟亦呈振翅之态……猪被画在鹿之前方，但它的部分身躯已为鹿头遮掩”。在西水坡第二组图中，龙的头部摆一蜘蛛图形，或许表示憎恶的心理；正对龙的前方，有一圆球图案，使人想起照妖镜之类的道教法器，大概表示镇魇之意吧。尧希望族群未来的接班人汲取他躁进蛮干的教训，在有为的基础上设置对立面，以无为（鹿）驭有为（虎），率领虎族（伏羲族），不惧惊涛骇浪（龙代表使人震恐的事物），将鹳族（戎族）逐出中原。逃到东北的王族或许将虎上之鹿理解成变虎族为鹿族，将圆球和蜘蛛图形的寓意理解成化龙为猪（后来的玉猪龙及玉鸮不过承袭了他们对戎族的诅咒罢了），以鹿驱猪。他们没有真正领悟尧的深意。

在沈阳新乐遗址，出土了鸟形木雕，“只有喙与眼略可辨认，其他部位多卷曲缠绕”，由于濮阳一役劫后余生，尧的遗属非常痛恨戎族，雕刻鸟时仅以喙和眼来借代鹳鸟全体，其余部分则尽量使之蜷曲，来表达心中的仇恨。“鸟的尾部延伸成木柄，其长度约占整个木雕的三分之二，木柄尾端渐细，可能曾插在某件物体上。”这个房址面积达95平方米，估计是族人聚会之所。在同一房址，还发现了12个石珠和1个玉珠，均为圆柱状，玉珠要比石珠大一些。我推测玉珠代表炎帝尧，石珠代表出于尧的12支派。在遗属定期聚集的时候，他们面对鹳鸟，起誓12支派同心戮力，彻底消灭戎族。

《晋语》记载鲧因违反上帝之命被殛后化为黄龙，成为夏族（实为戎族）的宗神，则黄龙暗示了黄帝禹。此书又叙黄帝之子25人，得姓的14人，有12个姓，姬姓为首。《史记》在《五帝本纪》里说“黄帝二十五子，其得姓者十四人”，又在《夏本纪》说禹的后代分封之后，以国为姓，也是12姓，夏后氏排第一。两部书都把尧所出的12支派安到了禹身上。依照五行观念，土为黄色，故以黄帝作为五帝之首，将禹冠以黄帝之名，则宗谱色彩浓厚的12支派就放在禹名下了。对于12支派的成员，两部书说法不一，那是因为受了周族（姬姓）、夏族王室宗族史观的影响，可能其他人也有所附托，以抬高自己宗族的身份地位。

今天东北许多地名如内蒙古赤峰市红山后、西水泉、蜘蛛山和辽宁长海县广鹿岛小珠山等似乎暗示了伏羲族的迁向东北，这些地方想必都是当年伏羲族的聚居地吧。

“约自公元前第四千纪前叶后段到第三千纪初前后”，东北地区西南部伏羲族的分布范围比以前大为扩展了。正是在这个阶段的初期，公元前3500年前后，山东和苏北的大汶口文化的主要特征开始逐渐形成。是否留守中原的伏羲族取得进步的消息鼓舞了炎帝遗属的士气？或者在复兴之后中原伏羲族的一部分北进而与昔日的王族会合？

小河沿文化与红山文化晚期存续的时间大致相当，即公元前第四千纪末到第三千纪初左右。小河沿文化“与本地区以前的赵宝沟文化有一定的继承性……又同红山文化早期有关”，更重要的是，“见于豆座上的三角形镂孔和器座上的八角星彩陶图案，还表明它曾接受过南面大汶口文化的影响”。泥质陶器的表面主要为素面和彩陶，似乎暗示着伏羲族已经融合了神农族和戎族的文化。我推想，小河沿文化区域正是得到振兴的中原伏羲族在东北和尧的后人以及更早到东北西南部求生的族人会合的地方。就在这个时候，“燕山、熊耳山南北的北方古文化都有向南推进的趋势”。那么，从公元前3500年到前3000年这500年里，中原的伏羲族发生了什么变化，其影响使得他们的故地处处都焕发了青春？

红山文化的祭祀遗址目前发现了四处：阜新县胡头沟和凌源县城子山，跨凌源、建平两县的牛河梁，喀左县东山嘴，时代都属于红山文化晚期。

胡头沟和城子山是遗址中规模最小的一类。前者位于临河的圆土丘上（阪泉？），后者坐落在山顶。以胡头沟为例，墓坑挖在丘顶，用石板砌椁，死者四周摆成一个石围圈，围圈入口的石块边立置一排彩陶筒形器，圈内散放大量筒形器的碎片。围圈外还有一座石椁墓，墓中以石板隔出五室，每室约埋一人。若伏羲族12支派分为两路，每一路由一人统领，则其部属就正好有五人，每一人领一支派。彩陶筒形器可能隐喻戎族人。

东山嘴遗址的规模比以上两地大，“位于三面环山、一面临河的突起台地上”。这里存在若干个不同时期的方形和圆形基址。“方形基址最大的约有100平方米，圆形基址的直径在2.5—4.1米之间”，则方形面积为圆形面积的8倍［$100\div(3.14\times2^2)$］左右。“从方形基址到圆形基址的最近距离为15米”，是否方形代表坦荡如砥的中原地带，而圆形代表拱伏无违的八方？这处遗址出土了双龙首璜[1]形玉饰和绿松石做的鸮，还有一些鹿骨和很多猪骨。鹿、猪代表伏羲族和戎族，鸮代表戎族领袖，故而双龙首应代表伏羲族的领袖。龙过去是伏羲族恐怖的对象，这时竟成为领袖的象征，说明伏羲族已经由退守转为全面振兴；龙首不是一个而是两个，一个肯定是尧，另一个是谁呢？

在东山嘴和牛河梁都发现了塑像。东山嘴的大型人物像仅剩残块，“呈盘腿端坐之貌”；女神像很小，有一例体高5.8厘米，为一尊“裸体孕妇立像”。如果大型人物像祭奠的是炎帝，微型女神像纪念的就是他的女儿女娲了。“娲”字的读音与“娃”字相同，右半边正像一个人体骨架，表示炎帝的女儿横死濮阳。可能王族从西水坡撤走的时候，尧只塑了前两组蚌图，女娲惨死之事当时王族并不知情。在尧身处艰危之际，女娲宁愿与父亲同生共死，也不肯临难苟免。1000多年以后，中原伏羲族寻王族而来，才将女娲的事迹告诉了东北的遗族。女娲殇时，不过12岁左右，还没有婚配，所以族人塑成孕妇的形象，祝愿她在另一个世界歆享人生的幸福。

牛河梁的女神庙位于一个缓坡的顶部。女神庙人像最大的将近真人身体的三倍，有一例与真人一般大，“面部施红彩，唇涂朱”。围绕女神庙还分布了一些“积石冢群”。或许人们在返归中原以前，在这里设立了女娲的陵庙，作为对她永久的怀念。陵庙遥对一座高山，高山形如猪首，伏羲族终于复兴，这个不幸的女孩子可以得到告慰了。

---

[1] 璜，半璧。

四、舜演八卦

进入公元前第三千纪初以后，东北地区西南部的文化骤然消失，这是因为炎帝遗族的回迁中原。此时正当大汶口文化的鼎盛时期。

大汶口文化从公元前3500年前后开始，山东泰安、曲阜、邹县、滕县、莒县、诸城、胶县、潍县等地都有大汶口文化的遗址。孔子和孟子就在这个地区成长起来。他们一生“祖述尧舜”[1]，是否因为那时在先辈口耳相传的故事里，尧舜是上古灿烂文明的缔造者？如果说尧在公元前4500年左右离世，那么，舜大约在公元前3500年前后诞生[2]，两人竟远隔千年。把尧舜放在一起，不仅因为他们同属一族，更因为舜继承了尧的遗志，完成了尧的心愿。

《孟子·离娄下》讲述舜的生平，“舜生于诸冯（今诸城），迁于负夏（今濮阳），卒于鸣条（今开封境），东夷之人也”。因此诸冯、负夏和鸣条是理解舜一生的三个关键的地方。在大汶口文化中，诸城较偏远，舜想必生于普通人家，所以《孟子·告子下》在“天将降大任于斯人也”那段激励过无数人的话之前列举的头一个从寒微中奋起的英雄人物就是舜。负夏，顾名思义，就是输给夏族的意思，在晋南夏族兴起之后，追溯其先祖，戎族也就称为夏族。鸣条，鸟鸣于小枝，小枝柔嫩，鸟鸣啁啾，舜晚年生活在一处风景优美的地方。

---

[1] 《中庸》。

[2] 《韩非子·显学》：“今乃欲审尧舜之道于三千岁之前”，则舜距战国之世在3000年以上。

《史记·五帝本纪》记载了这位平民英雄的经历："舜，冀州之人也。舜耕历山，渔雷泽，陶河滨，作什器于寿丘，就时于负夏。"[1]冀州，或指河北南部（磁山），或指河北北部（周口店），交代了舜族群的来源。《墨子·尚贤中》云，"舜耕历山，渔雷泽，陶河滨"，没有说寿丘和负夏两地。那么，既然司马迁特意点出寿丘和负夏，很可能这两地与舜平生的主要功绩有关。

《五帝本纪》里讲了舜小时候家中的情况："虞舜者，名曰重华。重华父曰瞽叟……舜母死，瞽叟更娶妻而生象，象傲。瞽叟爱后妻子……舜……有小过，则受罪。顺事父及后母与弟，日以笃谨，匪有解（懈）。"孔安国说，"舜父有目不能分别好恶，故时人谓之瞽"，他的父亲不识好歹，脾气很坏。在舜的母亲去世后，瞽叟续了弦，后母生了个弟弟叫象。象娇生惯养，很骄横。瞽叟溺爱象，可是舜稍有小过错，他就狠命地责罚。虽然感受不到家庭的温暖，舜却还是和顺地对待父亲、后母和弟弟，每天都很恭敬谨慎，从无懈怠。

尽管如此，家里人仍嫌弃舜，甚至想害死他。"使舜穿井。舜穿井，为匿空（孔），旁出。舜既入深，瞽叟与象共下土实井，舜从匿空出，去。"水井出现于龙山时代，在公元前2600年至前2000年之间，舜成长的年代还没有水井。那么舜挖凿的必不是水井，而是陷阱。舜在凿陷阱的时候，留心在井的侧边挖了一个藏身的洞口，洞口通到外面。等舜下到深井里，瞽叟和象就一块往

[1] 司马迁：《史记》，中华书局1959年版。

下填土，舜从事先挖好的洞口逃出了陷阱。

我们试以八卦来解释舜的一生。

坎卦。象“下土实井”之形。舜生在诸城，少年时被家人厌弃，竟至于要用舜自己挖的陷阱来把他活埋。“舜从匿空出，去”，舜侥幸逃脱了性命，从此被迫离开了家门，独自谋生。

艮卦。象山上窑洞之形。清朝孙星衍《历山虞帝庙碑铭》云：“菏泽县，古济阴郡地，县东北五十里有历山，即舜耕处，亦太甲所葬也。”舜在菏泽鄄城的历山开荒种地。

震卦和兑卦。象雷霆和沼泽之形。元代罗泌说，“耕渔必不相远”，所以雷泽也在菏泽。舜除了种田以外，有时到雷泽打鱼。

巽卦。象水柔可掬之态。晋皇甫谧云：“济阴定陶西南陶丘亭是也。”舜在菏泽定陶的河滨制作过陶器。制陶临近河边，用水很方便。

乾卦。乾，前进，指“作什器于寿丘”之事。寿丘，晋皇甫谧云：“在鲁东门之北。”因而寿丘就在今天的曲阜。唐司马贞说寿丘是黄帝出生之地，黄帝就是戎禹，所以寿丘是禹的故乡。什器，敌得过十个人的器物，即兵器。制造兵器的地方也就是领兵作战的地方。舜率众奋勇前进，攻陷了蚩尤族的圣地寿丘。舜又名夋，也许他战胜戎族之后，各族奉之为夋（鵔），象神鸟俊美洒脱之貌。夋读音近于九，《周易》中阳爻的称呼“九”就是这样来的吧。

离卦。象火持续燃烧之形；指“迁于负夏”、“就时于负夏”之事。舜从曲阜向西略地，夺取了濮阳。公元前4500年左右尧在濮阳兵败自杀，千年之后舜雪洗了尧的耻辱，伏羲族重现荣光。濮阳相传为颛顼之都，我怀疑颛顼由鲧禹音转而来，鲧禹之族就是戎族，后来讹为古帝的名字，才造出这两个形声字来。因此，《史记》中打败蚩尤的“涿鹿之野”也就是炎帝败亡的“阪泉之野”。舜“邑于涿鹿之阿”，在这里受到各族拥戴，成为中原的领袖。

坤卦。坤，谦退，指“卒于鸣条”之事。舜定都于开封，待局势稳定了，就让出位子，绝不恋栈，最后他恬然离世。舜的作为与尧的遗命相合，鹿的性情温顺，鹿字读音近于六，《周易》中阴爻的称呼“六”可能由此而来。

卦的每一画称为爻，爻的字形像卦画交错重叠，其音与尧字相同，是否八卦的原意是纪念尧？或者八卦的题目就是《尧》？

20 世纪 60 年代初，在赤峰巴林左旗富河沟门遗址发现了一些卜骨，均为鹿的肩胛骨。遗址的年代在公元前第五千纪后叶后段，当时的人们根据灼烤鹿骨产生的裂纹来作预测。这是中国目前所知最早的卜骨。

在赤峰翁牛特旗石棚山发现的小河沿文化陶器中，“见到一些刻画或画彩的特殊纹样，可能是表示某种事物的符号”，时当公元前第四千纪末到第三千纪初。

舜的时代正在以上两者之间，很可能从卜骨兆纹整理出八卦就在这个阶段。是不是舜以八卦总结了自己的一生呢？姑且存疑吧。

《史记》说黄帝“名曰轩辕”，我认为舜即轩辕二字的合音。轩辕晚出，而舜为初名。轩辕的形旁为车，或许在舜的时代发明了车。《考工记》云：“一器而工聚焉者，车为多。”可见人类社会的分工已经发展到相当细密的程度。张舜徽说："自有车舆之创造，而后文明日进。稽之载籍，多以事物发明，归功黄帝，夫亦曰自有车之日起，而人类社会乃渐离野蛮而入文明耳。"[1]《史记》常常把舜的功绩记在以禹为原型的黄帝名下（《史记·五帝本纪》里常将轩辕 [舜] 与黄帝 [禹] 的事迹相互置换），这是需要我们特别予以廓清的。

禹、尧、舜生活的年代相距这样的遥远，则三人禅让的故事必出于儒家的附会。那么禅让一事完全是编造的吗？恐怕也不见得。《史记》中尧舜的几位有名的大臣禹、皋陶、契、后稷和伯夷，夏、商、周分别以禹、契、后稷为远祖，伯夷传为齐太公姜子牙的先祖，不可能同殿为臣。如果禅让是真事的话，只可能发生在舜和皋陶之间。

"皋陶为大理，平，民各伏得其实"，在舜领导下皋陶分管的是法律，他断狱公平，人民都很信服。这就像唐代的贤相狄仁杰，"周岁断滞狱一万七千人，无冤诉者"。传位于皋陶，舜是放心的。

舜发扬了尧临终的德治思想，实现了中国境内三个主要的原始文化族群在中原的第一次大融合。孔子云："无为而治者，其舜也与？夫何为哉？恭己正南面而已矣。"又云："为政以德，譬如北辰（北极星），居其所而众星共（拱）之。"朱熹说："为政以德，则无为而天下归之，其象如此。"[2]这便是舜当政时候的气象。《韶》为舜时流传下来的音乐，孔子评论道："尽美矣，又尽善也。"孟子一

[1] 张舜徽：《爱晚庐随笔》，华中师范大学出版社 2005 年版。

[2] 朱熹：《四书集注》，岳麓书社 2004 年版。

生奔走之处，见梁惠王，见齐宣王，见滕文公，等等，都是舜及其族群生活过的地方。舜更具体的行迹早已湮没而不可考，可是他的精神感人至深，千百年来早已融化在中华民族的血液里。

司马迁说："虞舜者，名曰重华。"《谥法》解释"舜"字："仁圣盛明曰舜"，而孔安国说，"其光文重合于尧"，所以叫"重华"。"舜"和"重华"就像后世中国人的名和字，意义相互关联。舜，木槿的意思。木槿花光彩秀美，有"盛明"的姿态；木槿花开了谢，谢了又开，有无尽的韶华。

仰韶文化庙底沟类型（陕西华县泉护村）的居民已经在陶器上敷展出"高度概括的植物花纹图案"，时当公元前 4000 年前后。而彩陶——仰韶文化的标志——在公元前 3500 年以后走向衰落，大汶口文化正从这个时候开始。所以舜一面承接了鲜艳华丽的仰韶文化，一面打开了大汶口文化的大门。舜华，美丽的木槿花，象征着中原华族的初步形成。我们今天的中华文化就是从那个年代肇始的，我们今天的中华民族就是在舜的基础上一代一代踵事增华、发扬光大的。

五、复论商汤革命

大约 2000 年后，在公元前 16 世纪末[1]，"夏桀为虐政淫荒"，

---

[1] 《韩非子·显学》："殷周七百余岁，虞夏两千余岁"；公元前 770 年，周平王东迁，故汤革夏当在公元前 1500 年左右。

以他为首的夏族统治集团残酷剥削人民，人们痛恨地说："是日何时丧？予与女皆亡！"他们迫切地期望解放。商族的领袖汤在伊尹的辅佐下兴师伐桀，推翻夏政权，建立了商王朝。这是中国历史上第一个王室世系清楚可信的朝代，因为甲骨文的材料和《史记》的记录几乎完全吻合。从社会形态学说来看，这也是中国第一次进入阶级社会。

商族的先祖是喾，喾由夔字音转而来。夔可能是舜的小名，《尚书》云："祗载见瞽瞍（叟），夔夔齐栗，瞽瞍亦允若。"朱熹说"夔夔齐栗"的意思是"敬谨恐惧"的样子[1]，其实只解释了"齐栗"，没有解释"夔夔"。我想，这大概就是舜的小名，他小时候或许是很顽皮的吧。商族好祭祀，于是就用模拟君王祭告上帝时形貌的喾字来将"夔夔"神圣化，以"高远其所从来"。[2] 不过，这也说明了商族和华族的继承关系。

夏之于商，犹如明清之于现代。所以夏代的史迹渺不可寻，地下出土的文物也不甚多，并不是什么了不得的事情，因为所谓夏代只是舜开创的公社制文明的衰颓阶段而已，不值得我们那样费心去发掘它的陈迹。我们今天爱讲论汉唐，不喜欢明清，是一样的道理。

商族远溯2000年前缔造公社制文明的舜，也像我们追念2000年前创建地主官僚制文明的秦皇汉武。我们不但追念秦皇汉武，还要回望文武周公；不但回望文武周公，还要像商汤那样，永远

[1] 《四书集注》。

[2] 《论语·尧曰》传述了汤"用玄牡"祭帝喾时的祀词。

铭记舜作为华族奠基者的丰功伟绩。

商汤建立起中国历史上第一个阶级专政的国家，这是远古中华文明在夏代衰谢之后的再出发；20 世纪的中国共产党人前仆后继、英勇不屈，为了建立一个消除阶级压迫的新社会，也是中华文化在明代中叶（对应于路德的宗教改革）逐渐落伍之后的再出发。这再出发，是一场深刻的文化革命和思想革命，这个过程到今天还远未完结。

1966 年 6 月，毛泽东在南方写道：

> 正是神都有事时，又来南国踏芳枝。
> 青松怒向苍天发，败叶纷随碧水驰。
> 一阵风雷惊世界，满街红绿走旌旗。
> 凭阑静听潇潇雨，故国人民有所思。[1]

他凭栏静听，料想到多少年以后，当昨日的风雨已经消歇，当新的一代成长起来，故国的人民会思忆起他在迟暮之年的再出发，会理解他志士暮年越发雄奇秀丽的英雄豪情。

初稿写于 2008 年 5 月 22 日

---

[1] 《毛泽东诗词集》，中央文献出版社 1996 年版。

帝舜、《禹贡》与玄女
——尧舜及其族群续考

上篇　蚩尤之乱

《史记·五帝本纪》讲述了中国远古传说里的两场大战："轩辕之时，神农氏世衰。……轩辕……与炎帝战于阪泉之野。三战，然后得其志。……黄帝……与蚩尤战于涿鹿之野，遂禽杀蚩尤。……"在《尧舜及其族群考论》一文中，我们已经推断出轩辕和黄帝为二人，轩辕的合音便是舜，他属于伏羲族；而黄帝的原型乃是戎族的禹。上面引文里与炎帝尧作战者实为黄帝禹，打败蚩尤者则为与尧同族的舜。阪泉和涿鹿是一个地方，在今天河南省的濮阳。濮阳地处豫东北，邻近鲁西南，戎族夺取了濮阳，就扼住了伏羲族西进的要道，才有可能"得其志"于中原。公元前 4500 年左右，尧殉难于濮阳，从此戎族取代神农族，开始了长达千年的统治。从伏羲族眼中看来，戎族无异于恐怖的妖龙，于是称之为蚩尤。

戎禹"代神农氏，是为黄帝。天下有不顺者，黄帝从而征之，平者去之，披山通道，未尝宁居”。我认为今本《禹贡》之首的那段话“禹敷土，随山刊木，奠高山大川”。如果能够落实的话，就是指戎族赢得统治地位和巩固统治地位的军事征伐历程。那么《禹贡》的《导山章》很可能大致展现了戎族“披山通道”的东侵路线以及战胜攻取之后的势力范围。

《导山章》的第一节写道：“(1·1) 道岍及岐，至于荆山，逾于河；壶口、雷首，至于太岳；厎柱、析城，至于王屋；太行、恒山，至于碣石，入于海。”(“道”是起始的意思。岍山在陕西陇县西南，岐山在扶风县西北、岐山县东北，位于岍山的东边。荆山在大荔县东南，屈万里《尚书集释》说：“荆山东接黄河，一若山越河而过者，故云逾于河。”壶口在山西吉县西南黄河上；雷首山是晋西南地区中条山的西端主峰，在永济市西南；太岳山迤逦于翼城县浮山以北、太谷县以南汾河东岸，主峰为霍州东南的霍山。厎柱是三门峡黄河中的山石，析城山在山西阳城县西南，王屋山在河南济源市西北。太行山位于山西东边与河北、河南两省的边界上，史籍中的太行常指河南沁阳、修武与山西晋城之间的太行山；恒山在河北曲阳县西北；碣石在乐亭县南的海岸边，是渤海北岸的航海标志石。望见了碣石，山势已尽于海，所以说“入于海”。本文的《禹贡》地名注释大都采择自顾颉刚、刘起釪合著的《尚书校释译论》。)《考论》已指出，后冈一期文化的地域分布反映了伏羲族被戎族打败以前的控制区域：“东至山东半岛，西越太行山而达晋中及长治盆地，南逾黄河，北达河套、桑干河—永定河沿线。”[1] 所以戎族从陕西向晋南进军，横扫河北中部，直至渤海之滨，将伏羲族赶出了山西、河北。

《导山章》的第一节接着又写道：“(1·2) 西倾、朱圉、鸟鼠，至于太华；熊耳、外方、桐柏，至于陪尾。”(西倾山在青海黄南藏族自治州南部，朱圉山在甘肃甘谷县西南，鸟鼠山在渭源县西南。太华即华山，在陕西华阴县南。熊耳山在河南卢氏县东南，外方山即登封县的嵩山，桐柏山在桐柏县，位于豫鄂边界上。陪尾就是现在湖北安陆市的横山。) 这里讲的应当是戎族和神农族的斗争，神农族兵败，从河南西南部退到了湖北北部的根据地。

因此戎族似乎从陕西东部（荆山、太华）分兵两路，一支往东北，和伏羲族交战；一支往东南，与神农族作战。此外，“西倾、朱圉、鸟鼠”以至“岍及岐”，是戎族居住的西部。仰韶中期文化石岭下类型以天水、武山一带为分布中心，略同于以上的戎族西部地区。甘青石岭下类型在公元前 3800 年到公元前 3200 年之间，那么《禹贡》的创作一定在公元前 3800 年之后了。

《导山章》的第二节这样说：“(2·1) 道嶓冢，至于荆山；内方至于大别。(2·2) 岷山之阳，至于衡山，过九江，至于敷浅原。”(嶓冢山在陕西省宁强县，荆山在湖北南漳县南。内方山在钟祥市西南，大别山就是现在鄂皖边界的大别山。岷山在四川松潘县，衡山就是现在湖南省内的南岳衡山。九江在湖北广济以东一带，敷浅原在江西德安县南。) 大溪文化分布的区域是：“西起瞿塘峡

---

[1] 白寿彝总主编：《中国通史》第二卷。

两岸，东达洪湖之滨，北自荆山南麓，南抵洞庭湖畔”[1]，因而荆山和衡山就分别标识了大溪文化的北支和南支，考古学上称之为关庙山类型和汤家岗类型。我推测大溪文化便是神农族撤离中原后创造的文化。之所以把嶓冢山和岷山之阳作为神农族南北两支的西端，也许是受到了附近的黑水、三危（见下文）的影响。看得出来，作者对戎族的情况很熟悉，对神农族的情况则颇为生疏。那是因为伏羲族的大敌是戎族，不是神农族；伏羲族长期生活在北方，而不是南方。所以作者必定为伏羲族。

戎族的统治极其残暴，他们强迫伏羲族人毁伤身体。在十四五岁进入青春期时，伏羲族的男女就不得不拔除两颗上颌侧门齿。上颌侧门齿在吃饭咀嚼的时候用得很多，拔齿以后吃饭就会很困难，还会造成面部走形。在山东兖州王因遗址的死者中，男性拔齿的占77%，女性占75%；在江苏邳县大墩子遗址，男性拔齿的占61.4%，女性占68.2%；在较晚的山东诸城呈子墓地，男性拔齿的占89%，女性为100%。[2]

在拔齿的同时，伏羲族还被逼人为地压迫头骨，致使枕骨变形。在兖州王因、邳县大墩子、邹县野店的早期墓地和泰安大汶口、曲阜西夏侯、诸城呈子等地的后期墓葬中，都发现了枕骨变形的证据。在西北，人们直到如今还以轻蔑的口气提及“扁头”的体貌特征，可见当时戎族待伏羲族连猪狗也不如。戎族势焰煊赫，就连远在渤海中的大黑山岛（在山东长岛县）的伏羲族人都

[1] 《通史》。
[2] 《海岱文化与齐鲁文明》，江苏教育出版社2005年版。

在威压下形成了拔齿和扁头的习俗。

在野店、王因和大墩子墓地，还见到了口颊含球的习俗。口颊含球，是“在口颊内经常含一个或两个小石球（或小陶球）……由于小球长期与臼齿颊面反复摩擦而产生了摩擦面，严重者齿列挤向舌面，致使齿冠、齿弓变形”。这种做法仅见于以上三地，说明那里的人民反抗最激烈，镇压也最残酷。

在邳县刘林、大墩子和兖州王因墓地，有的死者手中握有獐牙钩形器或獐牙。獐牙钩形器是“将一对獐牙嵌入刻花或素面骨柄中”形成的物件。拔除两颗上颌侧门齿严重地损害了人们的身心，所以他们就制作獐牙钩形器来表达恢复两颗上齿、正常生活的愿望。

《史记·五帝本纪》说“蚩尤最为暴，莫能伐”，戎族靠武力征服了天下。一边是毫不掩饰的凶残，一边是战栗着的恐惧，就这样熬过了千年的时光。

尧在濮阳大势已去之时嘱咐身边人逃到东北去，他义不受辱，和心爱的女儿一道赴难。在最后的时刻，他摆下了龙虎图形，把自己和女儿也放在其中，用胫骨指示三家相见的路径，行路的前方值得他和伏羲族期待的是一位野鹿般矫健机警的青春少年。[1] 尧临终的心愿，这暗夜里的微光，星火不息，烛照千年。

---

[1] 见《尧舜及其族群考论》一文。

下篇 冀州之人

江苏高邮市龙虬庄遗址发现于20世纪70年代，在90年代考古发掘取得了重要成果。江淮之间的龙虬庄文化也存在拔齿、人工枕骨变形的陋俗，有的死者也手握獐牙。从器物方面来观察，龙虬庄文化还与太湖地区的崧泽文化有明显的联系。或许龙虬庄是伏羲族早期大汶口文化的南缘，因而表现出文化上的过渡性。龙虬庄文化的主要年代为公元前4500年至前3500年。公元前4500年前后，伏羲族在濮阳战败；而公元前3500年左右，山东和苏北的大汶口文化的主要特征开始逐渐形成。这时伏羲族再次西进，已经重返中原（河南境内的大汶口文化中心在豫东地区），于是南边高邮龙虬庄的定居点就弃置不用了。

时势造英雄。公元前3500年前后的历史形势造就了帝舜这位开天辟地的英雄人物。《史记》说："舜耕历山（在鄄城），渔雷泽（在菏泽），陶河滨（在定陶）；作什器于寿丘（今曲阜），就时于负夏（今濮阳）。"《孟子·离娄下》讲述舜的生平："舜生于诸冯（今诸城），迁于负夏，卒于鸣条（今开封陈留）。"所以①诸城；②鄄城、菏泽、定陶；③曲阜；④濮阳；⑤开封这几处地方标志了帝舜的经历和功绩。

帝舜出生在诸城，小名可能叫夔夔。如上一章所述，诸城呈子墓地死者拔齿的比例特别高，而时间竟然在公元前3500年之后，足见此处人们的柔懦和愚昧。因为柔懦，所以绝大多数人都屈从蚩尤，拔掉了两颗上齿；因为愚昧，所以殖民地心态迟迟不能改变，旧俗难以废除。夔夔在愚懦、黑暗的环境里长大，却天生斗争精神，不肯驯服。也许到了十四五岁就要拔齿的时候，他逃离了家乡。

诸城在山东东南部，鄄城、菏泽、定陶在山东的西南角，相距很远。帝舜背井离乡，在历山开过荒，在雷泽打过鱼，在河滨做过陶器，在辛苦劳作中度过了青少年时期。他经受了生活的磨炼，增长了才干，熟悉了社会心理，了解了人民的愿望。这就为他日后领导伏羲族赶走蚩尤的斗争生涯打下了基础。

那时的鲁中南地区经济发达，应是蚩尤在大汶口文化区域内的战略要地，而曲阜可能是鲁中南的重心，所以后世讹传黄帝（即戎禹）出生在这里。“作什器于寿丘”，帝舜率领民众发动武装起义，夺取了曲阜，这就动摇了蚩尤在山东及苏北的统治。濮阳犹如瓶塞，堵住了伏羲族复兴的西进之路。帝舜从曲阜向西略地，攻克了濮阳。“就时于负夏”，在这个尧和女娲殉难的地方，帝舜接受了人们的拥戴，在时势的推助下，成为伏羲族的领袖。

帝舜又称夋或俊，像神鸟俊美洒脱的姿态。东方各族深受戎族的影响，也以鸟为图腾，因而在曲阜奉帝舜为夋。今濮阳西边有浚县（古称黎阳），此处浚读训字的音，足证舜、夋古音相通。帝舜继续从濮阳南下，定都于开封陈留。在濮阳西水坡那条灰沟里的图形中，虎在龙之北，戎族是从伏羲族的南边发起攻击；现在南下开封，证明伏羲族在帝舜手里的确复兴了。

《禹贡·导水章》第一节写道：“道弱水，至于合黎，余波入于流沙；道黑水，至于三危，入于南海。”弱水发源于甘肃山丹县，向西北流至高台县附近的合黎山；过合黎山，折而东北，穿越沙漠，流入居延海。黑水、三危自来说法不一，我看黑水就是四川西北的黑水河，三危就在汶川一带，南海即是岷江的中下游。黑水河在茂县汇入岷江，江水曲折流到汶川县城，又有杂谷脑河汇入，然后继续南流。公元前 3400 年左右，“甘肃的中西部及青海东部地区……兴起了一支以彩陶为突出特征的马家窑文化”[1]。马家窑文化的分布中心在黄河上游的兰州、永靖一带，其南缘即四川汶川县。岷江是长江上游水量最大的一条支流，又在兰州以南，因而称为南海。

公元前 3500 年以后，黄河中下游的彩陶已走向衰落，而马家窑文化却在这个时候展现其彩陶的特色，我们因此断定戎族的败退西迁产生了马家窑文化，此即古羌族的由来。其一支迁至弱水、合黎，直到居延海；另一支转而南下，到达汶川，直至岷江中下游，亦即南海。汶川一带多发地震，所以叫三危。都江堰修筑前，岷江是害河，连年水旱。流沙、南海都是生存困难的地方，说明戎族被伏羲族彻底打败了。所以公元前 3500 年到公元前 3400 年之间的变化非常激烈，伏羲族就在这期间振兴，帝舜就在这期间建功立业。

我怀疑所谓《禹贡》最初的作者乃是帝舜，《禹贡》之名改为《舜典》才名副其实。《舜典》原来的顺序应该是《导山章》——《导水章》——《九州章》；《导山章》讲蛮族蚩尤东侵，《导水章》

[1] 《通史》。

讲伏羲族复兴，而《九州章》讲帝舜之远略。（见附录《舜典》，方括号内文字当删去）

《导水章》第二节叙黄河、济水与淮河流经的区域。此节写道："(2·1) 道河积石，至于龙门，南至于华阴；东至于厎柱，又东至于孟津；东过洛汭，至于大伾；北过降水，至于大陆；又北播为九河，同为逆河，入于海。[1] (2·2) 道沇水，东流为济，入于河，溢为荥，东出于陶丘北，又东至于菏，又东北会于汶，又东北入于海。[2] (2·3) 道淮自桐柏，东会于泗、沂，东入于海。[3]"

黄河、济水和淮河是北方的重要河流，这三条大河将冀、沇、青、徐四州粗略地分划出来。冀州"相当于今山西省和河北省的西部和北部，还有太行山南的河南省一部分土地"[4]，可能还包括内蒙古阴山以南，东及辽宁辽河以西的大部分地区；按地理正在上述古黄河以北，所以形声字冀从北。沇州在黄河和济水之间，"相当于今河北省东南部、山东省西北部和河南省的东北部"。济水和淮河之间是青州和徐州。《九州章》里说，"海、岱惟青州"、

[1] 积石山，青海阿尼玛卿山。龙门，山西西南黄河河道上的险峡。华阴，陕西华山的北面。厎柱，河南三门峡黄河中的山石。孟津，孟县西南的黄河边。洛汭，洛水入黄河处，在巩义市东北。大伾山，在浚县。降水，水名，在河北肥乡、曲周二县之间注入古黄河。大陆，大陆泽，又名巨鹿泽，遗迹在邢台至衡水间。播，分散。九河，即今河北黑龙港地区的九条地下古河道带。逆河，涨潮时海水逆入，临海河段都成咸水。海，渤海。

[2] 沇水，济水出于王屋山，其上游称为沇水。荥，古时的荥泽。陶丘，在山东定陶县。菏，即菏泽之水。汶，大汶河，在东平县安山入济水。海，渤海。

[3] 桐柏山，在豫鄂边界上，河南桐柏县境内。泗、沂，沂河在江苏邳县入泗水，又至淮阴县入淮河。海，黄海。

[4] 《中国通史》第三卷，第 763 页。

“海、岱及淮惟徐州”，所以青州半岛为大海（渤海和黄海）所环绕，西边有“一览众山小”的岱宗泰山为界标，而徐州以淮河为其南界。但青、徐二州的边界并不分明。这恐怕是因为早期大汶口文化分布在此二州，作为一个整体不好分开。

我推测《导水章》表现的是伏羲族复兴的最低纲领，而《九州章》则描绘了族群奋斗的最高纲领。《史记》介绍帝舜的来历，说他是“冀州之人也”。冀字有希冀的意思，那么冀州对于伏羲族来说就是他们的“应许之地”(the promised land)。远古时候，伏羲族曾经在北方率先发明了狩猎经济。旧石器时代晚期，狩猎经济发展很快，“在华北地区的旧石器晚期遗址甚多，尤以山西为最密集……东北旧石器时代晚期遗存也发现较多……其总体特征与华北旧石器晚期文化比较接近”[1]。当此之时，以伏羲族为主体创造了北方最早的人类文明，《易传》追述的“古者包牺氏之王天下”的时代必定是在这个时期。公元前 1 万年左右，开始了向新石器时代的过渡，神农族约于此时挺进中原，创造了北方的农业文明。伏羲族衰落了，逃离了故地，但是几万年的繁荣给他们留下了不可磨灭的记忆。几万年间北方狩猎文化兴盛的广阔地带，就被他们用“冀”来命名，寄寓对于族群复兴的渴盼。

伏羲族的磁山文化主要分布在河北南部和河南北部，应是他们撤出冀州之后长期生活的地方，大都在沇州的地界内。公元前 6000 年至前 4500 年之间，“神农氏没”，伏羲族积蓄力量，乘势

---

[1] 《通史》第二卷。

扩张，在后冈一期的时候，向西越过太行山到达晋中及长治盆地，北抵河套、桑干河—永定河沿线，但不敌戎族的东侵之军，而败走青、徐。因而冀—沇—青、徐四州是帝舜以前伏羲族居住过的全境，也就是伏羲族复兴的必争之地。

山东淄川人蒲松龄撰《聊斋志异》，其中的《青娥》篇是画龙点睛之笔。此篇主人公名叫霍桓，乃回还、返还、返本还原之意。霍桓字匡九，匡者正也，九为阳数，匡九就是正阳。正阳子是道教中寓言人物钟离权的道号，钟离权“贯文通武”、“仕汉为将军”，其人“身材魁梧”、“须髯过腹”[1]，青娥之父既称“武评事”，又是“一修髯丈夫”，不是暗示钟离权还能有别的人吗？因此这个故事是说得到了钟离权传授的返还术，则蒲松龄自比的其实是吕洞宾，因为传说吕洞宾生于山西蒲坂县，科举屡次应试都没有考中，遇正阳子才忘却功名，修炼道术，他潇洒尘世，自称回道人，其生平正好用“霍桓字匡九，晋人也”一句来概括。篇名青娥，也是回还的意思。青娥的父亲说，“婿来大好，分当留此”，霍桓一来听不懂，二来要尽孝，无缘龙虎丹法，但靠着青娥，也常葆青春了。青字在中国文化里代表青春、生命、艺术、爱情等美好的事物，州以青名，也就隐喻了伏羲族振兴的希望。

《九州章》原本可能只叙述了九州的大致方位和各州的贡物，大部分内容都是后人添加的。因为误解了前面的《导水章》，以为是在颂扬大禹治水，就在《九州章》各节里细叙治水经过。因为

---

[1] 中国道教协会网资料。

治水为了农业生产，所以又补上各州的土壤情况，规定了各州田赋的相对数量。因为贡赋要收中央，又要强调治水的成效，就规划了以水道入贡的运输线路。雍州田地的等级为上上，征赋的等级却不过中下，暗示使《禹贡》这篇文字基本定稿的那位增订者是西北人，而且很可能就是西周王朝的史官。

九州的叙次（冀、沇、青、徐、扬、荆、豫、梁、雍）从今天的中国地图来看，呈现顺时针方向，足见帝舜对九州方位心中有数。帝舜列举各州的土产，筹划四方辐辏的朝贡贸易，也就是在构想古代中国最早的天下体系。这标志着中国的农业文明已经脱离了“只几个石头磨过”的儿童时代，开始步入铜石并用的少年阶段。因此，《禹贡》实际上是流传下来的人类最久远、最简练的英雄史诗。

伏羲族和蚩尤的战争异常艰苦而激烈，许多人为了族群的解放而流血牺牲。大汶口遗址与泰山主峰相距仅 20 公里，可能当年帝舜曾登上青州巍然屹立的泰山，祷告上苍，宣布伏羲族的复兴，是为祭天之始；又在泰山之南建起先烈的陵园，纪念逝去的英灵，是为祭地之始。陵园的北部离泰山较近，可能下葬者在革命事业中贡献较大，所以随葬品很丰富。最大的十号墓安葬了一位 50 多岁的女性，墓中有很多珍贵的物品，内中一件墨玉钺极其精致，还发现了鳄鱼的皮下骨板 84 块，可能是用鳄鱼皮蒙制的“鼍鼓”的遗留。墓主是谁呢？她在帝舜讨伐蚩尤的战争中建立了怎样的功勋？

据《黄帝内传》记载：“黄帝伐蚩尤，玄女为帝制夔牛皮鼓八十面，一震五百里，连震三千八百里。蚩尤铜头啖石，飞空走险。九击止之，尤不能走，遂杀之。”这里的黄帝其实就是帝舜。但夔牛是什么东西？《山海经·大荒东经》里说：“东海中有流波山，入海七千里。其上有兽，其状如牛，苍身而无角，一足，出入水则必风雨，其光如日月，其声如雷，其名曰夔。黄帝得之，以其皮为鼓，橛以雷兽之骨，声闻五百里，以威天下。”夔的形状像牛，即上面的夔牛。既然夔的声音像雷，当然可以叫它雷兽，因此“以其皮为鼓，橛以雷兽之骨”的动物夔就是鳄鱼，十号墓下葬的女性是为帝舜制作鼍鼓、在关键时刻鼓舞士气的玄女。

唐代张守节在为《史记》作《正义》时引用了《龙鱼河图》，书中说：“黄帝摄政，有蚩尤兄弟八十一人，并兽身人语，铜头铁额，食沙石子，造立兵仗刀戟大弩，威振天下，诛杀，无道，不慈仁。万民欲令黄帝行天子事，黄帝以仁义不能禁止蚩尤，乃仰天而叹。天遣玄女下授黄帝兵信神符，制伏蚩尤，帝因使之主兵，以制八方。”这本书和《黄帝内传》都说蚩尤有奇特的特征和习惯，头像铜铁一样坚硬，拿石子当饭吃。这使人联想到大汶口文化居民压扁枕骨和口颊含球的陋俗。本来是蚩尤逼迫伏羲族把头压扁、使齿弓变形，后来伏羲族改变了陋俗，可是传说中信息失真，变成蚩尤“铜头”、“啖石”了。不过，这也表明了蚩尤的凶恶残暴。玄女很有智慧，她教导帝舜怎样用兵，制伏了蚩尤，不只是帮助他制作了鼍鼓。墓中有墨玉钺，墨玉即玄玉，所以人们以玄玉来代表这位伟大的女英雄。玄玉和玄女音近，因而就用玄女来称呼她了。她的功劳极大，后世叫她“九天玄女娘娘”以表达崇敬的心情。

张守节还引用了《山海经》里的话："黄帝令应龙攻蚩尤。蚩尤请风伯、雨师以从，大风雨。黄帝乃下天女曰魃，以止雨。雨止，遂杀蚩尤。"假若把蚩尤比作恶鬼，玄女的确起到了祛拔恶鬼的作用。值得注意的是，在擒杀蚩尤的战斗中，应龙也功不可没。大汶口 117 号墓随葬了除玄女墓之外的另一把玉钺，估计墓主便是传说中的应龙。考古学家说他是"未成年男性"[1]，可惜不知道他的准确年龄，但无论如何，应龙这位少年英雄和玄女一样，在帝舜的领导下建立了卓越的功勋。

初稿写于 2008 年 7 月 21 日

附录：舜典

一、戎族之东侵（导山章）

1·1 道岍及岐，至于荆山，逾于河；壶口、雷首，至于太岳；厎柱、析城，至于王屋；太行、恒山，至于碣石，入于海。

1·2 西倾、朱圉、鸟鼠，至于太华；熊耳、外方、桐柏，至于陪尾。

---

[1] 《通史》第二卷，第 266 页。

2·1 道嶓冢，至于荆山；内方至于大别。

2·2 岷山之阳，至于衡山，过九江，至于敷浅原。

二、伏羲族之复兴（导水章）

1 道弱水，至于合黎，余波入于流沙；道黑水，至于三危，入于南海。

2·1 道河积石，至于龙门，南至于华阴；东至于厎柱，又东至于孟津；东过洛汭，至于大伾；北过降水，至于大陆；又北播为九河，同为逆河，入于海。

【嶓冢：道漾，东流为汉，又东为沧浪之水，过三澨，至于大别，南入于江，东汇泽为彭蠡，东为北江，入于海。岷山：道江，东别为沱，又东至于澧，过九江，至于东陵，东迤北会于汇，东为中江，入于海。】

（嶓冢系列和岷山系列，承《导山章》而来。北江、中江，承本章南海而来。）

2·2 道沇水，东流为济，入于河，溢为荥，东出于陶丘北，又东至于菏，又东北会于汶，又东北入于海。

2·3 道淮自桐柏，东会于泗、沂，东入于海。

【道渭自鸟鼠同穴，东会于沣，又东会于泾，又东过漆、沮，入于河。道洛自熊耳，东北会于涧、瀍，又东会于伊，又东北，入于河。】

（为了凑够九川，又叙渭、洛。漆、沮、涧、瀍，都不是主要河流，东方的伏羲族不必熟知，所以此段绝非原文。此处熊耳一山，亦与《导山章》熊耳不同。）

【九州攸同，四隩既宅，九山刊旅，九川涤源，九泽既陂，四海会同。六府孔修，庶土交征，厎慎财赋，咸则三壤，成赋中邦。锡土姓。祗台德先，不距朕行。】

【五百里甸服：百里赋纳緫，二百里纳铚，三百里纳秸服，四百里粟，五百里米。五百里侯服：百里采，二百里男邦，三百里诸侯。五百里绥服：三百里揆文教，二百里奋武卫。五百里要服：三百里夷，二百里蔡。五百里荒服：三百里蛮，二百里流。】

【东渐于海，西被于流沙，朔南暨，声教讫于四海。禹锡玄圭，告厥成功。】

三、帝舜之远略（九州章）

【禹敷土，随山刊木，奠高山大川。】

冀州。既载壶口，治梁及岐。既修太原，至于岳阳。覃怀厎绩，至于衡漳。恒卫既从，大陆既作。厥土惟白壤。厥田惟中中。厥赋惟上上，错。鸟夷皮服。夹右碣石入于河。

济、河惟沇州。九河既道，雷夏既泽，灉、沮会同。桑土既蚕，是降丘宅土。厥土黑坟，厥草惟繇，厥木惟条。厥田惟中下。厥赋下下；作十有三载，乃同。厥贡漆、丝，厥篚织文。浮于济、漯，达于河。

海、岱惟青州。嵎夷既略，潍、淄其道。厥土白坟，海滨广斥。厥田惟上下。厥赋中上。厥贡盐、絺、海物惟错，岱畎丝、枲、铅、松、怪石，莱夷作牧，厥篚檿丝。浮于汶，达于济。

海、岱及淮惟徐州。淮、沂其乂，蒙、羽其艺。大野既猪，东原厎平。厥土赤埴坟，草木渐包。厥田惟上中。厥赋中中。厥贡惟土五色，羽畎夏翟，峄阳孤桐，泗滨浮磬，淮夷蠙珠暨鱼，厥篚玄纤缟。浮于淮、泗，达于菏。

淮、海惟扬州。彭蠡既猪，阳鸟攸居。三江既入，震泽厎定。筱簜既敷。厥草惟夭，厥木惟乔，厥土惟涂泥。厥田惟下下。厥赋下上，上错。厥贡惟金三品，瑶、琨、筱簜，齿、革、羽毛惟木。岛夷卉服，厥篚织贝，厥包橘柚锡贡。沿于江、海，达于淮、泗。

荆及衡阳惟荆州。江、汉朝宗于海，九江孔殷，沱、潜既道，云梦土作乂。厥土惟涂泥。厥田惟下中。厥赋上下。厥贡羽毛、齿、革，惟金三品，杶干栝柏，砺砥砮丹，惟箘簵楛，三邦厎贡厥名，包匦菁茅，厥篚玄纁玑组。九江纳锡大龟。浮于江、沱、潜、汉，逾于洛，至于南河。

荆、河惟豫州。伊、洛、瀍、涧，既入于河，荥波既猪，道菏泽，被孟猪。厥土惟壤，下土坟垆。厥田惟中上。厥赋错上中。厥贡漆、枲、絺、纻，厥篚纤纩。锡贡磬错。浮于洛，达于河。

华阳、黑水惟梁州。岷、嶓既艺，沱、潜既道，蔡、蒙旅平，和夷厎绩。厥土青黎。厥田惟下上。厥赋下中，三错。厥贡璆、铁、银、镂、砮、磬，熊、罴、狐、狸、织皮。西倾因桓是来，浮于潜，逾于沔，入于渭，乱于河。

黑水、西河惟雍州。弱水既西，泾属渭汭，漆、沮既从，沣水攸同。荆、岐既旅，终南、惇物，至于鸟鼠，原隰厎绩，至于猪野。【三危既宅，三苗丕叙。昆仑、析支、渠搜，西戎即叙。】厥土惟黄壤。厥田惟上上。厥赋中下。厥贡惟球、琳、琅玕、织皮。浮于积石，至于龙门西河，会于渭汭。

祝融和后羿

——尧舜及其族群续考之二

当公元前3500年至前3400年之间帝舜兴起的时候[1]，伏羲族和戎族曾经激烈地交战。《山海经·大荒北经》里记载：“蚩尤作兵伐黄帝，黄帝乃令应龙攻之冀州之野。应龙畜（注：怵字的通借）水，蚩尤请风伯雨师，纵大风雨。黄帝乃下天女曰魃，雨止，遂杀蚩尤。”与之相类似的一段文字见于《史记·五帝本纪》，内中说：“蚩尤作乱，不用帝命。于是黄帝乃征师诸侯，与蚩尤战于涿鹿之野，遂禽杀蚩尤。”这里的黄帝即轩辕，指的是帝舜。《尧舜及其族群考论》一文已指出涿鹿在濮阳。把“涿鹿之野”和“冀州之野”对照起来看，《山海经》似乎是暗示伏羲族在濮阳苦战取得了决定性的胜利之后，“宜将剩勇追穷寇”，继续前进，去攻占族群的应许之地——冀州。

这时，东北的红山文化在时代风潮的激荡下，变得“空前活跃，其分布区域明显超出了红山文化前段的发现范围”[2]，以策应

---

[1] 参见《帝舜、〈禹贡〉与玄女》一文。

[2] 白寿彝总主编：《中国通史》第二卷。

青、徐地区大汶口文化向冀州的进军。大汶口文化朝着它的鼎盛阶段迈进，稍晚，在红山文化后段晚期，冀、沇、青、徐四州可能都已牢牢掌握在伏羲族手中，此时“燕山、熊耳山[1]南北的北方古文化都有向南推进的趋势”，大汶口文化达到了辉煌的顶点。

帝舜定都于鸣条，即开封陈留一带。伏羲族在河南控制区域的文化有人称为大汶口文化颍水类型。颍水类型的分布范围“已达豫西、豫南地区，涵盖黄河以南的商丘、周口、许昌、平顶山、郑州、洛阳、南阳、信阳、驻马店等 9 个地市”[2]，也就是说，已经基本上控驭了豫州。冀州和豫州既已收入囊中，构筑九州攸同的天下体系也就指日可待了。

上篇　光融天下

中国进入铜石并用时代以后，在青、徐二州的大汶口文化崛兴的同时，荆州的大溪文化也兴盛起来。大溪文化分为南北二支，其北支称为关庙山类型，主要分布在鄂西的长江及其支流沮水、漳水两岸；其南支称为汤家岗类型，主要分布在湘北的洞庭湖沿岸，以澧水流域最密集。

澧阳平原的居民最早发明了中国的稻作农业。1988 年，在澧县彭头山遗址的陶片中见到了制陶时掺和的大量稻谷和稻壳，掺

[1] 在河北省阳原、宣化之间。
[2] 《20 世纪河南考古发现与研究》，中州古籍出版社 1997 年版。

杂的时间大约在9000年前。1995年，又在距今8000年左右的澧县八十垱遗址西边的古河道淤泥中出土了稻谷和大米1万多粒。此时正当北方的裴李岗文化、磁山文化和老官台文化的开端，最先种植小米的神农族逐渐衰落了，我猜它的一部分可能往南发展，于是神农族和最先种水稻的族群之间发生了冲突，那埋藏的稻谷和大米便是斗争的见证。在八十垱还见有环壕和土垣，应是抵御神农族入侵的设施。1996年，澧县城头山发现了世界上目前年代最早的古稻田，还发现了中国最早的古代城址，时当公元前4500年左右。戎族打败伏羲族的濮阳大战也就在这个时候。“在湖北境内的汉水流域及河南境内的淅水沿岸，均零散地分布着一些半坡和庙底沟两类型居民的移民点”[1]，我推测戎族在濮阳之战后沿着汉水、淅水追击神农族，将其逼出豫州；神农族不得已而大批南下，和湘北的原始族群相互斗争，吸收他们种植水稻的技术，形成大溪文化的北支。湘北的原始族群曾筑城抵抗，又因受到神农族文化的冲击而形成大溪文化的南支。

《史记·楚世家》里说：“重黎为帝喾高辛居火正，甚有功，能光融天下，帝喾命曰祝融。”帝喾高辛即帝舜，由此可知重黎与帝舜生活在同一时代。《国语·楚语下》言：“古者民、神不杂……及……民、神杂糅……颛顼受之，乃命南正重司天以属神，命火正黎司地以属民，使复旧常，无相侵渎，是谓绝地、天通。”这里颛顼不过是帝舜的讹变，绝天地之通不过是神话而已，南正和火

[1] 《通史》。

正也看不出有什么差别。有意义的是，重和黎一分为二了。《鲁语上》述："昔烈山氏之有天下也，其子曰柱，能殖百谷百蔬；夏之兴也，周弃继之，故祀以为稷。"神农族的柱和周族的弃先后成了北方的农神。我们注意到，沮—柱，漳—重，澧—黎，都是近音字的组合，于是作出推断，所谓重黎实际上是大溪文化南北两支的合称。

《山海经·大荒东经》里讲"帝俊生中容"，我们又有了近音字组合：柱—祝，重—中，融—容，因而所谓祝融是指神农族名为融的人。《大荒南经》又提及炎融，为祝融之异名，祝既然能替换为炎，而炎与融意近，则此人本名必为融。此外，《墨子·非攻下》有"天命融隆火"，《国语·周语上》有"融降于崇山"之句，更证明了融可以单用。

《大荒南经》述及炎融之句为"鲧妻士敬，士敬子曰炎融，生驩头"，而《大荒北经》说"颛顼生驩头，驩头生苗民，苗民厘姓"，故炎融—驩头—苗民这三者的关系就建立起来了。厘、黎音近，所以湘北的原始族群即苗民，也就是古苗族。苗字顾名思义，就是田里种的庄稼，因此在上古时代，苗字代表了种水稻的族群——苗民。炎融、苗民都清楚了，那么驩头究竟为何意？

《史记·五帝本纪》中有这样一段："讙兜进言共工，尧曰不可而试之工师，共工果淫辟。四岳举鲧治鸿水，尧以为不可，岳强请试之，试之而无功，故百姓不便。三苗在江淮、荆州数为乱。于是舜归而言于帝，请流共工于幽陵，以变北狄；放驩兜于崇山，以变南蛮；迁三苗于三危，以变西戎；殛鲧于羽山，以变东夷：

四罪而天下咸服。”共工就是鲧，讙兜或驩兜即驩头。如果“流共工”和“殛鲧”两相对应，那么“放驩兜”和“迁三苗”两者之间似乎也有所关联。“三苗在江淮、荆州数为乱”，荆州有炎融和苗民两支，则驩头可能在江淮之间，是三苗的另一支。所以驩头是长江下游种水稻的族群。

在吴语地区，民间有一种古老的信仰，将马头娘祀为蚕神，又叫马明王菩萨。中国人一般均认嫘祖为养蚕的始祖，吴语地区却供奉马头娘，一定有特殊的原因。在一些蚕区，过去每到清明节前，就有民间艺人挑了担子，担子上放着马明王菩萨的像，到蚕户门口大声喊“蚕将军来哉”，作为迎蚕神的仪式。[1]既称“蚕将军”，也许马头娘原本是男性神。马明王菩萨使人联想到马头明王即马头观音，那么很可能马头娘＝驩头＋观音。前引《山海经》说驩头是鲧或颛顼（实即戎族的代名词）的后代，驩字读音正从鲧字或颛字而来，那么驩头一词暗示当地的原始族群曾与戎族结盟，其头领骁勇善战，以马首所指方位作为部下前驱的导向，为了纪念他，就用驩头来代表其人和这个族群了。太湖流域和杭州湾地区的马家浜文化估计就是这个族群创造的。可能戎族曾经联络驩头，请驩头向北阻击伏羲族，使之徘徊于青、徐地区而陷于失败。郭沫若说：“金文虞，字每作吴，而吴越之吴则作……攻吴”，所以吴越的吴是“攻虞”之意，亦可在此引以为证。

因此所谓三苗乃是三个种植水稻的族群。其中神农族原来种

[1] 姜彬主编：《吴越民间信仰民俗》，上海文艺出版社 1992 年版。

小米，到了南方改种水稻。三苗之中，《山海经·大荒北经》说苗民在西北，则《山海经》的作者在苗民以东以南，很可能在广州、温州之间。《大荒北经》说驩头生苗民，那么在作者心目中驩头的地位更高，作者的居住地似乎离驩头更近，或许是在温州、泉州之间。《山海经》里有秦汉郡名，则定稿者多半是汉初闽越国人。

古苗族的城头山遗址在湖南澧县车溪乡南岳村，南岳衡山是南方有名的山峦，我们不妨把苗民称为南岳系。驩头分布于《禹贡》所叙扬州境内，我们不妨称为扬州系。神农族早已退出中原，在帝舜的时代也不可能大规模北上争锋，那么，“三苗在江淮、荆州数为乱”是在什么时候？

在江苏新沂花厅村遗址的墓葬中，“良渚文化的征服者把大汶口文化的居民用来殉葬”[1]，良渚文化属于扬州系，其分布区域距离花厅村数百公里之遥，因此扬州系发动战争是经过精心策划的。此时约当公元前3000年，正是大汶口文化前期和中期的分界线，伏羲族盛极而衰，昔日的辉煌已成为明日黄花，竟无法抵挡扬州系的劳师远袭。在这之前，想必神农族及南岳系已经多次从荆州北上，撼动了伏羲族在中原的根基。稻（大米）、粟（小米）这两个字的方言读音近于“大”字和“小”字，反映了那个时期南方族群和北方族群的矛盾，以及南北生产方式、社会文化的相互差异与斗争。这是北方从属于南方的时代。

荆州屈家岭文化继承了大溪文化，其碳十四测年一般在公元

[1] 《通史》。

前3000年至前2500年之间。大溪文化和屈家岭文化的特征之一是分间式住房，出现于公元前3500年以后。河南郑州大河村遗址的第三期和第四期都发现了分间房屋，如果和《左传·昭公十七年》的历史记载（“郑，祝融之虚也”）联系起来，就可断定神农族在中原的据点就在大河村附近。大河村第三期距今5300—5100年，第四期距今5100—4900年。第三期两间的房屋有两座，第四期四间的房屋也是两座，说明第四期神农族文化的特色更加明显了。

第四期住房内除了见到灶台、取暖用的烧火台之外，还见有祷祝用的烧火台。我们知道，融字的本义就是炊气上升；这个时期神农族的巫祝试图借助烧火台来沟通人神、与神融合为一，前引《国语》里重黎绝地天通的传说即体现了人们的这种愿望。所谓火正之职当然也是从烧火台的宗教作用引申而来的；因为南方炎热，重黎来自南方，所以又把火正叫做南正。后世民俗中的灶王爷故事或许即源于此。总而言之，融字反映了这个时期神农族通过烧火台上烟气上升来达到人神融合目的的宗教仪式内容，因此就用它来代表那位首先采取这一做法的神农族领袖。在融字之前加上祝字，就是为了强调他政教合一的职能。在《山海经》里，祝融又讹变为烛龙，炎融亦讹为晏龙，经中还有烛光、宵明之名，正符合前引《史记》“光融天下”的说法。疑今日玩龙灯、打灯笼的风俗便是从烛龙的故事演变而来。

又想到夏族传说中的始祖启，《山海经·大荒西经》里讲：“有人珥两青蛇，乘两龙，名曰夏后开。开上三，嫔于天，得《九辩》

与《九歌》以下。”开就是启，《天问》也有“启棘（亟）宾（嫔）商（帝），九辩九歌”之句。“启亟嫔帝”可能是说启急切地想把女儿献给上帝，上帝感念他的虔诚，就赐给他《九辩》、《九歌》。《九辩》、《九歌》大概是人神交通的歌舞；启的意思是开门，也就是掌握了会通天神的门径，获得了上帝赋予的力量和权柄。所以，公元前3000年前后是一个不寻常的时代，各族都产生了自己沟通人神的特殊方式。夏后启或许就生活在这个年代，这也就是夏文化发端的时代吧。

1982年，甘肃秦安大地湾遗址F411发现了一幅地画。画面上有三个人，西边的一人见有头部和右手握棍状物的痕迹，中间是一膀大腰圆的男性，东边的人胸宽腰细，显然是一女子。在男性和靠西人像下方画了粗黑的框子，框中绘有两只蝼蛄，头向东。我推测西边的人代表上帝，棍状物即其权杖，男性就是启，女子是启的女儿。惊蛰过后，天气回暖，蝼蛄出来活动，比喻戎族蛰伏几百年，终于等到了重整旗鼓的机会。蝼蛄的头朝向东边，是说戎族要向东进发了。为了感谢上帝的恩典，启就把女儿奉献给他。和周围的房子一样，F411也是门朝北，它北面的F901规模宏大，其“正门朝南……从正门进去，迎面有一个大火塘”[1]，应是启献燔祭的地方。“火塘后侧有两个对称的顶梁柱……南北墙壁上各有8根扶墙柱”，可能代表戎族分两支统领的16个部落，或即《五帝本纪》中八恺、八元之由来。F411门外“有两排柱洞，每排

[1]《通史》。

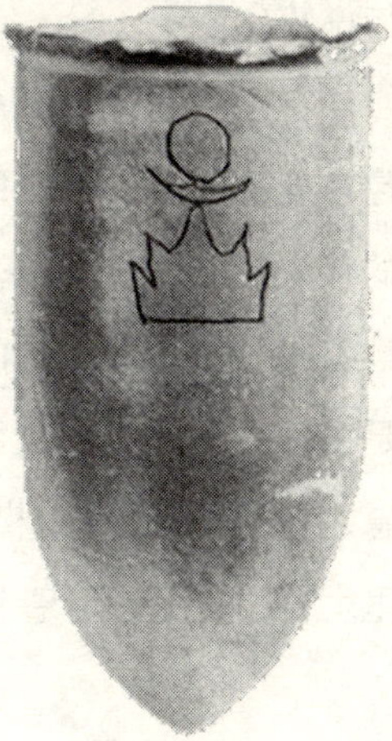

六个；柱洞前有一排青石板，也是六个，与柱洞相对应……还有一个露天火塘”，柱洞可能代表伏羲族的12支派，青石板和火塘用来杀牲后烧死，以诅咒伏羲族。另一座房F405也很大，规格稍低于F901，估计就是戎族内部的另一支了。地画中蝼蛄有两只，也代表着戎族的两支，因年久传说失真，变成了启“乘两龙”了。

就在讲到夏后开的同一篇《大荒西经》的开头说：“……水东有幕山。……有神十人，名曰女娲之肠（殇）化为神，处栗广之野，横道而处”，幕就是尧，此段似乎暗示了纪念女娲殇死的牛河梁陵庙遗址。遗址年代测定为距今5500年左右，正在帝舜时代。到了大约5000年前，神农族“光融天下”，夏后氏蠢蠢欲动，驩头为乱江淮，帝舜开创的盛世过去了。

上图是在山东莒县（属帝舜故乡诸城所在的鲁东南地区）陵阳河遗址出土的大口陶尊。陶尊上刻着太阳、山峰，在山峰与太阳之间以月牙形隔开，表明太阳在天上，隐含了帝舜在泰山祭天的情景。我认为这是伏羲族在追怀帝舜和那个时代的荣光，可以释为昊字。所以太昊、少昊之名标记的首先是时代，然后才是族群内的分支。在此之前的500年是伏羲族的太昊时代，约从公元前3000年开始即是少昊时代，所以少昊的传说很丰富，而太昊的传说较少。

在莒县大朱村和安徽蒙城尉迟寺等地也发现了相似的徽记。豫东鹿邑栾台一期与尉迟寺遗址年代相近，也在以尉迟寺为中心的伏羲族文化的分布范围内。尉迟寺类型应该是承袭自前一期的颍水类型。在尉迟寺的墓葬中，儿童的瓮棺葬比例很高，有人说是由瘟疫引起的。刻徽记的大口尊也用作儿童的瓮棺，估计是情急之下的仓促之举。[1] 尉迟寺类型的居民在神农族和扬州系的夹缝里生存，境况一定是十分艰难的。

下篇　后羿射日

西王村类型分布在山西南部和河南西部，可能是夏后启从大地湾东进之后创造的。《左传·襄公四年》说："昔有夏之方衰也，后羿自鉏迁于穷石，因夏民以代夏政。"林庚《天问论笺》疑后羿即后益，那么"因夏民以代夏政"是指益在夏后氏的地区夺取了政权。晋南襄汾陶寺遗址（约当公元前 2500—前 2000 年）正在前一阶段西王村类型区域之内，器物特征却颇似龙山文化遗存，很可能就是"穷石"之所在。

《史记·夏本纪》述："帝禹立而举皋陶荐之，且授政焉，而皋陶卒。封皋陶之后于英、六，或在许。而后举益，任之政。"传说

---

[1] 《檀弓》："以有虞氏之瓦棺葬无服之殇。"

皋陶辅助帝舜主管过司法。皋是泽边洼地的意思，大概皋陶在泽边做过陶工。帝舜年轻时“陶河滨”，或许在那里结交了皋陶，后来皋陶成了他最得力的助手。“封皋陶之后于英、六，或在许”反映了皋陶的后代生活的区域，英、六、许很可能与尉迟寺类型分布的地区相重叠。估计益就是伏羲族尉迟寺类型居民的后裔，所以有传说讲益是皋陶的儿子。

《山海经·海内经》言：“少皞（昊）生般（殷），般（殷）是始为弓矢。帝俊赐羿彤弓素矰，以扶下国（域）。羿是始去，恤下地之百艰。”帝俊即帝舜，在这段话里，帝俊是一个天帝的形象，后羿原本和他在一起。帝舜赐给后羿红弓白箭，命他扶佑下界的人民。后羿这才离开天庭，因为他怜恤人间的多灾多难。羿、殷一声之转，可见殷商之殷源于后羿其人。《天问》说“帝降夷羿，革孽夏民”，夷字从大从弓，与《海内经》后羿形象正相合。

襄汾在《禹贡》九州之首的冀州，《帝舜、〈禹贡〉与玄女》一文已论证《禹贡》为帝舜所作，冀字从北异声，原与羿字的读音一样，后羿既建都于冀州，扩大了当年帝舜的事业，于是就叫他冀—羿，以彰显他的功绩。《天问》中叙商族历史时说“该秉季德”、“恒秉季德”，看起来季是商族的英雄祖先。季、冀同音，应是从羿转化而来。冀州之冀又音转为挚（试联想伎字，从人支声），《汉书·律历志下》讲帝喾的时候说：“帝喾……天下号曰高辛氏。帝挚继之……”，帝喾也是帝舜，能继之者当然是后羿了。《逸周书·尝麦》云：“黄帝……乃命少昊请（靖）司马鸟师，以正五帝之官，故名曰质。”质、挚同音，说的也是后羿，而靖、冀亦为一声之转。

《史记·殷本纪》讲汤的先世："契卒，子昭明立。昭明卒，子相土立。相土卒，子昌若立。昌若卒，子曹圉立。曹圉卒，子冥立。冥卒，子振立。振卒，子微立。微卒，子报丁立。报丁卒，子报乙立。报乙卒，子报丙立。报丙卒，子主壬立。主壬卒，子主癸立。主癸卒，子天乙立，是为成汤。"振、正音近，而正、质意通，故振指的也是后羿。唐代司马贞《史记索隐》中说"《系本》作核"，其实振并非核（或称亥，亦即该），而是后羿。

既然后羿出于契，而契字的意思是用刀刻，这就使人回想起陵阳河、尉迟寺等地大口尊上的刻符来。那么契必定是指公元前3000年前后伏羲族的领袖了，很可能就居住在尉迟寺那里。契字又有契合之意，那是因为伏羲族想通过刻符来契合上天。所以，融、启、契这三位领袖的命名都不是偶然的，表明在他们生活的年代三个主要的族群都有沟通上帝的强烈愿望，领袖们都在"问苍茫大地，谁主沉浮"。从各族领袖与上帝交通的方式来看，在那个时候，伏羲族文明程度最高，神农族次之，而戎族最野蛮。此外，各族心目中的上帝各不相同，伏羲族是帝舜，戎族恐怕是禹，而神农族大概是高阳。

《山海经·大荒东经》有一段王亥的故事，脱误甚多，兹订正于此："有困（因，殷字之讹）民国。有人曰王亥，托于有易，河伯（畔）仆（牧）牛。有易〈欲〉杀王亥，取仆、牛〈于〉河，〈王亥〉潜出。为国，名曰摇（殷）民。帝舜生戏（扈），戏（扈）生摇（殷）民。"王亥曾托身于有易氏，帮有易氏在河边放牛，也就是《天问》中发问的"胡终弊（疲惫）于有扈（易），牧夫牛羊”之事。王亥暗中离开有易，因为潜行才逃得了性命，所以又叫他微，亥、微是一人。微以羿（殷）为旗帜团结伏羲族（即有扈氏，昊、扈可通）建国，是为殷族之始。故微是汤的近祖，不可能是后羿的儿子，《史记》里的叙次有误，疑原文为“冥卒，子微立”。

《左传·哀公元年》里伍子胥引用掌故劝诫夫差：“昔有过浇杀斟灌以伐斟鄩，灭夏后相。后缗方娠，逃出自窦，归于有仍。生少康焉，为仍牧正……逃奔有虞……妻之以二姚……能布其德，而兆其谋，以收夏众，抚其官职，使女艾谍浇，使季杼诱豷。遂灭过、戈……”此段少康和微的故事何其相似，我怀疑《山海经》中一部分语焉不详的情节保存在这里了。杼即予，《史记》记为少康之子，这里似乎是个女间谍；无独有偶，缗恐怕也是微的父亲冥的讹变。“妻之以二姚”似乎暗示有易氏将两个女儿许配给了微。

在《天问》里，有易又作有狄；相传帝喾之妃简狄出于有娀氏，当即有易氏之讹，所以有易氏是有扈氏的姻亲氏族，微到母亲的氏族去避过难。“该秉季德，厥父是臧，胡终弊于有扈（易），牧夫牛羊？”这两句话看来是说亥牢记祖先后羿的懿德，对父亲冥好生服侍，为什么落得个躲到舅家去疲惫不堪放牧牛羊？“干协（戚）时舞，何以怀之？平胁曼肤，何以肥之？有扈牧竖，云何而逢？击床先出，其命何从？”意译如下：战云密布，不得安生，牛羊怎样怀上犊子？牛羊体格瘦弱，肌肉松弛，怎样把它们喂养肥壮？有扈氏牧牛的小子啊，你是怎么在患难中幸运逢上了心爱的姑娘？若不是事先潜出，不在床上，让刺客扑空，你早已命丧他乡！亥不知为何得罪了岳父，岳父派人暗杀他，他只得提前找机会带着妻子财产逃走了。

“恒秉季德，焉得夫朴（仆）、牛？何往营班禄，不但还来？昏微遵迹，有狄（易）不宁，何繁鸟萃棘，负子肆情？眩弟并淫，危害厥兄，何变化以作诈，后嗣而逢长？”恒应是微的弟弟，负子也应是他的儿子。意译：若说恒也不忘祖先后羿的懿德，为什么贪图哥哥的仆婢、牛羊？为何恒跑来千方百计分这上天的恩赐，微却厚待他，使他不空着手回来？晚年微沿着旧路兴兵，有易氏惊恐不安，为何就在这当口众鸟集于酸枣丛上，那不肖之子趁留守之机恣意寻欢？红了眼觊觎已久的弟弟也违反了伦常，进而一不做，二不休，谋害了哥哥微？为什么恒诡计多端，夺了哥哥的位子，却见他一代代后嗣绵长？（恒字取义于长久。）

又疑冥是帝舜之父瞽叟的原型（冥、瞽意思相近），恒是舜弟象的原型。冥在恒的撺掇下将亥赶出家门。亥在外有了财产、妻室，回来以后，恒又使诡计害他。亥的两位妻子本不知其名，在舜的故事里却变成了尧的女儿娥皇、女英，这多半是由女娲（娥）一名分化来的。唯掘井活埋一事可能是真的，帝舜如果反抗拔齿、扁头等陋俗，必定会遭到敌视和迫害，但他的父亲不一定那样狠心肠。

上面引过的《左传·襄公四年》把后羿扯进编造的少康故事中来，书中数落后羿：“恃其射也，不修民事……而用寒浞……以为己相。浞……愚弄其民，而虞（欺哄）羿于田（打猎）……杀而亨（烹）之，以食其子，其子不忍食诸，死于穷门。靡奔有鬲氏。浞因羿室，生浇及豷……使浇用师，灭斟灌及斟寻氏。处浇于过，处豷于戈。靡自有鬲氏收二国之烬以灭浞，而立少康。少康灭浇于过，后杼灭豷于戈，有穷由是遂亡……”此处冥变成了有夏之臣靡，出奔者也是他。

《史记·夏本纪》载夏后氏世系：“夏后帝启崩，子帝太康立。帝太康失国，昆弟五人，须于洛汭，作《五子之歌》。太康崩，弟中康立，是为帝中康。帝中康时，羲、和湎淫，废时乱日。胤往征之，作《胤征》。中康崩，子帝相立。帝相崩，子帝少康立。帝少康崩，子帝予立……”帝予之前三康中，太康、中康都是昏君，一个失国，一个听任臣子湎淫，那么康字应为贬义词。康为糠之本字，这里是粃穅的意思，故少康中兴一事当属虚构。启、予远隔千年，其间不可能只有四位君主，故三康当为三个恶浊时代之代名词，三康之名估计是商代为了编排夏族而取的。

孔安国说太康“盘于游田，不恤人事，为羿所逐，不得反国”，大概是真的。把太康的作为挪到驱逐他的后羿身上，就有了后羿“不修民事”的断语。孔安国解释《五子之歌》：“太康五弟与其母待太康于洛水之北，怨其不反，故作歌”，这竟成了《天问》中“射夫河伯，而妻彼雒嫔”（射杀河伯，抢走河伯之妻洛姫）神话的素材。按古人命名习惯，帝相之名不会是随便起的，自必有其特殊含义，和《左传》对照起来便恍然大悟了，原来帝相乃是中康之相，寒浞和浇竟变成了掌管历法的羲、和。浞之与浇，不正是湎淫的意思吗？而《天问》“惟浇在户，何求于嫂”可能是袭用了恒

“眩弟并淫”之事。《天问》“冯珧利决，封豨是射”演变成了“生浇及豷（豨）”、“后杼灭豷于戈”，用以证实少康功业远胜后杼，完成少康中兴的虚构。《天问》“献蒸肉之膏，而后帝不若”成了“杀而亨（烹）之，以食其子，其子不忍食诸”情节的来由。《天问》“浞娶纯狐，眩妻爰谋”原先可能是说浞和纯狐夫妻俩设计害死了中康，而后变成了害死的是后羿，“何羿之射革而交吞揆之”，再变成“杀而亨（烹）之”、“浞因羿室”。在流传中纯狐又成了后羿的妻子姮娥，和不死药“不能固臧（藏）”联系起来，成了嫦娥奔月的神话。此外，“往征”寒浞的鬲国之君变成了有鬲、有仍，《天问》中少康欢会、逐犬的故事（“少康逐犬，而颠陨厥首”、“女歧缝裳，而馆同爰止”数句）被完全略掉了，等等。

以上考证是为了澄清有关后羿的史实，也把汤的近祖微（亥）的事迹作了钩陈。自承夏人之后的周人伪造、串混、删改了许多史迹，现在必须一一予以纠正。三康之事只有太康失国或许是后羿造成的，但这正是后羿的功业之一。《山海经·海外南经》叙：“羿与凿齿战于寿华之野。羿射杀之，在昆仑虚（墟）东。羿持弓矢，凿齿持盾，一曰戈。”凿齿就是逼迫伏羲族拔齿的蚩尤的后代，即夏后氏。所谓“因夏民以代夏政”、“太康失国”所指即此。羿字通挚，挚、鸷两字音义皆通，猛禽飞扑抓食，可见武力之强。夏人及其后裔深恨后羿，所以鉏、穷石、有穷之名多半是周人为了丑化后羿造出来的。

其实，后羿不完全是“因夏民以代夏政”，这不过是其功业的次要方面，他的主要功绩乃是“弹日”。《天问》问道：“羿焉弹日？乌焉解羽？”后羿怎样射下那天上的太阳？金乌怎样散开羽毛坠下云霄？前面说过，神农族自认帝高阳之苗裔，故后羿射日的神话隐喻了后羿战胜祝融的势力。也就是《史记》说的“迁三苗于三危，以变西戎”之事。《天问》又问：“一蛇吞象，厥大何如？黑水玄趾，三危安在？”黑水在川西，三危在汶川一带，以多发地震，故名。《山海经·海内南经》述“巴蛇吞象”异闻，亦指明“蛇吞象”之事在今四川。

1995—1999年，成都平原上发现、试掘了一批古城遗址，年代在距今4500—4000年左右，其中新津县宝墩村的古城时代较早，测得数据为距今4405±95年。后羿在公元前2500—前2400年间将神农族之一部分赶到了三危之地。汉扬雄《蜀王本纪》说第一位蜀王叫蚕丛，疑丛是重黎之重的讹变，《山海经·海内经》记：“西南有巴国。大皞（太昊）生咸鸟，咸鸟生乘厘（重黎），乘厘生后照，后照是始为巴人。”乘厘即重黎。至于为什么以蚕冠其名，只要联想吴地从骦头到蚕神马头娘的演变，就可知道那是古代蚕桑业在两地都是重要产业的缘故。明代曹学铨《蜀中名胜记》说，汶川、灌县一带多有“蚕崖关”、“蚕崖石”、“蚕岩市”等地名，汶川、灌县一带正是三危之所在，则“迁三苗于三危”已可证实是神农族被驱逐到川西地震带了。而“以变西戎”是指神农族和先来此地的戎族毗邻而居。葛维汉的文章《羌族的习俗与宗教》收录了羌人的传说，内中的Gu La即戎族（鲧），Tzu La即伏羲族（冀、挚），Jung即神农族（荆，沮水、漳水均发源于荆山）。

后羿定都于山西襄汾，王朝的中心区域在崇山周围的汾、浍河三角洲地带。在后羿的时代，以朝贡贸易为基础的天下体系已经建立，帝舜一千年以前的构想成了现实。在陶寺遗址的大、中型墓葬中，出土了来自各个族群的珍品，有伏羲族龙山文化的，有戎族陕西龙山文化的，有神农族及南岳系屈家岭文化的和扬州系良渚文化的。在一座王者墓（3015号）里，见到了成束的石镞和骨镞，单石镞就有111件，我推测这就是后羿埋葬的地方。他曾经挟着“彤弓素矰”，雄姿英发，“插羽破天骄”，“固一世之雄也，而今安在”？

初稿写于2008年8月1日

从相土到成汤

——尧舜及其族群续考之三

一、禹、杼合一

夏代的史迹由于商代有意的删削，留下来的寥寥无几。我在《尧舜及其族群考论》和前两篇《续考》中已指出：禹在公元前4500年前后战胜了尧；《禹贡》为帝舜所作；启之世在公元前3000年左右；伏羲族的后羿在公元前2500—前2400年之间夺得天下，建都于戎族的发祥地晋南。如果太康是因为败给了后羿而失国，戎族就不可能迅速地复国，那时后羿的政权正蒸蒸日上。也就是说，中康不可能是太康的弟弟。中康之相弑君，取而代之，也不可能是什么中康之子。康为糠之本字，既然在商人眼中，太康、中康都是粃糠之属，那么少康也自然不能例外，根本不存在什么少康中兴。三康乃是公元前2500年以后三个昏庸的戎族头领，代表几百年间戎族的混乱和堕落。这当然是商人删改历史造成的结果。那么，夏代的开国君主究竟是谁？

《鲁语》说夏后氏祭黄帝、颛顼、鲧、禹和杼。杼就是《史记·夏本纪》里记载的予。予是授予的意思，因为此人建立了夏朝，对戎族来说功绩很大，戎族认为是上帝禹赐予了他统治人间的权力，于是就叫他予了。对于整个夏代，《夏本纪》只记了孔甲和桀两个人的故事，但这两人都无德。所以从古代流传下来的夏族史中，唯一能够寻出功业痕迹的人物就是予了。

《尚书》中有一篇《甘誓》，是夏王与有扈氏大战之前的誓师词，《夏本纪》说是启作《甘誓》，但《墨子·明鬼下》引作《禹誓》。实际上，这位夏王既不可能是启，也不可能是禹，他只能是予。《墨子》把禹和予弄混了。《墨子·兼爱下》还引了一段《禹誓》，是征有苗的誓师词。那么，予的主要事迹就是伐有扈和征有苗了。

《禹誓》之文如下：

> 大战于甘，王乃命左右六人，下听誓于中军，曰："有扈氏威侮五行，怠弃三正，天用剿绝其命。"有（又）曰："日中，今予与有扈氏争一日之命，且尔卿大夫庶人，予非尔田野葆土之欲也，予共行（奉行）天之罚也。左不共于左，右不共于右，若不共命；御非尔马之政（正），若不共命。是以赏于祖而僇于社！"

刘起釪说甘之地在今洛阳西南，那么夏予先进攻晋南，摧陷了有扈氏（为伏羲族之后裔）在襄汾陶寺的都城，而后在洛阳附近大战。又有《竹书纪年》记"柏（伯）杼（予）子征于东海"，因而逐步“剿绝”了有扈氏在中原的势力。最后，夏予定都于阳城，在今河南登封。

《史记·殷本纪》中微以前的殷人世系为：帝舜—契—昭明—相土—昌若—曹圉—冥—振—微。《祝融和后羿》已论证振即后羿，现在看来，很可能昭明指的也是后羿，昭明也好，振也好，都是振兴之意。所以正确的世系应是：帝舜—契—后羿—相土—昌若—曹圉—冥—微。《史记集解》引宋忠的注解：“相土就契封于商。《春秋左氏传》曰阏伯居商丘，相土因之。”《史记正义》引《括地志》云：“宋州宋城县古阏伯之墟，即商丘也，又云羿所封之地。”契代表了伏羲族文化的尉迟寺类型，后羿亦来自尉迟寺类型，故无论“就契封于商”还是“羿所封之地”的说法都是可信的。阏是水闸的意思，阏伯之名应与治水有关。《礼记》说：“冥勤其官而水死”，则传说中冥的事业也是治水。这样看来，曾经有一个洪水泛滥的时代，这个时期治水成了商族的头等大事。

大概在公元前2000年，有扈氏堵不住茫茫的洪水，又在洛阳阻击战中大败亏输。《诗经·商颂》有两句诗：“相土烈烈，海外有截。”这时，有扈氏的首领决定弃守商丘一带，到海外去开辟新疆土，相土之名正表明了对于新的立足之地的选择。这应该就是辽西夏家店下层文化的由来。

在洪水肆虐中，璀璨的龙山文化衰落了，石家河文化解体了，良渚文化消失了，远古的中国文明遭到了几乎是毁灭性的打击。(只留下淡远的痕迹，如“骦虞”一词，通欢娱，传递了后世对于良渚文化和龙山文化忻慕的心情。战国时许多人以骦为名，也值得寻味。）于此时建立的夏王朝，其文化就不可能不是朴陋的文化。每当我们展卷阅读推崇夏禹（实际上是夏予）的《墨子》一书，便能从字里行间感受到那个时代的朴实气息。予既然建起了夏王朝，便要担负起治理水患的责任，大禹（予）治水的传说或许并不是没有根据的。予在治水实践中认识到堵截的办法不能奏效，便改用疏导的策略，最终战胜了洪水。

正像尧以濮阳西水坡摆塑的图形总结了在他之前中国原始时代的精神遗产，而帝舜于千年之后开启了中国远古文明的大门，是尧承前而舜启后；无独有偶，夏予继承了中原的远古文明，使它在滔天洪水的面前虽受重创而屹立不倒，而几百年后，商汤革命创建了一个崭新的文明形态，中国正式进入阶级社会，也可以说是予继往而汤开来。

二、汤和伊尹

尧、舜、契、羿、相土、微和汤，这七个人串起了伏羲族（包括太昊、少昊、有扈氏）的历史，七人中舜、羿和汤功业尤为卓著。微本名亥，是汤的近祖，汤是在微的基础上夺得天下的。

《天问》讲述了微的生平："该秉季德，厥父是臧。胡终弊于有扈（易）、牧夫牛羊？……有扈牧竖，云何而逢？击床先出，其命何从？……昏微遵迹，有狄（易）不宁。何繁鸟萃棘，负子肆情？眩弟并淫，危害厥兄。"上一篇《祝融和后羿》已根据周人伪造的少康事迹倒推出微托身于有易时的经历，他在那里和有易氏的两位姑娘结了亲。细味“有扈牧竖，云何而逢”（有扈氏放牛的小子啊，你是怎么在逆境里有幸邂逅了那可爱的姑娘）两句，似乎微对其中一位姑娘格外倾心。郭璞注《山海经·大荒东经》引《竹书》之言“殷王子亥宾于有易而淫焉”，大概指的也是这男女间的情事。但有易氏想杀微别有原因，是为了“取仆、牛〈于〉河”，侵占他的财产。有易氏打算趁微睡在床上的时候击杀他，他却先“潜出”了。

微先是被迫从辽西到了易水（在今河北易县），后不得已暗中离开有易氏，此时他必定是率众继续南行，在漳河以北栖身。微及部众就在河北南部“为国，名曰摇（殷）民”，此即殷商的由来。这个地区是周初邶国的所在地，“武王克殷，乃立王子禄父，俾守商祀”[1]的地方。武庚禄父是商纣王的儿子，后来和周武王的两个弟弟管叔、蔡叔起兵反对摄政的周公。周公镇压了叛乱，“王子禄父北奔”，可能辽西的魏营子文化就是这样来的。

《史记·殷本纪》说“汤始居亳，从先王居”，亳在山东曹县南边，离商丘不远，汤从河北南部回到了相土的故地。《殷本纪》又说“桀败于有娀之虚（墟）”，有娀为有易之讹变；《淮南子》云“有娀在不周之北”，疑不周是由北狄（易）二字音转而来。故汤在伐桀之前，首先就打败北边的有易氏，以除去后顾之忧。《天问》中的“汤谋易旅，何以厚之”（汤谋划出兵伐有易，为什么还

[1] 《逸周书·作雒》。

要厚赂它)，大概是说汤为了使有易氏丧失警惕，运用了“将欲夺之，必固与之”的计策。《天问》接着问，“覆舟斟寻，何道取之”，斟寻即今偃师二里头，是桀的都城。汤必须打下斟寻，才能完成革夏的使命。不料在途中翻了船，那怎么办呢？恐怕只好“释舟陵行”了吧！

《天问》在讲了舜的故事之后说：“吴获迄古，南岳是止。孰其去斯，得两男子？”意思是：我们吴人获知了那远古的故事，故事里舜葬在苍梧，他在南岳一带留下了踪迹。从那以后过去了多少年，伏羲族才又得到了两个惊天动地的男子！这两个奇男子一个是汤，另一个则是伊尹。

《国语·晋语》述：“昔夏桀伐有施，有施人以妹喜女焉。妹喜有宠，于是乎与伊尹比而亡夏。”施、伊音近，多半妹喜和伊尹是同族人。他们在夏后氏覆亡的过程中都起了很大的作用，“比”并不是说两人有染。《山海经·大荒北经》中传“有毛民之国，依姓”，又《海外南经》说“三苗国在赤水东……一曰三毛国”，那么苗民为依姓，依、伊同音，我推测伊尹是古苗族人，属于上篇续考中所说的南岳一系。《殷本纪》讲“伊尹名阿衡”，南岳即衡山，亦可证此。所以商族当时的胜利在很大程度上要归因于商族和苗族的结盟。正是北方族群和南方族群空前未有的大融合，塑造了商王朝鼎盛的奴隶制文明。

初稿写于2008年8月9日

彭咸与杜宇

——三星堆文化考原

屈原《离骚》里的彭咸，不见于先秦其他书籍。王逸《楚辞章句》说："彭咸，殷贤大夫，谏其君不听，自投水而死。"并没有讲明注释的根据。朱熹承袭了王逸的说法，但心存疑虑。屈原另一篇作品《悲回风》说："凌大波而流风兮，托彭咸之所居。上高岩之峭岸兮，处雌蜺之标颠。……冯昆仑以澄雾兮，隐岷山以清江。惮涌湍之磕磕兮，听波声之汹汹。……浮江淮而入海兮，从子胥而自适。望大河之洲渚兮，悲申徒之抗迹。"从这一篇来分析，彭咸的确是像申徒狄一样"负石自投于河"[1]，但彭咸和昆仑、岷山似乎也存在着密切的关系。

一、彭咸变为盘古

《祝融和后羿》一文曾经说："1995 年，又在距今 8000 年左右

[1] 《庄子·盗跖》。

的澧县八十垱遗址西边的古河道淤泥中出土了稻谷和大米1万多粒。此时正当北方的裴李岗文化、磁山文化和老官台文化的开端，最先种植小米的神农族逐渐衰落了，我猜它的一部分可能往南发展，于是神农族和最先种水稻的族群之间发生了冲突，那埋藏的稻谷和大米便是斗争的见证。在八十垱还见有环壕和土垣，应是抵御神农族入侵的设施。……湘北的原始族群即苗民，也就是古苗族。”稻谷和大米出土于古河道的淤泥里，那么当时战败的苗人也可能葬身于水中。苗人的首领彭咸自尽而亡，后来的苗人遂认彭咸为先祖。这就像尧殉难濮阳，伏羲族把他作为族群的高祖。[1]咸字在古汉语里有感孕、感生的意思，如咸鸟、咸池等，拿来做始祖的名字，正合适。

俗语说：“盘古开天地”，我怀疑盘古就是彭咸。彭咸比尧（约当公元前4500年）还要早得多，古代的人们把彭咸尊为华夏历史开始的标志，不是很自然的吗？《述异记》中说：“昔盘古氏之死也，头为四岳，目为日月，脂膏为江海，毛发为草木。”这正像后世人们在缅怀先烈的时候所作的诗文一般，寄托了景慕和思念。俞樾《释盘古》云：“盘古者，元气之名，犹盘互也。……旁薄即盘互，旁、盘双声，薄、互叠韵耳。”咸、含同音，所以咸、互双声，而彭、盘也是双声，所以彭咸一名变为盘古是有依据的。如果旁薄就是盘互，那么彭咸也应是旁薄即磅礴的含义了。

[1] 请参考前文《尧舜及其族群考论》。

二、蚕丛、柏濩、鱼凫

《太平御览》引扬雄《蜀王本纪》云："蜀王之先，名蚕丛。后代名曰柏濩（一作灌）。后者名鱼凫。"《祝融和后羿》一文推测后羿在公元前2500—前2400年间将神农族之一部分赶到了三危之地。丛字正是重黎之重的讹变，也就是代表神农族，即大溪文化的北支。而蚕字代表蜀地养蚕的风俗。柏濩与盘互音近可通，亦即彭咸，代表苗族，也就是大溪文化的南支。神农族和苗族都被后羿阻遏在了蜀地。《蜀王本纪》用"后代"一语表明了苗族和神农族同属三苗（另一支为驩头，代表了良渚文化）的亲缘关系。很可能苗族继神农族之后在蜀地各族群中占据了主导的地位。

在苗族和神农族来以前，蜀地原已有羌族在那里居住。羌族是被帝舜驱逐到西部的戎族的后裔。[1]河南临汝的《鹳鱼石斧图》上的鹳鸟嘴里衔着鱼，宣扬了戎禹打败伏羲族的赫赫武功。凫是水鸟，鱼凫则是善于捕鱼的水鸟。所以鱼凫也就是鹳鸟，代表了戎族和羌族。在公元前2000年前后夏后杼（予）控驭天下的时候[2]，羌族当会随之而起，取代苗族，这就是三星堆文化的第二期即鱼凫阶段的开端。这个阶段大约在4000—3600年前，历时400年。

---

[1] 请参考拙文《尧舜及其族群考论》。

[2] 见拙文《从相土到成汤》。

三、杜鹃声里斜阳暮

在鱼凫之后，距今3600—3200年，是三星堆文化的第三期，即以杜宇为标记的阶段。在这个阶段的开头，伏羲族之后商汤和苗族的伊尹联盟推翻了夏桀的统治，因此三星堆第三期应该是苗族掌握了政权。杜宇即塞宇，挥斥四极，渲染了苗人淋漓的气势。《华阳国志》述杜宇“自以功德高诸王，乃以褒、斜为前门，熊耳、灵关为后户，玉垒、峨眉为城郭，江、潜、绵、洛为池泽，以汶山为畜牧，南中为园苑”，活脱脱是个秦始皇的形象。这当然只是文人的点染，不能看成信史。但此时三星堆文化的确发展到了前所未有的高度。

苗族既已与伏羲族（商族）结盟，便顺理成章地吸收了他们的文化。三星堆的祭祀坑“大都朝向西北方的大山——岷山山脉的九顶山”[1]，这是在把九顶山当作西北昆仑山在蜀地具体而微的模型了。《离骚》说虙妃“夕归次于穷石兮，朝濯发乎洧盘”，成都平原上的大石遗迹，可能就是对西北地区“穷石”的模拟，三星堆古城的中心部分月亮湾遗址使人联想到“春宫”，月亮湾听起来就像虙妃洗头发的“洧盘”。月亮湾北面的西泉坎，名字也很像河南濮阳的西水坡。

《天问》中问道：“烛龙何照？”“若华何光？”三星堆二号祭祀坑出土了铜质的神树。“树干之上，有一条巨龙盘旋而下”，刻

---

[1] 赵殿增：《三星堆文化与巴蜀文明》，江苏教育出版社2005年版。

画了烛龙也就是祝融，代表着神农族的煌煌先祖。神树本身是若木，在苗族的原始宗教活动中，“充当供人神交往的天梯的作用”。当苗族的若木信仰和伏羲族的昆仑传说结合起来，就有了“若木在昆仑西极，其华照下地”[1]的观念。

三星堆还出了几件凸目面具。这几个面具“双目奇凸，两耳作大片外侈状，根本不像普通的人脸形”[2]。张舜徽《爱晚庐随笔》记：“《后汉书·南蛮传》载高辛氏（即帝舜）时，募得犬戎吴将军头者，妻以少女。其所畜狗名盘瓠者，果衔其首至。帝遂妻以女，生六男六女，为南蛮诸族之祖。”盘瓠即盘古，是苗族的始祖之神。因而三星堆“纵目”神像象征了犬形的盘瓠。盘瓠的故事暗示了商、苗联盟，战胜夏人，以及杜宇夺取鱼凫政权的事迹。《后汉书》还说盘瓠的后代“衣服制裁，皆有尾形”。而在岷江上游的羌族中间流传着羌、戈大战的故事，传说里的戈人，是“纵目，有短尾”的样貌。[3]可见戈人就是苗人，给人以“眼睛凸出”的感觉是苗人的形貌特征。这个特点我们在今天一些湖南人身上还可以见到。因为古苗族本来就是南方汉人的一个主要来源。

赵殿增说三星堆“神树在埋入坑中之前，均被砸烂，并用火烧燎过”。“杜宇称帝，号曰望帝”[4]，正如秦始皇二世而亡，望帝的威势一定没能维持多久，就自取倾败了。至于“会有水灾，其

[1] 王逸：《楚辞章句》。
[2] 俞伟超：《古史的考古学探索》，文物出版社 2002 年版。
[3] 转引自朱碧莲：《楚辞论稿》，上海三联书店 1993 年版。
[4] 《华阳国志》。

相开明决玉垒山，以除水害”，望帝“禅位于开明”的传说，却难以令人相信。望帝与开明的故事，明显模仿了后羿和寒浞故事里的情节。“帝升西山隐焉。时适二月，子鹃鸟鸣，故蜀人悲子鹃鸟鸣也。”这就暗示望帝的结局也是悲剧。神树的毁弃，仿佛传递了“金剑已沉埋，壮气蒿莱”的亡国哀音。

初稿写于 2009 年 5 月 19 日

鲁山禹墨考

对墨子的生平，我们知道得很少。司马迁只在《史记·孟子荀卿列传》的末尾附带提了一笔。他说："盖墨翟，宋之大夫，善守御，为节用。或曰并孔子时，或曰在其后。"这隐约讲的是《墨子·公输》里止楚攻宋的故事。《贵义》篇有墨子"南游于楚"之事，孙诒让《墨子间诂》认为墨子献书楚惠王在周考王二年，即公元前439年。据余知古《渚宫旧事》，惠王不肯见墨子，也不用其书，嫌他地位太低贱。鲁阳文君劝惠王礼遇墨子，他把墨子当作"北方贤圣人"来看待。既然说是"贤圣人"，这年墨子起码已有30岁了。所以墨子最晚当生于公元前469年。孙诒让说鲁阳文君就是《左传·哀公十九年》中的公孙宽，那里面说："夏，楚公子庆、公孙宽追越师。"如果这一年（公元前476年）公孙宽20岁，那么他劝说惠王时就已57岁了。《左传·哀公十六年》记公孙宽在公元前479年做了楚国的司马，当时他才17岁。他是楚平王之孙，司马子期之子。《国语·楚语》述："惠王以梁与鲁阳文子，文子辞，与之鲁阳。"文子即文君，鲁阳就是今天河南的鲁山县，梁在汝州一带。《墨子》一书记载了他和鲁阳文君的多次问答。

在《鲁问》篇中，鲁君担心齐国要攻打鲁国，问计于墨子。在“齐将伐鲁”的形势下，墨子见齐太王田和，启发他认识到战争将使自己“受其不祥”，田和很可能就此打消了伐鲁的念头。检寻《史记·六国年表》，其中齐国在田和当政时发生过四次与鲁国的战争，即：公元前408年，取鲁之郕；公元前394年，伐鲁，取最；公元前390年，鲁败齐于平陆；公元前385年，伐鲁，破之。在公元前408年至前394年十几年间，两国无战。鲁穆公元年是公元前407年，所以这位鲁君应该就是鲁穆公，估计墨子在穆公即位的这一年去齐国说服了田和，这时墨子已经62岁。墨子曾推荐学生胜绰替齐将项子牛做事，“项子牛三（屡次）侵鲁地，而胜绰三从”，墨子听说以后，就请项子牛辞退了胜绰。项子牛进犯鲁国当在公元前394年以后，因此墨子于公元前394年一定还在人世。这样算起来，墨子最少活了75岁。

鲁穆公当时问墨子：“吾恐齐之攻我也，可救乎？”墨子回答说希望他“上者尊天事鬼，下者爱利百姓，厚为皮币，卑辞令，亟遍礼四邻诸侯，驱国而以事齐，患可救也。非此，固无可为者”。这段话使人联想起《史记·越王句践世家》。据张守节《正义》，文种教句践伐吴计策之中就有“尊天事鬼”和“重财币以遗其君”这两条。大夫逢同也建议句践“结齐，亲楚，附晋，以厚吴”。而句践“振贫吊死，与百姓同其劳”，正是“爱利百姓”的表现。公元前473年，越灭吴，句践卧薪尝胆的事迹离墨子身处的时代并不远，因此墨子的思想很可能深受其影响。句践“身自耕作，夫人自织，食不加肉，衣不重采”，即是“节用”；“折节下贤人，厚遇宾客”，即是“尚贤”。

句践“苦身焦思，终灭强吴”，和他一起“深谋二十余年”的便是一生之中时常“苦身戮力”的范蠡。文种在楚平王时为宛令，而范蠡原是宛三户之里的人。据司马贞《索隐》，逢同大概也是楚人。据《正义》，范蠡、文种、逢同三人一同入越，也就是说，句践的霸王事业是楚才越用的结果。《汉书·地理志》记宛县在汉代属南阳郡，鲁阳也是南阳三十六县之一。前面说过，墨子不见重于楚惠王，却与鲁阳文君时相过从，那么他很可能就是楚国鲁阳人。（毕沅也持此说。）墨子之学与句践的治国方略很相似，不是没有来由的。《汉书·地理志》说南阳“本夏禹之国，夏人上（尚）忠，其敝鄙朴”，看来墨学的朴实气息跟墨子成长的环境也是息息相关的。在《墨子·耕柱》开头，墨子问耕柱子：“我将上太行，驾骥与牛，子将谁驱？”此处的太行又叫羊肠坂，在今河南沁阳与山西晋阳之间。墨子既然生于鲁阳，他以家乡北边有名的隘道羊肠坂来打比方，是再自然也不过了。

《庄子·天下》说墨者向慕墨子心目中的夏禹之道，“日夜不休，以自苦为极”，“以绳墨自矫，而备世之急”。墨子之墨，也许就是绳墨之墨。绳是墨线，墨是打线用的墨斗，木工和泥瓦匠都离不开墨斗、墨线，即绳墨。绳墨比喻规矩、准则，墨子把仁义作为天下的准则。木工还常用矩尺（曲尺），矩字引申而有规矩、法则的意思，于是墨家就用“巨（矩）子”来称呼学派的领袖。墨子出身于工匠，所以楚惠王把他写的书看成是“贱人之所为”。

《汉书·地理志》说鲁阳是“古鲁县，御龙氏所迁”。《左传·昭公二十九年（公元前513年）》里，蔡墨说：“有陶唐氏既衰，其后有刘累……惧而迁于鲁县，范氏其后也。”御龙氏即指刘累。这里的范氏是晋国六卿之一，但宛距鲁阳不远，楚国的范蠡也可能是这一支的后人。刘累迁往鲁阳，是夏孔甲时候的事。《史记·夏本纪》说这时“夏后氏德衰，诸侯畔（叛）之”，传至夏桀，据《史记·封禅书》言，“汤伐桀，欲迁夏社，不可，作《夏社》”。《封禅书》又说“自禹兴而修社祀”，夏社的标志物多半就是1978年冬在汝州阎村出土的“鹳鱼石斧图”彩陶缸[1]。蔡墨说，“共工氏有子曰句龙，为后土……后土为社”，共工与鲧音近义同，因此句龙、后土亦为禹之代称。

《汉书·地理志》又叙鲁阳“有鲁山……鲁山，滍水所出，东北至定陵入汝”。今河南鲁山县有石人山，滍水从此山流出，所以石人山正是古代的鲁山。石人山有民间传称的岩画“舜王图”。舜是轩辕二字的合音字，也许当年帝舜打败戎族（蚩尤族群）后，乘胜追击，犁庭扫穴，然后勒石于此，以威天下。今鲁山县还有禹王冢及禹王河，则禹无疑为蚩尤族群祭祀的先祖。鲁字上鱼下日，原来的读音大约近于禹字，鲁山县很可能是戎禹长期生活过的地方。“鹳鱼石斧图”彩陶缸最初大概就奉祀在这里，后来为了躲避战争，才搬到汝州去的。司马贞《索隐》引用《管子》里的话：“蚩尤受卢（庐）山之金而作五兵”，这庐山也说不定就是鲁山的讹变。而《逸周书·殷祝》所言“桀与其属五百人徙于鲁”，彼处之鲁则估计是庐字之讹变了。张守节《正义》引《括地志》

---

[1] 见《尧舜及其族群考论》一文。

云："庐州巢县有巢湖，即《尚书》成汤伐桀放于南巢者也。"

《史记·周本纪》记周武王"封弟周公旦于曲阜，曰鲁"。周族源自夏族（即戎族），周公封国应当是以夏禹故地之鲁来命名的，其中蕴含了纪念的意义。也就是说，先有鲁阳之鲁，再有鲁国之鲁。所以墨子推崇夏禹（实为予或杼，见《从相土到成汤》一文），并不是要"背周道而用夏政"，他实际上是想寻回周人在吸收殷商礼乐文明之前的公社传统，以拯救那个征伐不休的乱世。

初稿写于 2009 年 1 月 7 日

补记

《山海经》中有夸父逐日的传说，在故事的结尾，夸父的手杖化为了"邓林"。墨子名翟，在他身后"墨离为三"，墨家分裂为好几派，其中之一是"邓陵氏之墨"。我怀疑墨翟就是夸父的原型，而邓林则是邓陵氏之名的讹变。夸字组词，古有夸诈，今有夸赞，叠韵而成；而翟字与赞、诈二字双声，所谓夸父实为翟父。正如管仲被称为仲父，追随或尊敬墨翟的人也称他为翟父，这是毫不稀奇的。墨子"摩顶放踵，利天下而为之"的事迹，最终变成了夸父追求光明、"道渴而死"的传说。

2010 年 8 月 20 日

《老子》是一把钥匙

《老子》的“道”“德”智慧和毛泽东哲学思想

一、老子和环渊

要理解《老子》一书的内容，就要先弄清楚它的成书年代。郭沫若说：“《史记》称环渊学黄老道德之术，因发明序其旨意，著上下篇。这上下篇即老子《道德经》。关尹据老聃的遗说，用赞颂式的体裁，加以发明，把它整理（序）出来的。”[1] 我大体同意他的观点。

根据马王堆帛书，《老子》上篇即《德经》，下篇为《道经》。我推测老子先撰《德经》，约当公元前500年前后。大约200年后，楚人环渊整理、写定了《德经》，并吸收老子的语录和前人的格言，益以自己的心得，初步著成了《道经》。《道经》最初也许只是《德经》的讲义，《老子》各本《道经》部分的首章和末章有明显的经过改动的痕迹，《道经》中多处重复出现《德经》里的词

[1] 《十批判书》。

句[1]，足证《道经》晚出。

此外，《德经》中的“天”字往往是“上天”的意思，虽然并不是人格化的上帝，仍然含有宇宙间最高主宰的意味。如“天之道，利而不害”，“天将建之，以慈垣之”，“用人配天，古之极也”，“天之所恶，孰知其故”，“天之道，不争而善胜”，“天网恢恢，疏而不失”，“天之道，其犹张弓欤”，“夫天道无亲，恒与善人”，等等。而在《道经》里，“天”和“地”往往相连，“天”字有了更多的自然性，如“天地不仁，以万物为刍狗”，“天地之间，其犹橐钥乎”，“玄牝之门，是谓天地根”，“天长地久”，“孰为此者？天地”，“有物混成，先天地生”，“天大，地大，道大，王亦大”，“道恒无名、朴，虽细，天地弗敢臣”，等等。词义的变化反映了时代的鼎革。在《德经》时代，虽然奴隶制岌岌可危，领主封建制方兴未艾，但旧的秩序仍“百足之虫，死而不僵”，故人们犹然祈望上天，从那里寻找人世的依据；在《道经》时代，新的地主官僚制业已兴起，必将取代领主封建制及垂死的奴隶制，所以“天”不再是人间的主宰，人们尝试着更积极地探求社会变化和自然变化的规律。

郭沫若认为关尹就是环渊，这种看法恐怕是错误的。其实，环渊乃隐者自称，类于后世的道号。《道经》说：“道冲，而用之有弗盈也。渊兮！似万物之宗。湛兮！似或存。吾不知谁之子，象帝之先。”（这里“帝”当指太阳，并非上帝。）“冲”的意思就

[1] 参见拙著《老子寻绎》。

是空，环渊这个名字的含义可以从这段话得到启发。圆环中空，故“环”以喻空，即无心（《吕祖全书》：“对境无心莫问禅”）；潭底幽深，故“渊”以喻深，即有智慧。

以下是环渊时代楚国（及齐国）的重要事件：

公元前333年，楚威王破齐，苏秦以合纵说之。公元前328年，楚怀王立。公元前323年，张仪以连横说楚怀王。公元前320年，齐威王卒，宣王立。公元前318年，苏秦再结合纵。公元前313年，张仪再散楚齐联盟。公元前311年，屈原受命再使齐修盟。返楚，劝怀王杀张仪而绝秦。怀王复释去张仪。公元前309年，宣王遣使修好楚国，又合齐。公元前305年，合秦。公元前302年，太子横从秦国逃回。公元前301年，秦攻楚。宣王卒，闵王立。公元前300年，秦复攻楚，怀王恐，乃使太子为质于齐以求援。太子横师傅乃慎到，与横同行。屈原复被召用。[1]公元前299年，怀王往秦，被留。公元前298年，太子登基，为顷襄王。

据《史记》，环渊和赵人慎到都在齐国稷下游学过。[2]稷下学宫盛于齐宣王之世。[3]可能慎到在公元前318年前后再结合纵的时候到了齐国，而环渊于公元前309年因为楚怀王昏聩无能（屈原《离骚》“伤灵修之数化”），失望至极，只好离开楚国，游于稷下。《道德经》大概就结撰于此时。秦国势大，齐楚无力与之匹敌。公元前301年，宣王卒，稷下学宫衰落，也许环渊、慎到

---

[1] 何新：《屈原年表》。

[2] 《孟荀列传》。

[3] 《田齐世家》。

一起离齐赴楚。慎到在楚国做了太子的老师，或许环渊通过慎到将《道德经》呈献给了楚太子，这时他心中仍然存有振兴国家的一丝希望。献书之前，环渊修改《道德经》，“始制有名”（君主登基，就有了名声地位）云云，等待太子继位；书中不写人名，以避政治迫害。1993 年湖北郭店出土的楚简本很可能是从太子宫中流传出来的。墓主地位甚低，所以得到的远非全貌，只是打乱了次序的散卷而已。

何新认为屈原在公元前 299 年怀王往秦之时作《离骚》，那么《离骚》的写作和《老子》的定稿时间应该很接近。环渊和屈原是同时代人，在《德经》的整理和《道经》的写作中，他同样寄寓了自己对于楚国命运的忧思与期望。如果说《离骚》的风格是绚丽浓烈，那么《老子》的风格就是深沉博大。

二、“道”即对立统一规律

那么，为什么《老子》被公认为一部智慧书？《老子》所谓“道”、“德”究竟是什么含义？我认为，《老子》里的“道”并不玄虚，它就是我们常说的对立统一规律，即事物相反相成的法则；而“德”指的是君主与“道”相合的品格。

《矛盾论》的注释（5）里说，“道”为中国古代哲学家的通用语，它的意义是“道路”或“道理”，可作“法则”或“规律”

解说。[1]这个解释大致是不错的。我们列举《老子》中"道"字的含义于下。(辞句后面括号里的数字是后文《老子寻绎》中的章节数。)

(1)道路。"使我介然有知，行于大道，唯施是畏。大道甚夷，而民好径。"(11)

(2)方法。"有国之母，可以长久，是谓深根固柢长生久视之道。"(17·1)

(3)做法。"故天之道，利而不害；圣人之道，为而不争。"(24·2)

(4)法则。"天之道，不争而善胜，不言而善应，不召而自来，繟然而善谋。"(27·2)"天之道，其犹张弓欤！"(31·1)"天之道，损有余而补不足。人之道则不然，损不足以奉有余。"(31·2)"夫天道无亲，恒与善人。"(33)"功遂身退天之道。"(42)

(5)规律。"天下有道，却走马以粪；天下无道，戎马生于郊。"(6·3)"不出于户，以知天下；不窥于牖，以知天道。"(7·1)"非道也哉！"(11)"物壮则老，是谓不道，不道早已。"(13·2)

但"道"在《老子》中的主要意思为"根本规律"。引证如下：

> 故失道而后德，失德而后仁，失仁而后义，失义而后礼。(1·2)
>
> 前识者，道之华也，而愚之首也。(1·3·1)

---

[1] 《毛泽东著作选读(甲种本)》，人民出版社1966年版，第92页。

上士闻道，勤而行之。中士闻道，若存若亡。下士闻道，大笑之。不笑，不足以为道。是以《建言》有之曰："明道若昧，进道若退，夷道若纇。"(3·1)

大音希声，大象无形，道隐无名。夫唯道，善始且善成。(4·1·1)

反也者，道之动也；弱也者，道之用也。(4·1·2)

道生一，一生二，二生三，三生万物。(4·2·1)

为学者日益，闻道者日损。(7·2)

道生之而德畜之，物形之而器成之。是以万物尊道而贵德。道之尊也，德之贵也，夫莫之爵也，而恒自然也。(9·1)

道，生之畜之，长之育之，亭之毒之，养之覆之。(9·2)

以道莅天下，其鬼不神；非其鬼不神，其神不伤人；非其神不伤人，圣人亦不伤人。(17·2)

道者，万物之注也；善人之宝也，不善人之所保也。故立天子，置三公，虽有拱璧以先驷马，不如坐进此道。古之所以贵此道者何？(19)

古之善为道者，非以明民，将以愚之。(21)

孰能有余以奉天下？唯有道者。(31·2)

以上13条例证，都在《德经》中。《道经》还有20条例证，这里从略。

《老子》的"根本规律"具体是指什么呢？《老子》里第一次出现"道"字在《德经》首章（"失道而后德"、"前识者，道之华也，而愚之首也”），都是“根本规律”的意思。在第二章，则用“一”来代指“道”。因为事物的根本规律独一无二，不同于万物，所以也称为“一”。“昔之得一者，天得一以清，地得一以宁，神得一以灵，谷得一以盈，侯王得一以为天下正。其致之，一也。”“天无已清，将恐裂；地无已宁，将恐废；神无已灵，将恐歇；谷无已盈，将恐竭；侯王无已贵高，将恐蹶。”可见“无已清”、“无已宁”、“无已灵”、“无已盈”、“无已贵高”和“得一”的效果正相反，也就是说那样做违背了“一”，造成了“物极必反”的后果。因此，“一”或“道”指的必是对立统一规律，也就是事物相反相成的法则。

“平凡真理最难知”，对立统一规律说起来简单，要理解它、实践它却很不容易。所以《老子》接着说“下士闻道，大笑之。不笑，不足以为道”，而且在《老子》之前就早已有人指出“明道若昧，进道若退，夷道若颣”。（道是很明白的，看起来却很暗昧；道是进取的，看起来却像是教人退让；道是平实的，看起来却仿佛纠结缠绕。）如果用一句话来概括它，就是“反也者，道之动也”。（道的运行啊，总是朝向事物的对立面。）道“自有永有”，它不但表现为两个对立的方面，而且表现为这两个对立面的统一。正是道即对立统一的规律孕育、滋养了万物。（“道生一，一生二，二生三， 三生万物。”）

在《道经》的开头，用“恒道”（永恒的道）来指称根本规律，说它远在万物出现以前就已经存在了，它是万物的母亲。（“万物之始也，万物之母也。”）接下来穷举日常生活中常见的现象以阐明“恒道”：“有无之相生也，难易之相成也，长短之相形也，高下之相盈也，音声之相和也，先后之相随，恒也。”（有和无相互转化，难和易相互呈现，长和短相互映衬，高和低相互促成，音和声相互应和，前和后相互跟随，事物总是这样相反相成的啊。）最后二字“恒也”正好照应了“恒道”。所以，根本规律乃指对立统一规律无疑。

毛泽东是马克思主义哲学大师，他把列宁的哲学思想继续向前推进。毛泽东在《关于正确处理人民内部矛盾的问题》（1957 年 2 月 27 日）中指出：“马克思主义的哲学认为，对立统一规律是宇宙的根本规律。这个规律，不论在自然界、人类社会和人们的思想中，都是普遍存在的。”[1] 这种看法和《老子》何其相似！这时他仍然更强调“斗争”，他说：“对于任何一个具体的事物说来，对立的统一是有条件的、暂时的、过渡的，因而是相对的，对立的斗争则是绝对的。”他继承自列宁的“相对”、“绝对”的区分在《老子》那里则是不存在的。但是，《老子》绝没有说出“对立统一规律是宇宙的根本规律”这样准确、鲜明的词句。

毛泽东的认识进一步深化，七年之后，他说：“一切事物都是对立的统一。五个指头，四个指头向一边，大拇指向另一边，这才捏得拢。完全的纯是没有的，这个道理许多人没有想通。不纯才成其为自然界，成其为社会。完全的纯就不成其为自然界，不成其为社会，不合乎辩证规律。不纯是绝对的，纯是相对的，这

[1] 《毛泽东著作选读（甲种本）》，人民出版社 1966 年版。

就是对立的统一。”[1] 这时候的表述和“天无已清，将恐裂；地无已宁，将恐废；神无已灵，将恐歇；谷无已盈，将恐竭；侯王无已贵高，将恐蹶”意思很相像。但是“不纯是绝对的，纯是相对的”之类的说法亦失之武断。应该说，事物都是既不纯又纯的，是不纯（多样）和纯（一体）的对立统一。

毛泽东在哲学上的大贡献更在于他明确提出了“设置对立面”的思想，这是前无古人的。这个观点的提出，和毛泽东格外重视人的自觉的能动性（马克思、列宁都是如此）和突变是分不开的。而多少忽视了人的自觉的能动性和突变正是《老子》的缺憾。

三、领袖的“无为”

既已阐明“道”的意义，《老子》里的“德”也就好理解了。“德”的含义约有四种，分列于下。

（1）通“得”。如“善者吾善之，不善者吾亦善之，德善也；信者吾信之，不信者吾亦信之，德信也。”（7·3）“以不智治邦，邦之德也。”（21）

（2）品格。如：“上德不德，是以有德；下德不失德，是以无德。上德无为，而无以为。”（1·1·1）“故失道而后德，失德而后仁，失仁而后义，失义而后礼。”（1·2）“上德若谷，大白若

[1] 《培养无产阶级的革命接班人》（1964 年 6 月 16 日），《建国以来毛泽东文稿》第 11 册，第 86 页。

辱。”（3·2·1）“大小多少，报怨以德。”（20·2·1）“是谓不争之德。”（25·3·1）“故有德司契，无德司辙。”（33）

（3）与“道”相合的品格。如：“广德若不足，建德若偷，质德若渝。”（3·2·2）“修之身，其德乃真；修之家，其德有余；修之乡，其德乃长；修之邦，其德乃丰；修之天下，其德乃普。”（12·1）“含德之厚者，比于赤子。”（13·1）“早服是谓重积德。”（17·1）“夫两不相伤，故德交归焉。”（17·2）“恒知稽式，是谓玄德。玄德深矣远矣，与物反矣，然后乃至大顺。”（21）

（4）“道”。如：“道生之而德畜之，物形之而器成之。是以万物尊道而贵德。道之尊也，德之贵也，夫莫之爵也，而恒自然也。”（9·1）“生而不有，为而不恃，长而不宰，是谓玄德。”（9·2）

以上尽举《德经》中“德”字四种意思的例证，《道经》里的例子这里不烦举证。《老子》通篇所推崇的是君主与“道”相合的品格。他写书的对象无疑是君主，他心目中理想的君主便是“圣人”。圣人的品格如果用一个词来总括，那就是“无为”。

我们下面分述在《老子》里“无为”的意义。

（1）谦虚柔和，不为私利，不突出自己。“上德无为，而无以为。”（1·1·1）“是以圣人处无为之事，行不言之教，万物作焉而不辞，为而不恃，功成而弗居。”（35·2）“爱民治国，能无为乎？”（43）

（2）秉要执本，知人善任，不事必躬亲。“损之又损，以至于无为，无为而无不为。”（7·2）

（3）清静无欲，不扰乱人心，不过于苛察。“我无为而民自化，我好静而民自正，我无事而民自富，我无欲而民自朴。”

(15·31)“为无为，则无不治。”(36)

(4) 慎为，不恣意而为，不超越阶段，不违背事物自身的规律。“吾是以知无为之有益。不言之教，无为之益，天下希能及之矣。”(5·2)“为无为，事无事，味无味。”(20·1)“是以圣人无为，故无败；无执，故无失。”(20·2·4)

《老子》里的领袖之“德”怎样跟“道”联系起来，或者说，怎样才能符合于“道”呢？《老子》里说：“反也者，道之动也；弱也者，道之用也。”(4·1·2)“反”，就是事物的反面，即对立面。“弱”即“无为”，是“有为”的对立面。君主地位高，权力大，如果执著于“有为”，则弊害无穷；“有为”的领袖还要懂得“无为”，这才能走向成功。所以，在“道”与“德”之间起桥梁作用的便是“无为”，更一般地说，就是“设置对立面”。

《老子》里最著名的设置对立面的例子是：“知其雄，守其雌，为天下溪。为天下溪，恒德不离，复归于婴儿。知其白，守其辱，为天下谷。为天下谷，恒德乃足，复归于朴。”(知道自己位高权重，于是就持守柔和谦虚，来做滋润万物的江河；像滋润万物的江河一样啊，恒德就不会离去，然后复归于无心自然。知道自己内心洁白，可是也不嫌弃外物的污浊，来做养育万物的原野。像养育万物的原野一样啊，恒德才算完全，然后复归于朴实自然。) 在这里，“雌”是“雄”的对立面，“辱”是“白”的对立面，“守”就是去主动设置对立面。

其他的例子：(1)“见小曰明，守柔曰强。用其光，复归其明，无遗身殃，是谓袭常。”(10·2)“守柔”、“复归其明”是设置了“见小”、“用其光”的对立面。

(2)“多闻数穷，不如守中。”(38·2)“守中”（中，中空、无心之意）相对于“多闻”也是设置了对立面。

而“不争”也是“争”的对立面；领袖只有做到了谦退“不争”，才能“天下莫能与之争”(22)。

因此，人们认识了对立统一规律，就要善于利用这个根本的规律来把世间的事情办好。利用对立统一规律的方法就是设置对立面。对立面的设置，就使“一分为二”（对立）和“合二为一”（统一）结合了起来，就与对立统一规律（“道”）相符了，这便是“德”或“恒德”（得于“道”）的根本意涵。

四、设置对立面

“设置对立面”，在毛泽东1958年的一系列讲话中，有三种含义。

第一种含义：吸收处于对立面的观点和意见能够使考虑问题更细致、更周到、更全面。1958年初，毛泽东在南宁会议上教导高级干部要“设置对立面，欢迎对立面”；这样做了，就能“随时都有两种方法可以比较”[1]。这是讲对既有客观事物的正确认识。

第二种含义：对立面的冲击有助于进步，逼使人创新。“……有的同志忽视整改，又强调大字报，搞双反，这样设置了对立面，

[1] 《在南宁会议上的讲话提纲》(1958年1月16日)，《建国以来毛泽东文稿》第7册，第17页。

出了一亿张大字报，逼得非改不可。"[1]"我是历来主张对立面的，没有对立面，谁也不干的。"[2]新生事物都是逼出来的。"……那个时候你说粮食没有危机，我看也可以讲是一个危机……这一压迫，就打主意吧，就搞合作化。"[3]这是讲促使新生事物产生的条件。

在八大二次会议上的第一次讲话中，毛泽东说："所谓对立面，是要客观存在的东西才能设置起来。客观不存在的东西，是设置不了的。"[4]这是指设置对立面的前两种含义。

第三种含义：新的创造相对于现存的旧事物、旧秩序，本身就是一种"设置对立面"。在八大二次会议上的第三次讲话（1958年5月20日）中，他说，自然界本来不存在，但有物质条件，可以用人工的办法设置对立面建设起来，如修水坝、开工厂。有物质基础、找到规律就能人为地设置对立面。

毛泽东还一贯喜欢在社会领域、在思想文化方面标新立异，他提倡破除迷信，走出自己的新路，努力推动社会发生突变。这也是设置对立面。因为"有"和"无"的关系是世界上最基本的对立统一关系（或谓"矛盾"，古人称为"阴阳"），"有"（创新）相对于"无"（不存在）即是设置对立面。

在《老子》那里，设置对立面还是很保守的，主要的是一种领袖人物的"内圣外王"方法，而且"内圣"的成分更多。而毛

---

[1] 《在八大二次会议上的讲话（摘要）》1958年5月8日，《毛泽东思想万岁》武汉版。

[2] 《在第十五次最高国务会议上的讲话》1958年9月5日、8日，《建国以来毛泽东文稿》第7册。

[3] 同上。

[4] 《在八大二次会议上的讲话（摘要）》1958年5月8日。

泽东一方面继承了中华民族哲学的精神实质，一方面用马克思列宁主义的革命气概来对前者进行古为今用、推陈出新的熔铸与锤炼。在他那里，设置对立面就成为一种认识客观世界和改造客观世界的根本方法。

毛泽东说过："辩证法的核心是对立统一规律，其他范畴如质量互变、否定之否定、联系、发展等等，都可以在核心规律中予以说明。"[1] 怎样说明呢？我认为就可以用设置对立面来说明，也就是说，辩证法三大规律归结到一点，就是设置对立面。质变相对于量变是设置对立面，量变相对于质变也是设置对立面。否定相对于肯定是设置对立面，否定之否定相对于否定又是设置对立面。

在八大二次会议上的第一次讲话中，毛泽东讲到怎样设置对立面之前，他说："事物总是要走向自己的反面。希腊的辩证法，中世纪的形而上学，文艺复兴。这是否定的否定。中国也是如此。战国时期的百家争鸣，这是辩证法。封建时代的经学，这是形而上学。现在又叫辩证法……列宁的辩证法，斯大林的部分的形而上学，现在的辩证法，也是否定的否定……这是客观存在的。设置对立面很重要。对立面是客观存在的。"他的确把否定和否定之否定相对于各自之前的状况称为对立面。他的设置对立面思想就是从"事物总是要走向自己的反面"这个普遍现象领悟而来。这就如同《老子》里说的那段格言"反也者，道之动也；

[1] 《学习马克思主义的认识论和辩证法》（1963—1965 年），《毛泽东文集》第 8 卷，第 326—327 页。

弱也者，道之用也”，“反”就是这里的“反面”，“弱”就是设置对立面。

我们从《老子》和毛泽东哲学论述中抽绎出对立统一规律和设置对立面，作为他们留给中华民族的共同的精神瑰宝。老子和毛泽东，人类智慧的双子星座，出现在中华民族的精神天空；这预示着中国在21世纪上半叶整个人类的大融合进程中将担负伟大的历史使命。

附论：《离骚》、《老子》和中国道路

屈原在公元前300年左右创作了《离骚》这首中国历史上不朽的诗歌。也是在这个时候，《老子》由环渊编撰而成。屈原和环渊都是楚国的爱国志士。[1]他们生活的年代，中国要统一的历史大势已经摆在了各国领袖的面前。秦国经过了商鞅变法，建立了地主官僚制的社会制度，从僻处西陲的落后国家一跃而为雄视中原的头号军事政治强国。齐国在田氏代齐之后，进一步扫除了奴隶制的残余，发展了领主封建制的经济文化。楚国在春秋时代屡次威临中原，可是在战国时代的变法总以失败告终；但是它幅员辽阔，资源丰富，在军事上仍然不输于齐国，在地缘政治方面占据

[1] 《离骚》开头说：“帝高阳之苗裔兮，朕皇考曰伯庸”，《史记》里老子“字伯阳”的说法大概是由“高阳”、“伯庸”而来，等于说老子是楚人。可见《离骚》在汉代的影响深入人心。

着重要的位置，六国之中真正有可能与秦国争雄的只有楚国。屈原终其一生期望落后的楚国发愤图强，通过变法，胜过秦国和齐国，进而统一天下。不幸的是，楚怀王在战略上犯了大错误，楚顷襄王昏聩无能，楚国失去了历史机遇，一蹶不振，很快陷入败亡的惨境。屈原和环渊的愿望都落空了。

秦始皇夺取天下后，享国日短，其身后赵高、胡亥窃国，暴虐残刻，坏秦之法，人人自危，民不堪命。陈胜、吴广揭竿而起，为天下倡，楚地的俊杰（项梁、项羽、刘邦等）纷纷起兵响应，地主官僚制的秦模式（重本抑末、以吏为师）不旋踵而亡。在农民起义的熊熊烈火中诞生了汉朝。汉兴之初，惩秦之弊，为稳定国家，在政治上复行封建，在经济上自由放任，在文化上齐学（本质上是代表领主封建制的意识形态，《吕氏春秋》、《淮南鸿烈》都是这派的著作）盛行，却造成地方诸侯王（封建领主）和工商业势力坐大，而社会贫富悬殊。汉文帝时，用老子思想治国，他以清静无欲的身教来引导舆论，扭转风气，然而时机犹未成熟，不敢轻举妄动。直到武帝秉政，才大刀阔斧，颁布推恩令，集权中央；在经济领域推行盐铁官营等国家干预的政策，抑制兼并，控驭工商业势力，巩固了地主阶级专政，创立了地主官僚制的汉模式（刑德并用、本末俱兴）。细察武帝一生的作为，可以说是把法家（商鞅、秦始皇）的政治经济学和《老子》的政治哲学融合在一起。他对外用兵，战胜了长期为害中国的匈奴；对内较好地解决了领主封建制和地主官僚制的秦模式都无法解决的矛盾，即农业和工商业之间的矛盾。所以武帝模式的出现，标志着地主官僚制最终得以确立，这也就是此后中国历史两千年间的基本政治经济制度。

在20世纪中叶，苏联和美国两强并立，中国虽然抗美援朝打败了富强的美国，赢得了和平建设的时间，却依然面临迅速实现工业化、摆脱贫困落后局面的艰巨任务。中国人学习苏联取得了初步成效，也产生了很多问题。

1956年4月，毛泽东的《论十大关系》开始提出中国自己的建设路线。1957年2月，在《关于正确处理人民内部矛盾的问题》的报告中，他讲了工农业同时并举、中国工业化的道路、农业合作化等问题。

在1958年3月的成都会议上，毛泽东说前面几年的"生搬硬套"是"教条主义"的表现，号召解放思想，走中国人自己的道路。

据逄先知回忆，在这之前的1957年12月，毛泽东要身边的工作人员把各种版本的《楚辞》以及有关《楚辞》和屈原的著作尽量收集给他。1958年1月12日，他在给江青的便条上写道："我今晚又读了一遍《离骚》，有所领会，心中喜悦。"[1]

这正是南宁会议（1月11日至22日）期间。在1月16日讲话的提纲中，他写下了"学楚辞，先学《离骚》，再学《老子》"的句子。[2]他读《离骚》领悟到的是什么？他为什么把《老子》和《离骚》放在了一起？透过历史的层峦叠嶂，他从《离骚》和《老

[1] 《毛泽东的读书生活》，第215—216页。

[2] 《在南宁会议上的讲话提纲》（1958年1月16日）。

子》中感受了什么样的信息？

不久以后，在第十四次最高国务会议上的讲话提纲（1958年1月28日）里写道："民族发扬蹈厉，大有希望，伟大的觉醒。"他说："共产党准备大改革。"他把中国人的建设热情比作"原子核释放热能"。我猜想，他一定在心里说，楚国的屈原当年的梦想今天就要在中国实现了，我们中国人要走出自己的新天地，要赶上、超过苏联和美国，我们要战胜资本主义，也要超越社会主义的苏联模式，要学习苏联和美国两家的优点，创建社会主义的中国模式。

《离骚》的瑰玮奇丽，《老子》的沉雄深邃，都交织在他的心怀。毛泽东说："现在的路线在创造中。"[1] 还是在这一年，他充满深情地说，"从来也没有看见人民群众像现在这样精神振奋，斗志昂扬，意气风发……穷则思变，要干，要革命。"他希望中国写出"最新最美的文字"，画出"最新最美的画图"。[2]

毛泽东注意到西方发展经济的经验，他设计的中国改革"与欧洲相反，倒转过来发展地方个性"，在1958年"国务院各部门规章制度的改革，已经提出"，"地方已经分权"[3]。

从那时起，已经过去了整整50年。"高岸为谷，深谷为陵"，苏联解体了，美国走向没落（安然公司事件、次贷危机不过是这场资本主义历史上最大危机的前奏和序曲而已），社会主义的中

[1] 《在成都会议上的讲话提纲》（1958年3月）。
[2] 《介绍一个合作社》（1958年4月15日），《毛泽东著作选读》，第381页。
[3] 《在成都会议上的讲话提纲》（1958年3月）。

国模式仍然在艰辛探索之中。今后50年，人类世界将发生翻天覆地的变革，在这个历史进程中，我们不时回溯50年前毛泽东筚路蓝缕的工作、敢为天下先的胸怀，必将增添我们的勇气、信心和力量。

初稿写于2008年4月15日

以《老子》观点略释《周易》四组卦
——试论文武周公、老子、仲尼与毛泽东

一、《老子》的“有”、“无”和“有为”、“无为”

《老子》上下篇所推崇的是君主与“道”相合的品格。他写书的对象无疑是君主，他心目中理想的君主便是“圣人”，即深孚众望的国家领袖。圣人的品格如果用一个词来总括，那就是“无为”。

我们在下面分述在《老子》里“无为”的意义。（词句后面括号里的数字是《老子寻绎》中的章节数。）

（1）谦虚柔和，不为私利，不突出自己。“上德无为，而无以为。”（1·1·1）“是以圣人处无为之事，行不言之教，万物作焉而不辞，为而不恃，功成而弗居。”（35·2）“爱民治国，能无为乎？”（43）

（2）秉要执本，知人善任，不事必躬亲。“损之又损，以至于无为，无为而无不为。”（7·2）

（3）清静无欲，不扰乱人心，不过于苛察。“我无为而民

自化，我好静而民自正，我无事而民自富，我无欲而民自朴。”（15·3·1）“为无为，则无不治。”（36）

（4）慎为，不恣意而为，不超越阶段，不违背事物自身的规律。“吾是以知无为之有益。不言之教，无为之益，天下希能及之矣。”（5·2）“为无为，事无事，味无味。”（20·1）“是以圣人无为，故无败；无执，故无失。”（20·2·4）

所以“无为”不是叫君主无所作为，只有“有为”的君主才谈得上无为。《老子》里面讲到君主要怎样“为（治国、处事）”的地方很多，这里略举于下。

（1）“图难于其易，为大于其细。天下难事必作于易，天下大事必作于细。是以圣人终不为大，故能成其大。”（20·2·2）

（2）“其安易持，其未兆易谋，其脆易泮，其微易散。为之于未有，治之于未乱。”（20·2·3）

（3）“民之从事，恒于几成而败之。慎终如始，则无败事。”（20·2·5）

（4）“圣人无积。既以为人，己愈有；既以与人，己愈多。故天之道，利而不害；圣人之道，为而不争。”（24·2）

（5）“高者抑之，下者举之；有余者损之，不足者补之。”（31·1）

（6）“是以圣人之治，虚其心，实其腹；弱其志，强其骨。”（36）

（7）“知人者智，自知者明；胜人者有力，自胜者强。知足者富，强行者有志，不失其所者久，死而不忘者寿。”（63）

所谓“实其腹（充实知识）”、“强其骨（增强意志）”、“强行者有志（坚决沿着大道前进的才真正有志向）”，等等，无疑都是“有为”的表现。

《老子》反复称说的“无为”之德乃是从世间万物的“无”领悟而来。《老子》中“无”字的含义主要是没有、不存在、空无、中空等。有如下一些例子：

（1）“天下之物生于有，有生于无。”（4·2·1）有，萌生。无，不存在。

（2）“出于无有，入于无间。吾是以知无为之有益。”（5·2）无有，即无，就是没有。从“无有”联想到“无为”。

（3）“有无之相生也，难易之相成也，长短之相形也，高下之相盈也，音声之相和也，先后之相随，恒也。”（34·2）这里将有无作为第一组对立统一关系举出，可见有无是宇宙间最基本的矛盾。

（4）“故有之以为利，无之以为用。”（44）无，中空、空无。有，实体、实物。由各种器物的用途取决于它们的中空部分而得到启发。

（5）“其上不皦，其下不昧，绳绳不可名，复归于无物。是谓无状之状，无物之象，是谓惚恍。”（47·1·2）无，没有。

《老子》里与“无”意思相近的词还有“冲”、“虚”、“中”等，其例有如“道冲，而用之有弗盈也”（37），又如“天地之间，其犹橐钥乎！虚而不屈，动而愈出。多闻数穷，不如守中”（38·2），启悟君主效法虚空的道，取法天地之间的空无，内守无心，外守无为。

我认为，以《老子》的观点来看，八卦和六十四卦的两个元素“—”和“--”（《易传》分别称之为阳爻与阴爻）既可以代表“有”和“无（空）”，也可以代表“有为”和“无为”。马克思说：“人体解剖对于猴体解剖是一把钥匙。反过来说，低等动物身上表露的高等动物的征兆，只有在高等动物本身已被认识之后才能理解。”《老子》是人体，而《周易》则是猴体。我们这样试着来理解《周易》里关键的四组卦。

二、《周易》乾坤及其他三组卦之本义

第一组：乾、坤。

乾，前进、进取，即有为之意。《老子》有言，“进道若退”(3·1)，“建德若偷”(3·2·2)，“进”和“建”可用以解释“乾”字。卦画为八卦乾卦相叠，意思也与只有三爻的乾卦一样。

第一句爻辞：“初九，潜龙勿用。”潜，潜藏。龙，就是《老子》所说的圣人，即德才兼备的国家或部族领袖。勿用，还没有发挥才干。这句是说年轻有为，藏器待用。王安石出山以前，曾写诗以言志：“天下苍生待霖雨，不知龙向此中蟠。”

第二句：“九二，见龙在田，利见大人。”田，比喻培养锻炼。稻田为种稻谷的地方，丹田是炼内丹的地方。大人，其意与《老子》里的“百姓”相同，原指氏族头领，后转为百官之意。这句是说，经受了艰苦的磨炼之后，增长了才干，积累了经验，就好

与部族内部各氏族的首脑们相见了，意思是将要得到重用了。

第三句：“九三，君子终日乾乾，夕惕若。厉，无咎。”君子，部族领袖的继承人，将来的部族领袖，前面称为“龙”。乾乾，努力奋发有为。惕若，警醒的样子，指反省、检查自己。厉，砺，砥砺，兼有“乾乾”和“惕若”的意思。咎，过失。这句是说，君子每天都奋发有为，到了晚上就检查自己一天的言行。不断努力，不断反省，这样就不会有过失。

第四句：“九四，或跃在渊，无咎。”跃，腾跃，比喻进取不息。渊，深潭，比喻困难和危险。咎，灾殃。这句是说，在奋斗过程中，在前进道路上，可能遇到艰难险阻，但是总能克服。

第五句：“九五，飞龙在天，利见大人。”飞龙在天，比喻自由施展才能。这句是说，已经锻炼成熟了，将要在部族大会上正式接班了。

第六句：“上九，亢龙有悔。”亢，躁进。这句是说，在权力的巅峰，如果不知敛抑，就要犯错误，后悔也来不及了。

总结句：“用九，见群龙无首，吉。”九，其音近鹫，鹫是猛禽；又音近赳，成语雄赳赳；拗（方言音），拗不过。所以“九”字如同“乾”字，也传达了生气勃勃、奋发有为的含义。群龙，部族的领导集团，等于上面的“大人”。首，首领。这句是说，有为的君主如果懂得在领导集团里恬退谦虚，不刻意突出自己的领袖地位，就能不犯错误或少犯错误，尽量把事情办好。无首，不是真的没有领袖了。就像《老子·德经》末说“圣人执左契而不以责于人”，实际上总是执右契而不是执左契，因为右契代表控制权，说“执左契”是为了比喻君主谦虚柔和。故“群龙无首”是“亢龙”的反面，“吉”是“有悔”的反面。有为必以无为驭之，才不至于“有悔”。《老子》说，“弱者道之用”，《老子寻绎》解释为：“因此柔弱处事啊，那就是君主运用道的一般原则。”无为的含义之一便是“弱”。

综上可知乾卦的主题便是“有为”。因为乾卦各爻都是“⚊”，则阳爻必表示有为。

坤，中空、空无，转成无为之意。卦画为八卦坤卦相叠，意思也和只有三爻的坤卦相同。

第一句爻辞：“初六，履霜，坚冰至。”履霜，脚踩着了寒霜。坚冰，隆冬时节，天寒地冻，河水结了厚厚的冰。这句是说，看到脚下的寒霜，就知道天寒地冻的季节要来了。比喻小心谨慎，凡事早作准备，防患于未然。《老子》里刻画善于守道的君主的形象，说他“豫兮若冬涉川，犹兮若畏四邻（缓慢迟疑啊，像冬天蹚过结冰的河面；谨慎小心啊，像害怕会吵扰了四围的邻居）”（48·1），又说“其安易持，其未兆易谋，其脆易泮，其微易散。为之于未有，治之于未乱”（20·2·3），可以参考。范仲淹平生喜欢弹奏的曲子名为《履霜》，他是一个谨慎庄重、明白进退之机的人。

第二句：“六二，直、方、大，不习，无不利。”习，从事。“直、方、大，不习”，即“不习直、方、大”。是说不要过于执著耿介、方正，更不要自恃有权，这样便能化险为夷、转危为安，事情没有办不好的。《老子》讲“大直若屈”（6·2·2）、“直而不肆”

(16·3)、“大方无隅”(3·2·3)、“方而不割”(16·3)、“圣人之能成大也，以其不为大也，故能成大”(64)，足以解释这一句。

第三句：“六三，含章，可贞。(或从王事，无成，有终。)”含，含藏。章，花纹、彩饰，比喻才华。含章，比喻收敛才华，“玉蕴珠藏”之意。贞，通正，国家或部族领袖。《老子》“侯王得一以为天下正”，王弼本为“侯王得一以为天下贞”，可以证此。这句是说，雄才大略，却谦冲自牧，便能担当领袖的重任了。“或从王事，无成，有终”可能是后人为了使“六三”爻辞和“九三”爻辞字数（12字）相同而加上的，因为“无成，有终”在这里显得语意有些突兀，并且讲的是臣道，不是君道。他把“贞”字理解成“忠贞”的意思了。《老子》“国家昏乱，有忠臣”，帛书甲、乙本均作“贞臣”，可见“贞”通于“忠”。王，君王，古代国家联盟的元首。从王事，替君王办事。如果尽心竭力为君王服务，即使形格势禁之下达不到预想的目标，也会对各方面有个交代，使自己得以保全。

第四句：“六四，括囊，无咎，无誉。”括，扎起。囊，口袋。扎起口袋，比喻不乱讲话。誉，称誉、赞誉。这句是说，不乱讲话，就像紧紧扎起口袋，这样虽然无人称誉，却不会招来灾祸。《老子》感叹道：“不言之教，无为之益，天下希能及之矣。”(5·2)

第五句：“六五，黄裳，元吉。”黄，古代帝王服饰的颜色。黄裳，黄袍加身，说明继承了君主的权位。元吉，大吉大利。这句是说，才德堪当大任，是时候接班了，不必有太多顾虑。

第六句：“上六，龙战于野，其血玄黄。”野，郊野。玄，深远。黑色深远，所以用“玄”表示黑色。玄黄，鲜血浸透泥土，变成黑黄色。这句是说，君主率领军队在敌人王都的郊野作战，战斗将是激烈、残酷的，“流遍了，郊原血”。无为的目的是大有为，而不是无所作为。

总结句：“用六，利永贞。”六，其音近漏、篓（方言音），有空隙、孔洞才会漏，有中空处才能做成篓子，才能盛物。又音近鹿、鹭（也是方言音），这两种动物都给人轻巧柔和的感觉；“柔”并不等于“无为”，但“柔”近于“无为”。所以“六”字与“坤”字一样，兼有“无（空）”与“无为”二义。这句是说，做到了无为，就能永远做天下的君王。

综上可知坤卦的主题便是“无为”。因为坤卦各爻都是“--”，则阴爻必表示无为。

所以乾坤两卦必须对看，才能相互对应，彼此发明。“元亨利贞”一语原放在乾卦之下，现在看来应该是乾坤两卦总的结论。元亨，就是大顺，贞即君主，意思是既有为（乾）又无为（坤），在有为的基础上设置了无为这个对立面，就能管理好国家了。明朝末年，陕北李自成称王于西安，号为大顺，亦即元亨之意。

过去坤卦的所谓卦辞（“元亨，利牝马之贞。君子有攸往，先迷，后得主。利西南得朋，东北丧朋。安贞，吉。”贞，这里通占，即占卜，是说此卦所得的征象有利于母马，母马长得肥壮，就能多产马驹，日子越过越兴旺。主，主宰，上帝。出去放牧，先迷路，但上帝会指引方向。朋，古代用贝壳作货币。如果出门做生意，西南面会赚，虽然东北面会亏。看来这位头人关心牧马、经商之事，这段卦辞可能产生于商民族，因为商民族畜牧业发达，善于经商。）鄙陋不堪，无非是讲宜忌方位之类，与乾坤两卦本无意义上的关联。或许作者在总结乾坤两卦时，尝试用简短的词语来概括，从这段商民族的卜辞之中抽出“元亨”、“利”、“贞”，放在一起，赋予这四个字新的含义。后来的人出于对作者的敬意，连带着也重视起这段卜辞来，时间一长，又把卜辞和“元亨利贞”分属两卦之下，这组卦就变得难以索解了。

第二组：泰、否。

泰，通泰，顺畅。卦画为下乾上坤，即无为居上，有为居下，是以无为驭有为的意思。

否，坏事，败事。卦画为下坤上乾，即有为居上，无为居下，是以有为驭无为的意思。

这组卦的含义是：君主自身以无为驭有为，就会事情顺畅；君主自身以有为驭无为，就会败事。君主之德一定是有为和无为的对立统一，而且无为应该是起统率作用的因素。

第三组：习坎、离。

习坎，三爻的坎卦相叠。习，累次。复习，温习，都有累次的意思。坎，陷坑，比喻险境。从三爻坎卦的卦画来看，上下都是“--”，代表陷坑内外的空间，中间为“—”，代表掩盖陷坑的浮土树叶等物。习坎，比喻一次又一次面临凶险的困境。

离，三爻的离卦相叠。通丽，明亮，光明。从三爻离卦的卦画来看，上下都是“—”，中间为“--”，表示只有空心才能持续燃烧，这是来自人工取火的经验。故三爻离卦代表火，比喻光明与希望。六爻离卦则比喻一次又一次怀着希望，迎来光明。

这组卦的含义是：人生的征程漫漫，坎坷不平，但凭着信念，总能战胜困难。

第四组：既济、未济。

既济，已经渡过河，比喻取得了成功。未济，没能渡过河，比喻还有遗憾，事业的完成还要寄希望于将来。

既济的卦画为下离上坎，未济的卦画为下坎上离。从三爻坎卦的卦画来看，还可以理解为“无为”之中含“有为”；从三爻离卦的卦画来看，也可以理解为“有为”之中含“无为”。下离上坎，则君主无为（含有为）而百官有为（含无为）；下坎上离，则君主有为（含无为）而百官无为（含有为）。

君主无为而含有为，则合泰卦之意；君主有为而含无为，则合否卦之意。百官有为而含无为，则张弛有度；百官无为而含有为，则各怀心思。

君主自身既有为又无为，且以无为驭有为，而百官戮力同心，且张弛有度，则事业蒸蒸日上，计日程功。（《庄子》外篇“天道第十三”篇说：“上必无为而用天下，下必有为为天下用，此不易之道也。故古之王天下者，知虽落天地，不自虑也；辩虽雕万物，不自说也；能虽穷海内，不自为也。”不妨作为既济一卦的参考。）

等到事业有了很大的成绩以后，领导集团往往松懈下来，耽于逸乐，不思进取，这时即使领袖一人积极推动事业继续前进（有为之中含无为），但官僚习与性成，各有各的盘算（无为之中含有为），于是时机很可能转瞬即逝，最终的成功就更加茫茫无期了。

三、文王的历史观和人生观

解释《周易》的《易传·系辞下》篇说，“古者包牺氏……始作八卦……”我们知道，“包牺氏”就是伏羲氏，代表人类早期的捕猎时代。我们已经阐释了八卦中的四卦，再来看看其余的巽、兑、震、艮四卦。

巽，即顺。卦画最下面一爻为“--”，三爻整体颇像水往下流。水性柔顺，“水善利万物而不争”（41·1），所以就以“顺”来称呼此卦。

兑，其音与“阻”字相近（方言音），卦画最上面一爻为“--”，三爻整体颇像沼泽地形。沼泽泥泞难行，比喻艰难险阻。

震，霹雳。卦画最下面一爻为“—”，上面两爻为“--”，三爻整体像雷电劈开云层。比喻威慑震恐。

艮，通亘。卦画最上面一爻为“—”，下面两爻为“--”，三爻整体像窑洞之形。用山上的窑洞来借代山，山势连绵，故称之为“亘”。走在群山之间，即使眼睛望得见的很近的距离往往也要几天时间才能走过去。所以此卦也比喻艰难困苦、梗塞不通。

以上四卦都代表自然界的事物。兑、震、艮三卦都表明在大自然面前，原始人类的生活是多么的艰辛。只有巽卦意味着顺心，可见人类在原始时代就已认识到“上善若水”了。难怪《老子》书中有那么多对于水的体认和称颂。

上一章的坎卦代表陷坑，离卦代表人工取火。陷坑用来捕兽，人工取火来把兽肉弄熟。这两卦传递的正是捕猎时代的信息。因此《易传》的见解是非常正确的。

八卦反映了在这个伏羲氏的时代，人类与自然界作斗争的历史。在解决人与自然矛盾的过程中，中华民族的先民总结了斗争的经验，“乾”、“坤”便是这些经验的精华或总原则。“有为”和“无为”就是这样来的。

《易传·系辞下》篇还说：“《易》之兴也，其于中古乎？作《易》者，其有忧患乎？《易》之兴也，其当殷之末世，周之盛德邪？当文王与纣之事邪？”这也是深思熟虑之后才得出的体会。不过，语气还是很不确定的。

到了汉武帝时代，司马迁作《史记》，他说：“西伯盖即位五十年。其囚羑里，盖益易之八卦为六十四卦。”[1]“盖”就是大概，语气仍不完全肯定，但人、事、时、地都交代清楚了。

据赵明德的看法，到了商朝后期和西周，筮例已经大多呈六画了。[2]所以我推想，文王的工作是将六画的筮例予以归纳，总结成彼此不相重复的六十四卦，并将六十四卦与八卦对应起来，

---

[1] 《史记·周本纪》。

[2] 兰丁：《周易：追寻失落的文明》，人民出版社 2007 年版。

把六十四卦以八卦的重叠形式进行表达。所谓“文王拘而演《周易》”[1]，“演”指的就是系统整理的工作吧。

文王所做的还远不止于此。即便在牢狱之中，他也丝毫不曾忘记自己的政治抱负。文王回顾周民族的历史和他一生奋斗的历程，通过八卦卦画的重叠和六十四卦卦序的编排以及卦名的确定，寄寓了他对历史、人生规律的深沉思索。

赵明德说：“真正同周文王有关的只是《周易》的文辞，即今传本的卦、爻辞。”这个论断是站不住脚的。早在唐代，孔颖达的《周易正义》就说过“卦爻辞多是文王后事”。所以各卦的爻辞和卦辞大都在文王身后经多人之手选编而成。但我推测，六十四卦基本的卦序和卦名（即卦义）以及乾、坤两卦的爻辞可能都是文王的贡献。

赵明德估算文王逝世时享年 82 岁左右。《史记·周本纪》说，“其囚羑里，盖益易之八卦为六十四卦……后十年而崩，谥为文王”，“其囚羑里”是指他在羑里的整个时间段，那么他出狱后大约生活了 10 年。（“后十年”之前还有“诗人道，西伯盖受命之年称王，而断虞芮之讼”云云，是司马迁引用《诗经》作者关于文王称王的不同说法。在计算文王生平年表时，不必考虑。）文王在羑里关押了七年（《左传·襄公三十一年》：“纣囚文王七年”），则“纣囚西伯羑里”（《史记·殷本纪》）当在他 65 岁前后，他回到西岐大概在 72 岁。

---

[1] 司马迁：《报任安书》。

这个时候，文王演卦的用意还很有可能是要以六十四卦来比拟人的生命历程。虽然“西伯积善累德，诸侯皆向之”[1]，算是“既济”了，可是纣王暴政不除，仍然是“未济”。到了60多岁的年纪，又下在牢狱里，说不定什么时候就辞别了人世。“作《易》者，其有忧患乎？”

文王总结了自己一生的经验，用乾坤两卦的爻辞精炼地概括出来，他期望接班人不畏艰险，把推翻暴政的伟大事业继续下去（龙战于野，其血玄黄……利永贞）。他还勉励年轻人，虽然前路不免有重重险阻，但是光明总在前头（习坎、离两卦）。

文王身居虎穴，演卦或许也有“巧借闻雷来掩饰”的作用吧。他表面上醉心于学习商民族的卜辞，使纣王不察，实际上不过借旧的形式翻出新意，而心中的志向从未改变。文王从羑里脱困，回西岐后，“阴行善”，暗中寻访到才能出众却长期不得志的吕尚（姜子牙），借“太公望（先祖的期盼）”的旧说以抬高他的地位，让他辅佐武王。[2]文王在羑里的时候，以声色犬马献之纣王的是“闳夭之徒”；等到“太子发立，是为武王”之时，则是“太公望为师，周公旦为辅，召公、毕公之徒左右王，师修文王绪业”。[3]可见文王在最后的岁月成功地调整了领导集团的成员（除姜子牙外，周公、召公、毕公都是武王的手足兄弟），武王因而能够牢牢地掌握住政权，使事业朝着文王规划的方向前进。

---

[1] 《周本纪》。

[2] 《史记·齐太公世家》。

[3] 《周本纪》。

《周易》的“周”必定是指周民族，“易”指的是什么呢？赵明德认为早期的“易”字“象两酒器相倾注承受之形”，左旁表承受，右旁为倾注。从这个字形我们可以感受到满溢、饶益、增益、进益的意味，饱含了将来会更加美好的希望与祝福。易，一个倾倒美酒的动作，表示周民族一代一代都有远大的前途。就是在年老而又身陷囹圄的时候，文王深深担忧事业中辍，然而他还是坚信、祈愿青年一代终将成长起来。

《诗经·大雅·大明》描绘了牧野之战的壮阔场面：“牧野洋洋，檀车煌煌，驷騵彭彭。维师尚父（姜子牙），时维鹰扬（犹如雄鹰在展翅飞翔），凉（辅助）彼武王，肆伐大商，会朝清明。”年轻鹰扬的一代经过艰苦努力，终于打败了自恃“有天命”[1]的纣王。

四、文武周公与老子、仲尼

武王伐纣胜利后，只过了两年就去世了。此后“周公行政七年”，他稳定了局面，创立了制度，然后功成身退，让武王的儿子诵来掌管天下，这就是成王。

孔子一生最崇敬周公。“周公之才之美”是他眼中最完善的人格。到了迟暮之年，他有一次感叹道：“甚矣吾衰也！久矣吾不复梦见周公。”朱熹解释说：“孔子盛时，志欲行周公之道，故梦寐

---

[1] 《周本纪》。

之间，如或见之。至其老而不能行也，则无复是心，而亦无复是梦矣，故因此而自叹其衰之甚也。”程颐的解释是：“孔子盛时，寤寐常存行周公之道；及其老也，则志虑衰而不可以有为矣。盖存道者心，无老少之异；而行道者身，老则衰也。”不论“存道者心，无老少之异”或“至其老而不能行也，则无复是心”（朱熹的说法比较可信），孔子盛年亟行的“周公之道”所指则一，那就是西周初年周公确定的礼制。孔子对最得意的弟子颜回说：“克己复礼为仁。一日克己复礼，天下归仁焉。”仁，湖北郭店楚简常写为上从身下从心的字形，我推断就其本义而言，“仁”字可释为“全身心的”。在孔子心目中，只有全身心地依循“礼”才能算做到了“仁”。既然“仁”是儒学最高的德目，那么“礼”就是儒学的核心，儒学即礼教。

贯穿古代礼仪、制度的精神是维护等级制。在任何社会，一定的等级差异都是必定会存在的，都是不可或缺的，但是过于强调流于仪式化的“礼”，特别是这种繁缛的礼已经成为历史的陈迹，那就不合时宜了。《庄子》“天运第十四”篇老子告诉孔子：“夫六经，先王之陈迹也，岂其所以迹哉！今子之所言，犹迹也。夫迹，履之所出，而迹岂履哉！”《史记》记载孔子到周去向老子问礼，老子却回答说：“子所言者，其人与骨皆已朽矣，独其言在耳。”几百年前制作礼乐的详细情况已无从查考，也不必弄清了，因为历史条件发生了沧桑巨变。

西周初年清平和乐的盛世并不是实行礼治的结果，毋宁说，那时优美和畅的礼乐是自由的时代精神的舒放。孔子觉察到了这种自由的精神，他赞同曾皙抒发的志向。曾皙说："暮春者，春服既成，冠者五六人，童子六七人，浴乎沂，风乎舞雩，咏而归。"在春夏之交的季节，人们到河里游泳，在荫凉的地方乘凉，唱着歌回家去。这种自由自在的生活境界应该是有为的政治家追求的目标。但太平盛世不是礼治带来的，那是在文武周公领导下人民大革命的成果。

一个时代的社会环境和社会风貌是上层塑造的。文武周公的品格（"德"）就决定了周初社会清新俊逸的时代精神。"踪迹大纲，情怀小样"，他们的气质襟怀就反映在文王《周易》的几组关键卦里。我们已经看到，《老子》领会了六十四卦的真意，并且用新时代的浅近的语言阐发了出来。《庄子》"天运"篇或许是寓言，但作者的见地确是超卓的。孔子试图掌握的不过是文武周公的"陈迹"而已，《老子》得到的才是他们所以建功立业、为人怀念的真正原因。

五、早晨八九点钟的太阳

1957年6月19日，《人民日报》发表了毛泽东在最高国务会议第十一次（扩大）会议上的讲话。在这篇讲话里，他说："在一些人的眼中，好像什么政治，什么祖国的前途，人类的理想，都没有关心的必要，好像马克思主义行时了一阵，现在就不那么行时了。”[1]他深知，中国“还是一个很穷的国家，并且不可能在短时间内根本改变这种状态”，中国的工业化和社会主义的胜利需要几代人不懈的努力。那么青年人是否做好了准备？他们是否愿意“下决心一辈子艰苦奋斗”？正像《周易》六十四卦始于乾卦而终于未济，此时的毛泽东内心充满了忧虑，他担心他的追随者们“靡不有初，鲜克有终”。但是，他对青年，对未来，依旧寄予了无限的希望。

这年的11月17日，64岁的毛泽东在苏联参加世界共产党会议及庆祝苏联十月革命40周年期间，特意来到莫斯科大学，接见3000多名留苏学子。面对这些年轻人，他情真意切地说：“世界是你们的，也是我们的，但归根结底是你们的，你们青年人朝气蓬勃，正在兴旺时期，好像早晨八九点钟的太阳，希望寄托在你们身上。”

童道明（社科院外国文学研究所研究员）当时就坐在莫斯科大学礼堂里，他在2003年回忆说：“这是在一个小小的停顿之后，毛主席稍稍提高了音量说出来的。好像他就是为了说这一段话才来与我们见面的，好像面对这一片青春海洋，老人家顷刻间在精神上回到了恰同学少年、风华正茂的时代。”

“在我经过了四十多年光阴过滤的记忆里，当毛主席形容青年人好像早晨八九点钟的太阳的时候，他既像个有信心把握住未来世界的伟人，也像个有能力洞悉情感世界与理性世界的诗人和哲人。”这是一位研究文学的专家的亲身感受。[2]

---

[1] 《毛泽东著作选读》（甲种本），人民出版社1966年版，第348页。

[2] http://www·zjgxw·cn/html/zhoumo/tebiecehua/20031226/5818·html.

同年12月，毛泽东要身边的工作人员把各种版本的《楚辞》以及有关《楚辞》和屈原的著作尽量收集给他。第二年的1月16日，在南宁会议上的讲话提纲中，他写道："学楚词，先学《离骚》，再学《老子》。"诗人屈原，哲人老子，这便是那段日子毛泽东内心世界的真实写照，这便是他期望中国日新月异的情感波涛。[1]

1962年1月30日，毛泽东在七千人大会上讲话，他说："从现在起，五十年内外到一百年内外，是世界上社会制度彻底变化的伟大时代，是一个翻天覆地的时代，是过去任何一个历史时代都不能比拟的。处在这样一个时代，我们必须准备进行同过去时代的斗争形式有着许多不同特点的伟大的斗争。"这就是一位"有信心把握住未来世界的伟人"的准确预言。

1965年12月21日，毛泽东已经72岁了，他在与陈伯达、艾思奇的谈话中说："今后的几十年，对祖国的前途和人类的命运是多宝贵而重要的时期！现在二十来岁的青年，再过二三十年是四五十岁的人，我们这一代青年人，将亲手把我们一穷二白的祖国建设成为伟大的社会主义强国，将亲手参加埋葬帝国主义的战斗，任重而道远。有志气有抱负的中国青年，一定要为完成我们伟大历史使命而奋斗终身！"[2]这是一段我们的父辈耳熟能详、曾经铭记在心的十分著名的话，这番话用在我们今天，恐怕更加贴切吧！

如同文王在《周易》里寄望于周民族的年轻一代，毛泽东在莫斯科大学的讲演也是"智慧长者在与年轻一代作彪炳史册的青

[1] 参看《〈老子〉的"道""德"智慧和毛泽东哲学思想》一文。

[2] 《毛泽东思想万岁》，香港科技大学藏书，第630页。

春对话”。四十多年后，花甲之年的童道明说：“只要地球旋转，就有冬去春来，就可朝花夕拾，就永远存在‘早晨八九点钟的太阳’。归根结底，毛泽东寄托希望的‘你们青年人’，乃是‘无穷匮也’的子子孙孙，乃是无穷无尽的永恒青春。”

是啊，无穷无尽的永恒青春！

初稿写于2008年五四青年节前

补记

1916年春天，列宁在苏黎世写成了《帝国主义是资本主义的最高阶段》这本书。1917年9月，王国维在上海草成《殷周制度论》，郭沫若誉之为“一篇轰动全世界的大论文”。资本主义的最高阶段到如今已经持续了一个世纪。在过去的一个世纪里，列宁所揭示的帝国主义的本质从来没有变过。资本主义的世界体系正走向衰亡，一个崭新的社会主义的世界体系仍然躁动于母腹之中。王国维《殷周制度论》的要点是周公改制，改换旧的商代的制度，建立新的周朝的制度。对于中国，对于世界，我们需要现时代的周公。

2010年6月10日

谷神和道心

——重读《老子》札记

一

《老子·道经》云："谷神不死，是谓玄牝。玄牝之门，是谓天地根。绵绵若存，用之不勤。"朱熹说："《列子》所引黄帝书，即《老子》谷神不死章也。"根据《尧舜及其族群考论》一文，传说人物黄帝的主要原型是戎禹，他活动的年代在公元前4500年左右。这段话很可能是戎族口耳相传的上古歌谣。下面这件出自甘肃天水大地湾遗址的陶瓶，刻画了一位面容清秀的少女的形象。我认为这就是戎族的"谷神"，即河谷女神。

在大地湾还出土了鱼纹盆。鱼纹图案标志了戎族在禹之前的一个漫长的时期，是"鲧"字字形的来源。而谷神二字连读，就成为鲧字的字音。谷神之瓶使人联想起后世观音的净瓶，而鱼纹盆则使人想到观音的鱼篮。相传净瓶里的水能使烧焦的杨柳复春，因而瓶子的寓意是盛着生命的灵泉。鱼纹则象征着人们生育繁衍，自在畅快地生活。

“谷神不死，是谓玄牝”，玄牝应是地母，这儿是说河谷女神是戎族信仰的地母。因为河谷地带看起来像两扇大门，就称之为“玄牝之门”。因为河谷幽深，先民就发挥想象，比作“天地根”。整段话可以译为：“永生的河谷女神啊，你便是化育万物的地母。幽深的地母之门啊，便是那生出天地的灵根。你仿佛掌管着生命的甘泉啊，潺湲不尽，滋育群生。”

在帛书《老子》里，谷神写为浴神，说明谷字的读音曾经和浴字接近。《管子·揆度》中述：“至于尧舜之王，所以化天下者，北用禺氏之玉，南贵江汉之珠。”尹知章为之作注：“禺氏，西北戎名，玉之所出。”我想戎人在虞舜崛起、被迫西迁[1]以后，为了不忘固有的文化，遂以族群普遍信仰的谷神作为自己栖居地的名称；由于“浴神”、“禺氏”音近，因此在中原的族群听来，就好像“禺氏”二字了。公元前3400年左右，“甘肃的中西

[1] 请参考《帝舜、〈禹贡〉与玄女》一文。

部及青海东部地区……兴起了一支以彩陶为突出特征的马家窑文化”[1]。马家窑文化的分布中心在黄河上游的兰州、永靖一带，“禺氏”所代表的也许就是马家窑文化及其支裔。

汉代刘彻为击破匈奴，使张骞联络月氏。据王国维考证，月氏即是禺氏。汉初，月氏被匈奴打败，远徙伊犁河、楚河流域。张骞出使之时，其地为服属匈奴的乌孙所据，月氏被迫迁至阿姆河流域。后来，月氏的一支建立了强盛的贵霜帝国（Kushana Empire）。如果我们注意到“贵霜”和“谷神”读音相近，便可相信贵霜帝国的统治集团是来自中国西北的戎人。所以“贵霜”一词的词源是“谷神”，也就是戎族的河谷女神。

戎族是中国北方最古老的族群。追根溯源，戎族的“文化系统最早出现在距今 180 万年前，以西侯度文化为代表。……这个系统分布范围在山西南部、河南西部和陕西东部”[2]。谷神是戎族敬拜的神灵，戎、谷二字双声（“容与”一词亦是如此），就提示了河谷女神与戎人的密切关系。因此谷神是北方历史最悠久的群体信仰，一直到今天，还保留在观音的中国化造型里。

《黄帝书》“谷神不死”篇可说是人类最早的《天问》，关于生命的奥秘，关于宇宙的起源。它是流传下来的中国人的第一首诗歌，老子把它作为人类哲学的发端。

---

[1] 白寿彝总主编：《中国通史》，第二卷。

[2] 引自《尧舜及其族群考论》。

二

《老子·道经》首章的文字和断句，各种版本歧异很大。将帛书甲、乙本与王弼本相互对照，这一章的文句可校定为："道，可道也，非恒道也；名，可名也，非恒名也。无名，天地之始也；有名，万物之母也。故恒无欲也，以观其妙；恒有欲也，以观其所窍。此两者同出而异名，同谓之玄。玄之又玄，众妙之门。"

"故"字前面的两句话，意思是："道，如果容易说清楚的话，那就不是永恒的道了；道的名字，如果容易命名的话，那就不是永恒的名字了。道本来没有名字，它是天地的根源；如果它有名字，就该称之为万物的母亲吧。"所以"无名"、"有名"指的都是道，即宇宙的根本规律。《道经》云："自今及古，其名不去，以顺众父"，也就是"恒道"、"恒名"之意。

"道"之受义，从"天地根"一语而来。根本，根源，原始，原初，太初，故有"导生"之意。因此就称"天地之始"、"万物之母"。《道经》云："先天地生"、"可以为天下母"，《德经》云："天下有始，以为天下母"，意义正同。这些话，我们无妨看作老子对宇宙真谛的探寻和礼赞，而不必以客观唯心主义视之。

前两句语道，第三句言君。老子以谷神为道的化身，或道为谷神形而上的对应；得道之君恒无欲，失道之君恒有欲。"谷"字和"欲"字同音，楚简甲本里"欲"字常写为"谷"，如"谷（欲）得"、"不谷（欲）"、"谷（欲）不谷（欲）"，等等。"无欲"则得道，"有欲"则失道。这样，就把宇宙的大道和君主的作为联系起来了。

“此两者”指“其妙”和“其所窍”而言。妙就是“微妙”。《道经》述：“古之善为道者，微妙玄通，深不可识。夫唯不可识，故强为之容，曰：豫兮若冬涉川，犹兮若畏四邻；俨兮其若客，涣兮其若释；敦兮其若朴，旷兮其若谷，混兮其若浊。”河上公注云：“谓得道之君也。”窍就是“趋向”。《道经》说：“将欲取天下而为之，吾见其弗得已。夫天下，神器也，非可为者也。为者败之，执者失之。”这里“取”是治理的意思。

道，其实质是对立统一规律。[1] 老子以“无欲”之“妙”和“有欲”之“所窍”同出于道，虽然“妙”、“窍”相异，却“同谓之玄”。这是因为两者的内涵都有辩证法的意味。“玄之又玄，众妙之门”从“玄牝之门”化来。既然同归众妙，于是妙、窍浑然，“世事洞明”，“人情练达”，“得其环中，以应无穷”[2]，“不谴是非，以与世俗处”[3]。这是真正大政治家的风格。

《庄子》专学此章之笔致，“而老子深远矣”[4]。

三

《庄子·天下》引老聃之言：“知其雄，守其雌，为天下溪；知

[1] 请参考《〈老子〉的“道”“德”智慧和毛泽东哲学思想》一文。

[2] 《庄子·齐物论》。

[3] 《庄子·天下》。

[4] 《史记·老子韩非列传》。

其白，守其辱，为天下谷。”《老子》里的原话是：“知其雄，守其雌，为天下溪。为天下溪，恒德不离，复归于婴儿。知其白，守其辱，为天下谷。为天下谷，恒德乃足，复归于朴。”整段话可译为：“知道自己位高权重，于是就持守柔和谦虚，来做滋润万物的溪流；像滋润万物的溪流一样啊，恒德就不会离去，然后复归于无心自然。知道自己内心洁白，可是也不嫌弃外物的污浊，来做养育万物的河谷。像养育万物的河谷一样啊，恒德才算完全，然后复归于朴实自然。”

老子把“溪谷”一词一分为二，谷是河谷，溪是溪流。“守其雌，为天下溪”即“上善若水”之意。婴儿“无欲”，纯洁不染。“守其辱”即“混兮其若浊”，“为天下谷”即“旷兮其若谷”，“复归于朴”即“敦兮其若朴”。整段话讲的都是“无欲”之“妙”。老子讲话的前提是“知其雄”，即针对雄才大略的君主。“德”是君主与“道”相契合的品格。“守其雌”相对于“知其雄”，“守其辱”相对于“知其白”，都是在设置对立面。因此，此处所谓“恒德”的实质就是设置对立面。只有设置了对立面，才能符合对立统一规律。

在“复归于朴”之后，老子又说：“朴散则为器，圣人用之则为官长。夫大制无割。”意思是：“把木头劈开、加工以后就制成了各种器具。每种器具都给生活带来了某一方面的便利，就像在某一方面精通的专门人才。圣人使用专门人才，让他们来分管某一方面的事务。而最好的器具并不需要加工，那就是圣人自己。”

《荀子·大略》云：“主道知人，臣道知事。故舜之治天下，不以事诏而万物成。农精于田，而不可以为田师，工贾亦然。”农人善于种田，却不能让他来做教人种田的老师，工匠和商贾也是如此。这就是中国早期的“外行领导内行”的理论。君主任用官员，使各司其职，自己只需责成而已。

《荀子·解蔽》又说：“昔者舜之治天下也，不以事诏而万物成。处一危之，其荣满侧；养一之微，荣矣而未知。故《道经》曰：‘人心之危，道心之微。’危微之几，惟明君子而后能知之。”这里的“一”就是“道”。“处一危之”是指失道，“养一之微”是指得道。有欲则失道，无欲则得道。“为者败之，执者失之”即“危”，“微妙玄通，深不可识”即“微”。君主有欲有为，以至“天下皆知美之为美”，“皆知善之为善”，则“其荣满侧”，“侧”指臣下；于是“斯恶已”，“斯不善已”。君主无欲无为，以至“万物作焉而不辞，为而不恃，功成而弗居”，则“荣矣而未知”，就当自己不知道一样；于是“夫唯弗居，是以不去”。

《荀子》所引的“人心之危，道心之微”那句话，梅氏《尚书》记之为：“人心惟危，道心惟微，惟精惟一，允执厥中”，说是帝舜治理天下的心得。“人心”是指心同于人，“道心”是指心合于道。若同于世俗，则有欲有为；要合于大道，就无欲无为。“无欲”相对于“有欲”，也是设置对立面。“人心惟危，道心惟微”，《荀子·解蔽》引作《道经》之言，含义与《老子·道经》首章正好相通。

另“惟精惟一，允执厥中”八字，“精”与“一”都是“专一”的意思，而“中”是《老子》里“多闻数穷，不如守中”的

“中”。《老子》楚简甲本云：“致虚，恒也；守中，笃也。”可以译成：“要做到无心，持之以恒；要守住无心，专心致志。”“惟精惟一”的“惟”，便是“恒”与“笃”；“允执厥中”的“执”，便是“致”和“守”。“允执厥中”的原意是要教君主清静。

写于2009年8月22日

春秋战国时代的制度及人物

1959 年 4 月 15 日，毛泽东在第十六次最高国务会议上谈到西藏问题时说："我看，西藏的农奴制度，就像我们春秋战国时代那个庄园制度，说奴隶不是奴隶，说自由农民不是自由农民，是介乎这两者之间的一种农奴制度。"这段话素来为人们所忽略，它不仅断定了西藏地区 1959 年 3 月民主改革以前的制度特征，而且点明了我国春秋战国时期制度的本质。春秋战国时期列国的主要社会制度是农奴制，战国中叶商鞅变法所开创的地主官僚制度之秦模式就是在与农奴制（以及奴隶制残余）的斗争中发展起来的。有了这根一以贯之的红线，周秦之际几百年间的历史变革就好理解和把握了。

一、春秋

《史记·孔子世家》在总结孔子一生的文化贡献时说："孔子

之时，周室微而礼乐废，《诗》《书》缺。追迹三代之礼，序《书传》，上纪唐、虞之际，下至秦缪（穆），编次其事。”这里“下至秦缪”一句值得注意。孔子是一意维护西周奴隶制的思想家，经他修编的《尚书》以秦穆公之《秦誓》终篇，一则预见了秦国的走向强盛、代周而兴，一则寓意殷周奴隶制已如那西天的太阳，虽然恹恹不愿下山，却已是“无可奈何花落去”了。

秦穆公在位时间为公元前659年至前621年，邻近春秋中叶；在秦穆公之前，从公元前685年到前643年，是有名的齐桓公“尊王攘夷”的事迹。这便是周代奴隶制秩序最后的斜晖一瞥。《论语·宪问》记录了孔子对齐桓公、管仲的评价，他说：“晋文公谲而不正，齐桓公正而不谲。……桓公九合诸侯，不以兵车，管仲之力也。如其仁！如其仁！……管仲相桓公，霸诸侯，一匡天下，民到于今受其赐。微管仲，吾其被（披）发左衽矣。”差不多算是仁了啊，差不多算是仁了啊，这稍微有保留的评语是赞叹管仲在中原大致恢复了奴隶制的王朝礼治秩序，而遗憾之处则司马迁认为是齐桓公称霸而未称王，没能达到重建宗法分封天下体系的高度，他说：“管仲世所谓贤臣，然孔子小之。岂以为周道衰微，桓公既贤，而不勉之至王，乃称霸哉？”[1]但西周奴隶制盛时的礼治荣景毕竟一去不复返了。

在西周，土地属于周天子（王）和诸侯（公）代表的氏族集团所有，称为“公田”。天子或诸侯把土地分封给国内的政务

---

[1] 《史记·管晏列传》。

官——大夫，叫做“采邑”。士构成了统治阶级的中下层，是介于贵族和平民、奴隶之间的一个较广大的社会阶层。《国语·晋语》云：“公食贡，大夫食邑，士食田，庶人食力……”士也能分得一份公田，参与剥削，以维持他统治阶级的体面，而庶人则是平民中的自由农民，要靠劳力吃饭。

农奴在贵族庄园里劳动，这种现象并不始于春秋，早在西周中叶以前就已出现了。《诗经·豳风·七月》中就有“嗟我农夫”的叹息，此处农夫便是农奴，他们“为公子裳”、“为公子裘”，他们“献豜于公”、“上入执宫功”，等等；他们不是奴隶，但依附于大小贵族，被束缚在贵族的土地上，没有完全的人身自由。

在大量使用奴隶进行农业生产的情况下，自由农民生产成本相对过高，难以抵御市场风险，许多破产的农民为了生计，托庇于豪门，成为失掉了一部分自由的农奴。又据《汉书·食货志上》的记载：“周室既衰，暴君污吏慢其经界”，贵族们侵夺农民的土地，使土地和人都变成了他们的私属。另一方面，大小贵族在贪欲的驱使下，命人开垦森林、草原，公田之外的私田日益增多，而至迟于西周末年开始应用的铁制农具，大大加快了开辟私田的进程。田地多了，劳动力就显得不足，而奴隶怠工、逃亡等形式的自发斗争不断地发生，贵族们为了保障生产和再生产，有可能改善奴隶的劳动条件，将一些奴隶转化为农奴，以提高他们生产的积极性。

所以农奴的来源是奴隶社会里的农民和奴隶。贵族们的私欲损害了奴隶制政权的公利，私属农奴越多，国家的财税收入相对就越少。到了齐桓公、管仲的时代，列国的生产关系在很大程度上已经转变为农奴劳动的庄园经济。但齐国的世卿大族少，奴隶经济还比较巩固。相对雄厚的奴隶经济支撑了桓公的“尊王攘夷”事业，而生产关系的变化使得管仲“与俗同好恶”的施政呈现出改良的特点。管仲“下令如流水之原（源头），令顺民心”，“俗之所欲，因而予之；俗之所否，因而去之”。[1] 他的政策一方面强化了奴隶主贵族的国家机器，增强了国家的经济力量，一方面反映了领主庄园经济的要求，采取了“四民者勿使杂处”，世代“恒为士”、“恒为工”、“恒为商”、“恒为农”[2] 的固定身份的做法。在这种制度下，国家的农业奴隶就逐渐转化为国家的农奴。

齐桓、晋文之后，中原诸国无力阻挡楚国的北进。楚庄王之时（公元前 613—前 591 年），“观兵于周郊”[3]，问周王朝鼎之轻重。公元前 608 年，鲁国的襄仲杀嫡立庶，由文公次妃之子倭继位，就是宣公，这以后鲁国渐渐“公室卑，三桓强”[4]，鲁桓公之族孟孙、叔孙、季孙三家渐渐把持了鲁国的政权。公元前 594 年，鲁宣公“初税亩”，《春秋》讥之为“履亩”。按田亩实际面积征收租税，势必要重新丈量土地，整顿庄园。这时，鲁、宋、郑、陈都归顺了楚庄王。宣公此举一来是为了限制三桓的势力，加强奴隶制国家的君权，二来也可能是为了搜刮更多的民财，以便向楚国

[1] 《史记·管晏列传》。
[2] 《国语·齐语》。
[3] 《史记·楚世家》。
[4] 《史记·鲁周公世家》。

输送贡纳。宣公向三桓争夺权力的斗争似乎并不成功，司马迁在《史记·鲁世家》里甚至完全没有提到宣公十五年的这件大事。软弱无力的斗争等于承认“存在即合理”，使用农奴劳动的庄园经济形态日渐取得优势，奴隶制就要为农奴制所取代了。

公元前572年，晋国的栾书杀了厉公，立了襄公的曾孙周，就是悼公，这以后晋国“大夫稍强”。公元前546年，即晋平公十二年，赵武（文子）当了正卿[1]，这年晋、楚订立弭兵之约，此后四十年内两大强国之间没有发生冲突，而中原诸国内部公室和大夫的斗争上升成为主要矛盾。公元前544年，吴国的延陵季子出使晋国，“与赵文子、韩宣子、魏献子语，曰：晋国之政，卒归此三家矣”[2]。

在齐国，“田厘子乞事齐景公为大夫，其收赋税于民以小斗受之，其禀（发放粮食）予民以大斗，行阴德于民，而景公弗禁。由此田氏得齐众心，宗族益强，民思田氏”。[3]田氏取得了平民和农奴的拥护。公元前539年，齐国的晏婴使晋，跟晋国的奴隶主贵族叔向私下里交谈。叔向说：“晋，季世（末世）也。公厚赋为台池而不恤政，政在私门，其可久乎！”[4]晏子说：“齐政卒归田氏。田氏虽无大德，以公（国家的量器，小斗）权（交换）私（私家的量器，大斗），有德于民，民爱之。”[5]

---

[1] 《史记·赵世家》。
[2] 《史记·晋世家》。
[3] 《史记·田敬仲完世家》。
[4] 《史记·晋世家》。
[5] 《史记·齐太公世家》。

公元前536年，郑国子产铸刑书，叔向责备他为政不以礼，子产答复说："若吾子之言。侨不才，不能及子孙，吾以救世也。"[1]郑国在晋、楚之间，被迫时而朝晋，时而朝楚，有朝不保夕之感，子产为了补奴隶制之天，在列国中首先发布了成文法典，来应付深重的社会危机。这样做大概最终还是归于徒劳，所以此事《史记·郑世家》也未见记载。

到了公元前526年，晋昭公死的时候，晋国开始"六卿强，公室卑"[2]，六卿是韩、赵、魏、范、荀（中行）和智氏。公元前514年，魏献子为政，"六卿以法诛公族祁氏、羊舌氏，分其邑为十县，六卿各令其族为之大夫。晋公室由此益弱"[3]。第二年，赵鞅（简子）、荀寅"铸刑鼎，着范宣子所为刑书"[4]，制定有利于庄园领主的法律，这和23年前子产铸刑书的用意已经完全不同。公元前491年，"简子拔邯郸，中行文子奔柏人。简子又围柏人，中行文子、范昭子遂奔齐。赵竟有邯郸、柏人。范、中行余邑入于晋。赵名晋卿，实专晋权，奉邑侔于诸侯"[5]。

公元前488年，齐国田乞胁迫诸大夫拥立跟他私交好的阳生，就是悼公，杀了景公生前喜爱的宠姬之子荼，于是"田乞为相，专齐政"[6]。田乞死后，简公之时，其子田恒"复修厘子之政，以

---

[1] 《左传·昭公六年》。
[2] 《史记·晋世家》。
[3] 《史记·赵世家》。
[4] 《左传·昭公二十九年》。
[5] 《史记·赵世家》。
[6] 《史记·田敬仲完世家》。

大斗出贷，以小斗收”，换取人心。公元前481年，田恒杀简公，立平公。田恒相齐，谥为成子。

孔丘在鲁国听到了田成子弑君的消息，这时他已经70岁了。孔丘请求哀公讨伐田恒，哀公让他找三桓。孔丘只好去请三桓发兵，三桓拒绝了他。奴隶制的礼治秩序无可挽回地崩溃了。过了两年，孔丘去世。

二、战国前期

公元前458年，“知（智）伯与赵、韩、魏尽分其范、中行故地”[1]。公元前453年，赵襄子、韩康子、魏桓子“共杀知伯，尽并其地”[2]。这时，“赵北有代，南并知氏，强于韩、魏”[3]。至此，三家分晋的格局业已形成。

魏桓子的孙子就是文侯，公元前445年为魏文侯元年。在《史记》中，李克（悝）是一个帝王师的形象。公元前429年，魏国拔取了中山国，翟璜举荐李悝为中山之守。吴起“闻魏文侯贤，欲事之”[4]，文侯在用吴起之前询问过李悝对吴起的看法，可见吴起向文侯求将当在公元前429年以后。公元前421年，翟璜回顾说，

[1] 《史记·赵世家》。
[2] 《史记·晋世家》。
[3] 《史记·赵世家》。
[4] 《史记·孙子吴起列传》。

他还曾举荐吴起为西河守，则吴起到魏国是在公元前421年以前。就在这一年，文侯“任西门豹守邺，而河内称治”[1]。魏文侯举用李悝、吴起、西门豹等贤才，使魏国摆脱了落后局面，强大起来。

据李悝说，魏成子为文侯招揽了卜子夏、田子方、段干木三人。公元前429年，“子击逢文侯之师田子方于朝歌”，若子夏此时在魏，年已78岁（他比老师孔丘小44岁），则“文侯受子夏经艺”多半在此之前。我认为子夏等三人有点像汉初的商山四皓，名望很高，文侯师之，以示敬老尊贤，至于治国则主要靠李悝、吴起、西门豹。有人说李悝、吴起、商鞅出于子夏门下，但李悝径以“卜子夏”称之，司马迁记吴起“尝学于曾子”，而非子夏，所以子夏不是李悝、吴起的老师。商鞅的年代还要晚得多，更不可能。

《晋书·刑法志》说：“……秦、汉旧律，其文起自魏文侯师李悝。悝撰次诸国法，著《法经》。……商君受之以相秦”，其说晚出，不可信。章炳麟说过：“法家者流，则犹西方所谓政治家也，非胶（固着、局限）于刑律而已。”商鞅变法，因时而变，治国之策不必从书中来，亦不必沿袭前人。不能因为商鞅在魏国做过官，就把他和李悝扯上关系。而李悝著《法经》云云，亦恐系伪托。李悝自有其贡献，《汉书·食货志上》述：“李悝为魏文侯作尽地力（勤于农业，多产粮食）之教……又曰：籴（买米）甚贵伤民（除农民以外的其他平民），甚贱伤农。民伤则离散（指人

[1] 《史记·魏世家》。

心离散），农伤则国贫（指粮价太低，农民不愿种粮，国家粮食不够充足），故甚贵与甚贱，其伤一也。善为国者，使民毋伤而农益劝。……善平籴（平衡米价，指官籴）者……使民适足（正好够吃），贾（价）平则止。小饥（歉收年）则发小孰（熟，丰收年）之所敛（敛藏），中饥则发中孰之所敛，大饥则发大孰之所敛，而粜（卖米，指官粜）之……取有余（丰收的年成）以补不足（歉收的年成）也。”此时魏国商业已甚发达，市场粮价波动很大，为了平衡粮价，就由官府发挥调节作用，在丰年多收粮食，在歉收之年少收粮食，保持市场粮食供应和价格稳定；又在荒年卖出官府于丰年敛藏的粮食，解决粮荒价高的问题。班固撰《汉书》在东汉，所言“农”乃自耕农，而李悝那个时候的农业劳动者仍以农奴为主。这段话的意义在于指出李悝发明了国家调节粮食市场的办法，保障了中小农奴主的利益，也有利于平民阶层，由此奠定了农奴制魏国富国强兵的基础。

“文侯以吴起善用兵，廉平，尽能得士心，乃以为西河守，以拒秦、韩。”[1] 公元前395年，文侯的儿子武侯即位，先后以田文、公叔为相，公叔怕西河之守吴起夺了他的位子，就设计使吴起离开了魏国。

公元前391年，齐国田恒的曾孙田和把齐康公迁谪到海上，仅“食一城，以奉其先祀”。公元前387年，田和与魏武侯会于浊泽，“求为诸侯”。次年，田和“立为齐侯，列于周室，纪元年”[2]。

[1] 《史记·孙子吴起列传》。

[2] 《史记·田完世家》。

公元前391年，“三晋伐楚，败我大梁、榆关。楚厚赂秦，与之平”。[1]魏、齐都在上升，楚国的国力相对减弱。吴起离魏后到了楚国，他一生中最辉煌的时期就要来了。“楚悼王素闻起贤，至则相楚。明法审令，捐（捐弃）不急（急需）之官，废（废止）公族疏远者，以抚养战斗之士。要在强兵，破（破除）驰说之言纵横者。于是南平百越，北并陈蔡，却三晋，西伐秦。诸侯患楚之强。”[2]吴起的改革远比李悝激烈，他以强军为中心，摒弃空谈，裁汰闲官，削减贵族，用节省下来的财物扩充军队、赏赐将士，造成了许多人利益、地位、命运的急剧变化，因而吴起相楚可以说是商鞅变法的先声。但吴起的变法没有触及生产关系领域，也还不是地主阶级的社会变革。公元前381年，悼王死，吴起被宗室大臣杀害了。

当春秋、战国之交，商业和列国之间的贸易愈益繁荣兴旺，范蠡、子贡就是经营商业成功的典范。庄园经济的发展，早已破坏了奴隶制的“经界”；商业的崛兴，又使土地这种最重要的生产资料最终也成了商品。在战国早期，土地的自由买卖很可能已经大量出现了。土地的迅速流转，使领主变成了地主，农奴变成了贫雇农。土地被卖掉了，农奴也被领主抛弃了。

商鞅变法，是一场暴风骤雨式的革命。商鞅代表了新兴地主阶级和自耕农的利益，冲击着旧贵族的既定秩序。公元前361年，秦孝公继位，下令求贤，商鞅从魏国西入秦。两年后，经过辩论，

---

[1]《史记·楚世家》。

[2]《史记·孙子吴起列传》。

“卒定变法之令”[1]。有军功者授爵，宗室无军功者革除贵族身份。此外，“明尊卑、爵秩、等级，各以差次名（据有）田宅”，实际上创造出一个庞大的军功地主阶层，而且“有功者显荣，无功者虽富无所芬华（华贵）”。更重要的是，“僇力（尽力）本业（农业）、耕织致粟帛多者，复其身（恢复自由之身）；事末利（弃农经商）及怠而贫（游手好闲，以致家贫）者，举以为收孥（奴，官奴，指劳改）”。“复其身”三字《集解》、《索隐》、《正义》均未解释，《荀子·议兵》有“复其户”之语，杨倞注为“不徭役”，颜师古注《汉书·刑法志》引文时释为“免其赋税”，因而有人以免其徭役或免其赋税来理解“复其身”。其实，“复其身”是使农奴或奴隶从人身依附中解脱出来，成为自由农民，在上段话里“僇力本业”和“事末利”相对应，“复其身”和“举以为收孥”相对应。这样，自耕农的数量就大为增加，国家的赋税和兵源变得更加充足。

公元前350年，商鞅又发布“为田，开阡陌，封疆”的法令，两年后，“初为赋”，“而赋税平”。我认为，“为田，开阡陌”即《商君书》中“垦草”之意，指大面积开荒种地；“封疆”是指在田地周围植树，作为所有权的标志。所以商鞅垦草令的基本内容是鼓励开荒，开垦的田地归私人所有，并且前两年不收赋税，第三年开始征收，但赋税适度、稳定。这项政策培育了一个富足的自耕农阶层，使商鞅的变法拥有了更加广泛的阶级基础。因而军

[1] 《史记·商君列传》。

事官僚的地主化、贵族化和自耕农的中产阶级化，构成了变法后秦国社会的两大支柱。

在古代，农业是国家富强之本。商鞅为了尽快实现强国的目标，采取了重农抑商的做法。《商君书·垦令》中记："使商无得籴，农无得粜"，由国家来掌握粮食的流通；又"重关市之赋"，提高市场上的交易税，降低商人的利润率，等等，想尽一切办法来增加农业劳动力，集中力量发展农业。于是，地主官僚制度的秦模式在经济上就以重本抑末为其特征。

商鞅变法收到了立竿见影的成效。公元前354年，"与魏战元里，有功"；公元前352年，"将兵围魏安邑，降之"；公元前340年，秦、赵、齐一起伐魏，商鞅"虏魏公子卬"而"袭夺其军，破之"[1]。由于"秦用商君"，领土向东达到了黄河，且魏国几次被齐、赵击败，而魏国都城"安邑近秦"，于是魏惠王（魏武侯的儿子）就迁到大梁建立新都。农奴制的魏国在同为农奴制的齐、赵等国和地主官僚制秦国的夹击下，接连失败，"兵三折于外，太子虏，上将死，国以空虚"，难以复振。

公元前338年，"孝公卒，子惠文君立"，秦国的旧贵族集团杀害了商鞅，43年前吴起的悲剧重演了。商鞅死了，但是他首创地主官僚制度秦模式的功绩，却永不磨灭。

---

[1] 《史记·魏世家》。

三、战国后期

在中原诸强国中，魏惠王第一个称王，魏国第一个衰落。迁都到大梁之后，人以梁惠王称之。惠王因“数被于军旅”，就“卑礼厚币以招贤者”。当齐国邹衍来到大梁的时候，惠王曾经亲自“郊迎，执宾主之礼”[1]，表示求贤若渴的心情。惠王卒于公元前319年，而邹衍“适梁”以前已经“重于齐”了，所以他最晚当生于公元前350年。

邹衍深入地研究了历史和社会，他在著作中“先序（叙述）今（现在）以上（上溯）至黄帝，学者所共术（述），大（大而至于）并世（天下）盛衰，因（于是）载其禨祥度制（天人感应的法则），推而远之，至天地未生、窈冥不可考（考察）而原（推究）也。……称引天地剖判（剖分）以来，五德转移，治各有宜，而符应（应验）若兹”。他从茫远往古以来的历史兴衰中总结出社会依循五行变化的规律。在今天看来，这似乎不过是迷信罢了，在当时，却可说是一种非常高明的历史哲学。

邹衍又细致地观察了自然和地理，他在著作中“先列中国名山大川，通谷禽兽，水土所殖，物类所珍，因而推之，及海外人之所不能睹。……以为儒者所谓中国者，于天下乃八十一分居其一分耳。中国名曰赤县神州，赤县神州内自有九州，禹之序九州是也，不得为州数（中国之内的九州算不得九州）；中国外如赤县

[1] 《史记·孟子荀卿列传》。

神州者九，乃所谓九州也（才算是真正的九州）。于是有裨海（小海）环之，人民禽兽莫能相通者，如一区中者，乃为一州（合中国等九州为一大州）。如此者九（九大州），乃有大瀛海环其外，天地之际焉”。他依据已经掌握的地理知识，对中国以外的世界作了天才的猜想。他说中国只占世界的八十一分之一，过去所说的《禹贡》九州算不上九州，整个中国也才不过一州而已。这一观点极大地开阔了当时人们的视野，并且隐喻将来的中国统一不会再是过去那种联合国式的“九州攸同”的王政，而新的中央集权的政治形态已经呼之欲出。

在这个时代，人们开始达成共识，以黄帝来代表华夏民族共同的宗祖，以中国来称呼华夏民族共同的疆域，所以黄帝就成了天下一统的象征。宣王之时（公元前319—前301年在位），“齐稷下学士复盛，且数百千人”。在稷下，慎到、环渊、接子、田骈等人“皆学黄老道德之术，因发明序其指意。故慎到著十二论，环渊著上下篇，而田骈、接子皆有所论焉”。可见赵人慎到和楚人环渊是稷下学士中的健者。《汉书·艺文志》列《慎子》42篇于法家，篇数仅少于《韩子》（55篇）。颜师古注：“名到，先申韩，申韩称之。”所以慎到的法治思想大都为韩非所吸收了，而慎到自身的学问反而散佚无闻。郭沫若推测环渊整理了老子的遗说，其上下篇即《道德经》，其说可从。黄老道德之术就是人君南面之术，即君主治国的经验和智慧。因为在当时研究这类学问的目的是统一中国，所以就冠之以黄帝之名；因为两百年前的老子阐明了这类学问最精要的东西，即政治哲学和政治伦理学，所以称之为黄帝老子之术，简称黄老，也就是黄老道德之术。

《老子》是中国社会主义思想的源头。道，就是对立统一规律；德，是指君主合于道的品格，所以道德即哲学和伦理学的统一。实现这种统一的关键在于“设置对立面”，具体来说，如“知其雄，守其雌”、“知其白，守其辱”，如“高者抑之，下者举之”、“有余者损之，不足者补之”，又如“将欲翕之，必固张之”、“将欲弱之，必固强之”、“将欲废之，必固兴之”、“将欲夺之，必固与之”，等等。《老子》代表了农业劳动者的愿望，抨击了统治集团的骄奢淫逸，抒发了乱世里的人们对于桃花源式的自由、朴实、宁静生活的向往之情。[1]《老子》的思想超越了那个地主官僚制和农奴制、奴隶制相互斗争的残酷年代，也超越了之后两千多年的漫长岁月，直到今天仍然能给予我们丰富而深刻的启迪。

《老子》由楚人来整理和完善，不是偶然的。就在稷下群贤毕至的同时，在楚国，屈原为了变法图强而孤军奋战。怀王时代（公元前328—前299年在位），是楚国命运的转折点。如果商鞅式的变法成功，联齐抗秦的策略成功，地大物博的楚国就有可能赢得时间，积蓄力量，最终统一天下。《离骚》和《老子》都在这个年代问世，证明这时的楚国产生了政治革新和文化振兴的迫切要求。“离骚者，犹离忧也”，屈原“疾王听之不聪也，谗谄之蔽明也，邪曲之害公也，方正之不容也，故忧愁幽思而作《离骚》”[2]。楚怀王昏聩无能，贵族集团抵制变革，陷害忠良；当权派管理国

[1] 请参考拙著《老子寻绎》及文章《〈老子〉的“道”“德”智慧和毛泽东哲学思想》。
[2] 《史记·屈原贾生列传》。

家犹如儿戏，一再被“虎狼之国”轻易欺骗，“兵挫地削，亡其六郡”，楚怀王最终“身客死于秦，为天下笑”。

公元前284年，燕国“以乐毅为上将军，与秦、楚、三晋合谋以伐齐”[1]，齐军大败，乐毅统治齐国六年，从此齐国一蹶不振。公元前278年，秦将白起攻破郢都。不久，屈原“自沉汨罗以死”。一个文化上星汉灿烂的时代结束了。

公元前265年，秦昭襄王“以其次子安国君为太子”[2]。阳翟大商人吕不韦得知了这个消息，就说动在赵国做人质的安国君之子子楚，用千金帮他讨得了安国君宠姬华阳夫人的欢心，支持他结宾客、造声望。吕不韦“奇货可居”的投机获得了成功，公元前249年，子楚登上了王位，就是庄襄王，“以吕不韦为丞相，封为文信侯，食河南（秦三川郡，汉易名河南）雒阳十万户”。子楚享国日短，三年后，太子政代立，“尊吕不韦为相国”，此时吕不韦至少当在50岁上下。

吕不韦吩咐门下宾客集撰了一部书，自以为囊括了“天地万物古今之事”，仿照200多年以前孔丘编写《春秋》，叫做《吕氏春秋》。这说明孔丘是他心底最佩服的人物。孔丘“子以四教：文、行、忠、信”，吕不韦就称为文信侯；孔丘梦想“吾其为东周（在东边做出西周那样的事业）”，吕不韦就把雒阳（周朝的东都）一带作为自己的食邑；孔丘赞赏管仲，吕不韦就自命“仲父”，等

[1] 《史记·燕召公世家》。
[2] 《史记·吕不韦列传》。

等。吕不韦鼓吹统一国家下实行分封制[1]，违背了政治上中央集权的历史潮流。战国末年的列国，奴隶制的残花早已零落，所以吕不韦的政略究其实乃是一种广土众民的领主封建制，而《吕氏春秋》则是他要在全天下推行领主封建制的政纲。吕不韦“家僮万人”，驱使奴隶从事商业和手工业，那么他的政策也绝不会排斥奴隶制。

因此，吕不韦这个投机商是农奴制及奴隶制在春秋战国的最后一位代表。他利用一切思想资源，包括稷下的黄老之学，来点缀他的《吕氏春秋》。他为了显示自己一言九鼎、不容置疑的权威地位，演了一出“一字千金”的话剧。如果嬴政想延续商鞅以来的政治路线，他和吕不韦的斗争就势不可免，发觉嫪毐与太后私乱之事不过是导火索而已。公元前 237 年，免去吕不韦相国职务，让他到三川郡去，这年嬴政 22 岁。过了一年多，因为列国诸侯、宾客的使者相望于道，来拜访吕不韦，嬴政担心变乱将作，就赐书吕不韦，严词相责：“君何功于秦”，“君何亲于秦”，吕不韦饮毒酒自杀。

嬴政用李斯之策，在短短的十几年内，并灭了六国。公元前 221 年，秦军最后攻破齐国，完成天下一统的大业。此后十年之间，秦始皇扫除农奴制和奴隶制的残余政治势力，将地主官僚制度的秦模式推广到了整个中国。

值得注意的是，秦始皇还曾在边地对秦模式重农抑商的经济

---

[1] 牟钟鉴：《〈吕氏春秋〉与〈淮南子〉思想研究》，齐鲁书社 1987 年版。

政策略作调整。乌氏蠃用织物交换戎王的牲畜，巴寡妇清拥有丹砂矿的富厚之利。始皇“令蠃比封君，以时与列臣朝请”[1]，又礼遇巴寡妇清，“为筑女怀清台”。这和商鞅的政策比较起来，已经有了很大的变化。地主官僚制度的汉模式亦可说发端于此。

公元前210年，秦始皇在出巡路上病逝，时年49岁。

初稿写于2008年9月1日

[1] 《汉书·货殖传》。

春申君、吴王濞与《管子》

《史记·孝文本纪》叙汉文帝十四年，“鲁人公孙臣上书陈终始传（转）五德事，言方今土德时，土德应黄龙见，当改正朔服色制度”。《汉书·文帝纪》说：“十五年（丙子，公元前165年）春，黄龙见于成纪（陇西县），上乃下诏议郊祀。……夏四月，上幸雍，始郊见五帝，赦天下，修名山大川尝祀而绝者，有司以岁时致礼。”汉王朝改变国家的正朔服色，恢复古代天子郊祀的制度，这意味着一个全面变革的新时代就要到来。(《吕氏春秋·应同》篇：“凡帝王之将兴也，天必先见祥乎下民。黄帝之时，天先见大螾、大蝼。黄帝曰土气胜。土气胜，故其色尚黄，其事则土。”我怀疑上面的“黄龙”就是自然界蚯蚓、蝼蛄之类的虫子。）这一年九月，“诏诸侯王公卿郡守举贤良能直言极谏者，上亲策之”，为国家选拔人才。“十六年（丁丑，公元前164年）夏四月，上郊祀五帝于渭阳”。同年“五月，立齐悼惠王子六人、淮南厉王子三人皆为王”，削弱地方诸侯王的势力。次年，汉文帝改当年为新的元年，即后元年。这是汉代历史上第一次改元。

文帝于后元年（戊寅，公元前163年）春三月下诏征问意见，内中说："间者数年比（频）不登，又有水旱疾疫之灾，朕甚忧之。……意者朕之政有所失而行有过与？……将百官之奉养或费，无用之事或多与？何其民食之寡乏也！……无乃百姓之从事于末以害农者蕃，为酒醪以靡谷者多，六畜之食焉者众与？……有可以佐百姓者，率意远思，无有所隐。"文帝关心民众的疾苦，孜孜求治，不耻下问。

连年灾害，容易引起有政治野心者的觊觎。《管子·侈靡》篇里写道："溪陵山谷之神之祭更，应国之称号亦更矣。"就是要改换汉家天下，取而代之。理由是"妇人为政，铁之重反于金；而声好下曲，食好咸苦，则人君日退亟"。这里的"妇人"当指吕后（按照郭沫若的说法），"声好下曲，食好咸苦"可能是在讥讽文帝在代地养成的生活习惯。这个"人君"在吕后时期过得不如意，在文帝时期越来越难受。前面的"人君声服变矣，则臣有依驷之禄"，则像是作者在称颂"人君"新立，自己跟着沾光。所以此处的"人君"受封于吕后掌权以前，欲叛于文帝改元之后，他应该就是吴王刘濞。

《汉书·高帝纪》记高祖十二年（公元前195年）冬十月（《郊祀志》："年始冬十月"），刘邦封沛侯濞为吴王。过了20年，即文帝五年（公元前175年），《文帝纪》述"夏四月，除盗铸钱令"，这便是所谓"二十岁而可广"。又过12年，即文帝后元年（公元前163年），刘濞打算叛汉，开始造舆论，这便是所谓"十二岁而摄广"。

《盐铁论》里桑弘羊回顾说："文帝之时，纵民得铸钱、冶铁、煮盐。吴王擅鄣（占）海泽，邓通专西山。山东奸猾，咸聚吴国，秦、雍、汉、蜀因邓氏。吴、邓钱布天下，故有铸钱之禁。……异时，盐铁未笼，布衣有朐邴，人君有吴王，皆盐铁初议也。吴王专山泽之饶，薄赋其民，赈赡穷乏，以成私威。私威积而逆节之心作。夫不蚤（早）绝其源而忧其末，若决吕梁，沛然，其所伤必多矣。"文帝五年开放铸钱的禁令，将最重要的经济权利拱手让与私门，因为这个政策错误，吴王的财势得以迅速扩大（"可广"），12年后，"奸猾"之徒替他谋划统摄天下（"摄广"）的方略，对汉王朝造成了现实的威胁。

《管子·侈靡》篇中说："兴时化若何？莫善于侈靡。"这样赤裸裸地鼓吹奢侈消费，简直要令人瞠目结舌，就像是公然在跟文帝后元年的诏书唱对台戏。文帝崇俭，而吴王尚奢，《侈靡》篇便是刘濞集团政治经济主张的宣言书。"饮食者民之所欲也，侈乐者民之所愿也。足其所欲，赡其所愿，则能用之耳。"刘濞集团迎合一般人的享乐欲望，煽动并提供高消费，以此来笼络人心，为其所用。从这一点出发，走到极端，甚至要"雕卵然后瀹之，雕橑然后爨（炊）之"（要煮鸡蛋吧，先画上彩色然后煮；要烧柴吧，先雕上花然后烧——郭沫若的译文）。又好行小惠，不时将吴国铸造的钱币散施于民，以推动消费，换取拥护，也就是"承弊（赠币）而民劝"的统治经验。刘濞集团财势富厚，醉生梦死，《侈靡》篇的观点已经完全超出了用消费刺激生产的合理界限，是一种非常反动的思想。

《史记·吴王濞列传》记吴太子为皇太子刘启所杀一事，又述“晁错为太子家令，得幸太子，数从容言吴过可削。数上书说孝文帝”。《汉书·爰（袁）盎晁错传》叙文帝十五年九月晁错在对策中赢得文帝的赏识，升为中大夫，这以后他“又言宜削诸侯事，及法令可更定者，书凡三十篇”。所以晁错上书是在公元前165年之后，而刘启杀吴太子当在公元前165年之前。刘濞封吴王的时候20岁，这一年则是50岁。文帝“赐吴王几杖，老，不朝”，大概比公元前165年早一两年，那么刘启杀刘濞的儿子大约在公元前170年。据《汉书·贾邹枚路传》，枚乘曾经在刘濞那里担任郎中，在刘濞因为儿子被杀起意谋反时，他撰文谏阻，“吴王不纳”，他就和邹阳、严忌一起离开了吴国。在枚乘的《七发》中，“吴客”是他的自寓，“楚太子”很可能就是刘濞贵族集团的缩影，这帮人“久耽安乐，日夜无极”，生活作风十分侈靡。这篇文章为讽喻吴王而作，时间应在公元前170年之前。

与《七发》大约在同一时期，贾谊在他的《治安策》里说：“曩之为秦者今转而为汉矣，然其遗风余俗犹尚未改。今世以侈靡相竞，而上亡（无）制度，弃礼谊（义），捐廉耻日甚，可谓月异而岁不同矣。”侈靡成风，不仅吴国贵族是这样。贾谊是文帝朝少年英发的人物，据《汉书·食货志下》，当文帝五年“除盗铸钱令，使民放铸”之时，贾谊劝谏文帝，其中说：“铜毕归于上，上挟铜积以御轻重，钱轻则以术敛之，重则以术散之，货物必平。”这里讲的是铜钱的轻重，《管子》里的轻重论则不限于此。事物、学说都是由简到繁发展的，所以《轻重》诸篇多半写成于文帝五年至十六年之间，而《侈靡》篇很可能是刘濞门客编撰的政论集里的最后一篇。

《管子》涉及轻重论的部分今存16篇，但标明“轻重已”的那一篇跟轻重论没有关联，所以一共剩下15篇论轻重的文章。《轻重》诸篇尚俭抑奢，与《侈靡》篇截然相反，和吴贵族集团的风气完全不同，那就像如今《老子》盛行于美国一样，人们餍足了奢靡的生活，转而崇尚俭朴，因为俭朴正是奢靡的对立面。但是良药苦口，奢侈的习惯不是一下子改得过来的，耸动听闻的《侈靡》篇的炮制就是一个明证。

在《史记·吴王濞列传》里，已经起兵的刘濞自称“我已为东帝”。东帝是战国时代齐国君主的尊号，刘濞自谓东帝，也就是把自己比作了过去的东方大国齐国的君主，因而产生于吴国的轻重论集采取齐桓公和管仲问答的形式，也就很好理解了。刘濞举事以前派中大夫应高去联络胶西王，后又“身自为使，使于胶西，面结之”，他把最重要的任务交给应高，可见应高深受信任。很可能应高其人就是《管子》中轻重论集的编者。

《史记·货殖列传》中说：“夫吴自阖庐、春申、王濞三人招致天下之喜游子弟，东有海盐之饶，章山之铜，三江、五湖之利，亦江东一都会也。”王濞是吴王刘濞，春申是战国后期有名的春申君黄歇。黄歇的事迹详见《史记·春申君列传》。公元前278年，秦军攻陷郢都，这以后黄歇一度成为楚国扶危定倾的英豪。公元前262年，楚考烈王（顷襄王的儿子）即位后，“以黄歇为相，封为春申君”。黄歇相楚到第八个年头的时候（公元前255年），他

“为楚北伐灭鲁，以荀卿为兰陵令。当是时，楚复强”。公元前249年，“秦庄襄王立，以吕不韦为相，封为文信侯，取东周”。据《史记·六国年表》，公元前248年，“春申君徙封于吴”。他原来的封地在淮北，位于楚、齐边界，经常发生战事，黄歇因此而请求改封，这说明他已经丧失了进取的锐气。在吕不韦取东周之前，黄歇“客三千余人，其上客皆蹑珠履，以见赵使”，侈靡夸富的风气早就形成了。

《史记·管晏传赞正义》引《七略》云：“《管子》十八篇在法家”，今本《管子》最前面的七篇文字《牧民》、《形势》、《权修》、《立政》、《乘马》、《七法》、《版法》无疑属于法家的议论，张舜徽《爱晚庐随笔》认为另外11篇是《法禁》、《重令》、《法法》、《君臣上》、《君臣下》、《任法》、《明法》、《正世》、《治国》、《七臣七主》和《禁藏》。黄歇年轻时“游学博闻”，善于辩才，这18篇文章也许就是他修撰的。黄歇任命荀况做兰陵令，很可能他们在政治思想上有一致的地方。这样来看，黄歇也是法家思想的先驱，而《管子》中的这18篇就是战国后期楚法家的政论集。公元前248年改封之后，“春申君因城故吴墟，以自为都邑”，将楚法家的思想传到了吴地。公元前246年，秦庄襄王薨，“太子政立为王，尊吕不韦为相国，号称仲父”[1]，吕不韦在秦国具有春秋时期管仲在齐国的地位。黄歇在楚国也是如此。黄歇或其门客集撰的政论集里面出现桓管问答的体裁，那是毫不稀奇的。《管子》18篇

[1] 《史记·吕不韦列传》。

中的一些文句读起来和《吕氏春秋》颇有些相似，如第一篇《牧民》里说："知时者可立以为长，无私者可置以为政，审于时而察于用，而能备官者，可奉以为君也。"也许吕不韦的门客编写《吕氏春秋》时曾经参考了楚国的政论集，而吕不韦门下"食客三千人"，那分明是出于对春申君的模仿。

《汉书·地理志下》叙："始楚贤臣屈原被谗放流，作《离骚》诸赋以自伤悼。后有宋玉、唐勒之属慕而述之，皆以显名。汉兴，高祖王兄子濞于吴，招致天下之娱游子弟，枚乘、邹阳、严夫子（严忌）之徒兴于文、景之际……故世传《楚辞》。"屈原、宋玉、枚乘是楚辞发展过程中的关键人物，枚乘是吴人（《汉书·贾邹枚路传》："淮阴人也"），汉代的《楚辞》包括了吴地（《史记·货殖列传》称之为东楚）作者的创造，《天问》就是记述吴地历史传说（止于阖庐）的一篇文字。

环渊和屈原是同时代人[1]，屈原的文学风格为东楚的作者所继承、发扬，那么环渊的政治哲学也可以在吴地得以流传、演变。《管子》中有《心术上》、《心术下》、《白心》、《内业》四篇，与《老子》一样，都是阐明"人君南面之术"的作品，那么这四篇很可能是环渊的弟子向门人传授环渊思想的讲义。《史记·李斯列传》说李斯"从荀卿学帝王之术"，荀况和春申君黄歇熟识，荀况讲解帝王之术的教材也说不定就是这《管子》四篇。

---

[1] 见《〈老子〉的"道""德"智慧和毛泽东哲学思想》及《以〈老子〉观点略释〈周易〉四组卦》那两篇文章。

道论四篇⇒法家十八篇⇒今天还剩下的轻重论15篇和《侈靡》篇，这便是《管子》的主干内容了。编撰者估计是环渊的弟子⇒黄歇⇒应高。在《管子》的集撰过程中或许还羼入了不少齐国稷下的政论，这也是不可避免的，因为从齐到楚的文化传播一直都在进行。但是总的说来，《管子》主要是一部楚政论集，它等于是政治思想方面的无韵的《楚辞》。这部楚政论集有它的瑕疵，那就是文帝后元年的《侈靡》篇。

《管子》的影响是巨大的，我们从汉武帝的施政和《盐铁论》里桑弘羊的观点就能感受得到。我们可以说，是楚法家的政治哲学和政治经济学开启了汉武帝时代中华文化复兴的大门。

初稿写于2009年3月21日

井田续辨

近日读《井田制度有无之研究》（上海华通书局1930年版），书中汇集了1919年底、1920年初胡适和胡汉民、廖仲恺等人讨论井田制的来往书信。仔细寻究双方的分析与论证，论辩的一方胡适以历史演进的观点揭明了井田论的演变线索，即汉代井田论的原型出自于《孟子》，但孟子之论井田“很不清楚，很不完全”；论辩的另一方胡汉民认为“古代井田制度，除了《孟子》再没有可靠的书”，但他相信孟子的说法是有历史根据的。综合双方的意见，我们得出的结论是：为了研究井田制度（不论它是历史上的事实或者仅仅是儒者头脑中的观念），还必须认真剖析《孟子》原文，探讨其本义究竟是什么。

滕国当时的大小，据《孟子·滕文公上》说，“绝长补短，将五十里（不是今天的里）”，也就是说面积将近2500平方里，如果按照孟子“方里而井，井九百亩（也不是今天的亩）”的井地设想，约合225万亩。又《孟子·梁惠王上》记孟子劝勉齐宣王的话“百亩之田，勿夺其时，八口之家可以无饥矣”，则那时100亩土地在勤力耕种的情况下一般能养活8口人。如果滕国土地的一半用来种田，大概能承担9万人的口粮。假如粮食自给有余，滕国的人口应比9万还要少，当然是很小的国家了。

《孟子》里有两段话，借他传述的周文王治国的政策，寄托了孟子自己的政治理想。《梁惠王下》中说："昔者文王之治岐也，耕者九一，仕者世禄，关市讥而不征，泽梁无禁，罪人不孥。"《尽心上》中说："五亩之宅，树墙下以桑，匹妇蚕之，则老者足以衣帛矣。五母鸡，二母彘（猪），无失其时，老者足以无失肉矣。百亩之田，匹夫耕之，八口之家足以无饥矣……制其田里，教之树、畜，导其妻子，使养其老。"说是文王之政，实际上反映的是孟子当时的社会现实和他的政治主张。"仕者"就是官僚，"仕者世禄"就是官僚的贵族化，保证官僚的后代不失其禄。对于农业劳动者，"制其田里"，每家规定"百亩之田"、"五亩之宅"，使农民免于饥寒。孟子设计的井田的基本内容即"耕者九一"，具体来说，就是"乡田同井……方里而井，井九百亩，其中为公田。八家皆私百亩，同养公田，公事毕，然后敢治私事"。井，本来可能指的是农田的沟渠，字形来自沟渠的形状，字音近于径、经，因为沟渠之旁可以行走。"乡田同井"是说一乡之中，农田的沟渠是公用的。（沟渠里的水可用于灌溉，所以可用来取水浇灌的水井也叫井。陷阱和水井都是在地上挖掘形成，所以陷阱也叫井。）沟渠在田野里纵横交错，所以孟子以井字来形象地说明他"分田制禄"的设想："方里而井，井九百亩，其中为公田"，井字就成了孟子想象中的土地划分方法的代称。一平方里九百亩土地按井字均分为九块，正中间的一块作为公田。“经界”就是九块田之间的分界，分界确定之后，以一井的九分之一即一百亩为单位，农民（“野人”）的家庭收入，贵族和官僚（“君子”）的谷禄，都一目了然。因此，孟子设计井田方案的本意是为了解决统治集团和农业劳动者之间的矛盾，以及统治集团内部的矛盾。公，是指统治集团；私，是指农业劳动者。“九一而助”的助，就是“八家皆私百亩，同养公田，公事毕，然后敢治私事”；一个养字，一个敢字，可见等级尊卑。“九一而助”之外，还有“余夫二十五亩”的安排。余夫，很可能是指“安伙子”。

这些是在乡野的做法；在城里，则是“国中什一使自赋”，不用井地之制，一律按田地收获量的十分之一交租，不另外助养公田了。此外，“卿以下必有圭田，圭田五十亩”，用圭田的收入来安顿为贵族、官僚祭祀活动服务的人员的生活。朱熹《孟子集注》解释说：“圭，洁也，所以奉祭祀也。”

魏惠王卒于公元前319年，而齐宣王公元前319—前301年在位，孟子应该是在魏惠王去世后不久离开魏国到的齐国，所以《公孙丑下》才说他是“千里而见王”。公元前312年，“孟子去齐”，这以后到过宋、薛等国。孟子在宋国的时候，还是太子的滕文公出使楚国，往返途经宋国时与孟子相见。滕文公的父亲滕定公死后，文公叫然友去邹国问孟子怎样办丧事。（孟子曾经“为卿于齐，出吊于滕”，那时死的估计是滕文公的祖父，或许是在那时孟子初次见到滕文公。）《梁惠王下》记有“邹与鲁鬨（打仗）”之事，邹国的政治又很腐败，孟子想必不得宁居。滕文公即位后，孟子离乡到了滕国，希望在那里实行他的政治理想。这时多半已经在公元前 310 年（孟子 62 岁）以后了。

孟子在滕国这个小国的政治实践恐怕是彻底失败了。不但《滕文公上》没有提到行井地之政的效果，在《梁惠王下》中的三段"滕文公问曰"也表现了在滕国危急存亡之秋孟子的束手无策。他大概是怏怏然告别了失望的滕文公。空谈仁义终究有什么用呢？孟子最后一次干求君主，应是在鲁国。他安慰自己"吾之不遇鲁侯，天也"，从此绝意于政治，"退而与万章之徒序《诗》、《书》"[1]。

孟子所处的时代，地主官僚制与农奴制（以及奴隶制的残余）正在进行着殊死较量。《离娄下》中孟子建议齐宣王对于臣下"去三年不反，然后收其田里（田禄里居）"，可见那时齐国还是农奴制，官僚要靠农奴的劳动来奉养。国家控制了土地，也就控制了附着于土地的农奴。孟子设计的井地制度，似乎是想折中地主官僚制和农奴制，一方面满足农业劳动者对土地的要求，使农奴上升为自由农民，"皆私百亩"；另一方面确保旧贵族和新官僚的经济权力，"公事毕，然后敢治私事"。这种两头讨好的井田幻想，最终化为了泡影。

《告子下》中，孟子称道"舜发于畎亩之中"等前人事迹，看来他是出身于平民。他勉励自己："待文王而后兴者，凡民也。若夫豪杰之士，虽无文王犹兴"，表现了平民的志气。孟子比较熟悉农村的生活，他的经济思想本质上是一种富农的思想。"关市讥

---

[1] 《史记·孟子荀卿列传》。

（稽查）而不征，泽梁无禁”，“余夫二十五亩”，不征收工商税，允许捕鱼打猎，还鼓励安伙子，等等，造成农民发家致富的条件。

孟子分田到户的富农思想影响了此后两千多年的人们。直到19世纪中叶，太平天国颁布的《天朝田亩制度》还规定“每家农户要种几株桑树，养点蚕，织点布，喂五只母鸡，养两口母猪”[1]。在20世纪初，孙中山甚至称赞井田制是中国历史上最好的经济制度。其实这种幻想很可能从来就没有实现过。

初稿写于2008年12月9日

[1] 复旦大学历史系中国近代史教研组编著：《中国近代简史》，上海人民出版社1975年版。

欲将剥复问前因

《水浒》与《红楼》

一、“施耐庵”以朱武自寓

1958 年 12 月 10 日，毛泽东在读《三国志·张鲁传》的批语中写道：“《水浒传》第一回洪太尉误走妖魔，有极神气的描写，一看使人神旺。”[1] 这一回里宋仁宗差遣太尉洪信前往江西龙虎山，宣请张天师赴京祈禳瘟疫。洪太尉到了龙虎山上清宫，为见天师，步行上山。洪信在京师养尊处优，行不多远就腰酸腿软，走不动了。“又行不到三五十步，掇着肩气喘。只见山凹里起一阵风，风过处，向那松树背后奔雷也似吼一声，扑地跳出一个吊睛白额锦毛大虫来”[2]，洪信惊得往后便倒。老虎“去了一盏茶时”，洪信才爬起来，“行过三五十步”，“又一阵风，吹得毒气直冲将来”，“山边竹藤里簌簌地响，抢出一条吊桶大小、雪花也似蛇来”，洪信见了，又惊得往后倒下。等蛇不见了，他才爬起来，正要再往

[1] 黄丽镛：《毛泽东读古书实录》，上海人民出版社 1994 年版。

[2] 《水浒传》，人民文学出版社 1997 年版。

山上走，“只听得松树背后隐隐地笛声吹响，渐渐近来”，只见“一个道童倒骑着一头黄牛，横吹着一管铁笛，转出山凹来”。这个牧童就是“虚靖天师”[1]，是他变幻出吊睛白额大虫和雪花大蛇来。此山叫做龙虎山，一蛇一虎正合龙虎之名。

《水浒传》第二回“九纹龙大闹史家村”，起因是史进结纳了少华山上的强人，“为头那个大王唤做神机军师朱武，第二个唤做跳涧虎陈达，第三个唤做白花蛇杨春”。跳涧虎和白花蛇恰与第一回中的吊睛白额大虫和雪花大蛇相对应，这绝不是闲笔。所以神机军师亦当与“虚靖天师”相对应。在全书第一百回（最后一回）里，叙梁山众将的结局，“朱武自来投授樊瑞道法，两个做了全真先生，云游江湖，去投公孙胜出家，以终天年”，神机军师最终逍遥自在，修道去了。张三丰《云水前集》中一首《赤壁怀古》诗云：“龙争虎斗今安在，月白风清我又来”[2]，主题是相似的。一部《水浒传》，先写鲁智深、林冲等几位跳涧虎一般的好汉[3]，再于第十八回中引出宋江来。跳涧虎比喻梁山众头领，白花蛇比喻山寨之主宋江。而道童则比喻在“龙争虎斗”之后复能“月白风清”的人生。

因此，作者在朱武身上寄托了自己的人生理想和感悟。他把《水浒传》当作历史来写，所以让史进在梁山好汉中第一个出场。他让朱武跟史进结交，也就是把自己写进了历史。作者说朱武

[1] 《老子·道经》：“致虚极，守静笃。”

[2] 《张三丰全集》，浙江古籍出版社 1990 年版。

[3] 第十一回末尾：“梁山泊内，添这个弄风白额大虫；水浒寨中，辏几只跳涧金睛猛兽。”

"虽无本事，广有谋略"，在第五十九回里说他"智可张良比，才将范蠡欺"。作者特意安排朱武名列七十二地煞之首，宋江为天魁星，朱武为地魁星，"一同参赞军务"。在第八十四回，宋江、卢俊义兵分两路攻取蓟州，宋江这一路吴用、公孙胜作军师，卢俊义这一路朱武作军师，[1]他识破了辽兵的五虎靠山阵、鲲化为鹏阵和太乙三才阵、循环八卦阵等阵势。征方腊时，公孙胜已去，吴用替宋江擘画，朱武还是卢俊义这一路的军师。全书"引首"说"试看书林隐处，几多俊逸儒流"，作者这位"儒流"中人以朱武自寓，在书中扮演了类似张良、范蠡的角色。高儒《百川书志》记"《忠义水浒传》一百卷，钱塘施耐庵的本，罗贯中编次"，这"施耐庵"应该就是"朱武"。

在第五十九回，史进、朱武等人上了梁山，紧接着就讲"徐州沛县芒砀山中，新有一伙强人……为头一个先生，姓樊名瑞，绰号混世魔王……手下两个副将，一个姓项名充，绰号八臂那咤……又有一个姓李名衮，绰号飞天大圣……"这三人与少华山朱武三人正可比拟，因而作者是以樊瑞来对应朱武。史进、朱武、陈达、杨春前去收捕，却不敌项充、李衮，暗衬出樊瑞的本领高强。但樊瑞"不识阵势"，这方面比不上朱武。樊瑞即是"反瑞（造反有利）"，作者明确指出芒砀山"乃是昔日汉高祖斩蛇起义之处"。作者在这里补充介绍樊瑞，实有深意。他唯恐读者误解了他写此书的用意，就用"樊瑞"来点醒读者，他怀念朱元璋（"朱

[1] 第1090页"留下柴进、李应、李俊……守住着蓟州城池"一长段，应移到第1085页"宋江听罢，便请军师吴用商议"后面。

武”）举旗造反的光辉岁月。这时宋江在梁山早已势掩晁盖，在“晁天王曾头市中箭”、宋江设法接掌权力[1]之后，梁山上将出现两条路线的分歧。朱武等人被樊瑞的手下打败，实际上是暗示代表招安路线的宋江远不如代表继续革命路线的鲁智深。[2]因为在天罡中鲁智深排第十二（除了宋江），在地煞[3]中樊瑞排第二十四（除了朱武）；而且鲁智深是步军头领的第一名，樊瑞是步军将校的第一名。作者在路线斗争展开之前，就借助看似荒唐的情节，婉曲地表达了自己的态度。作者紧接着在下一回又让公孙胜收服樊瑞，樊瑞拜他为师，为书末朱武、樊瑞去寻公孙胜埋下了伏笔。

史进的行踪是全书的一条重要线索。书中最令人喜爱的一位英雄鲁智深是由他引出的；玄女“遇宿重重喜”的“天言”也因“宋江闹西岳华山”去救史进、鲁智深而得到印证；第九十八回史进、陈达、杨春等被射死在昱岭关下，下一回便是“鲁智深浙江坐化，宋公明衣锦还乡”，一部《水浒传》将完。

二、《水浒》脱胎《英烈传》

在《水浒传》第七十二回里，柴进见到睿思殿素白屏风上，

[1] 通过设置对立面：卢俊义，他与宋江相反相成。

[2] 第788页：“（白花蛇）杨春转身得迟，被一飞刀，战马着伤，弃了马，逃命走了。”

[3] “高祖……左股有七十二黑子”，《汉书·高帝纪》，中华书局1962年版。可能是七十二地煞的来历。

写着四大寇的姓名：山东宋江、淮西王庆、河北田虎、江南方腊。《水浒传》取材于《大宋宣和遗事》，内中说宋江等人“攻夺淮阳、京西、河北三路二十四州八十余县”，张叔夜招降后，“归顺宋朝……因此三路之寇，悉得平定”。[1] 鲁迅《中国小说史略》认为《宣和遗事》“三路之寇”指的就是“攻夺淮阳、京西、河北三路强人”，“皆宋江属，不知何人误读，遂以王庆、田虎辈当之”。[2] 其实作者并没有误读，四大寇别有其来历。《英烈传》[3] 第二回中左丞相脱脱奏请元顺帝派兵“讨平徐寿辉、刘福通、张士诚、芝麻李四寇”，当时“反了共一十四处”，徐、刘等是其中的“大寇”。《英烈传》比《水浒传》先出，《水浒传》的作者在构思的时候借鉴了《英烈传》中的情节。

《英烈传》讲述了明朝开国元勋的事迹。《水浒传》的作者自比朱武，我们从朱武这个名字可以看出作者缅怀朱元璋缔造明朝的武功。朱元璋夺取天下靠的是淮西政治集团。《英烈传》第八回说定远“有一个唤做李善长，此人足智多谋，潜心博古……长来做第一位文臣辅佐”，《水浒传》第五十九回也说朱武“原是定远县人氏，平生足智多谋”，可见朱武的主要原型之一便是辅弼朱元璋的定远人李善长。[4]《水浒传》“智取生辰纲”这一段从《宣

[1] 《大宋宣和遗事》，《古本小说集成》丛书，上海古籍出版社 1992 年版。

[2] 鲁迅：《中国小说史略》，齐鲁书社 1997 年版。

[3] 《英烈传》，上海古籍出版社 2004 年版。

[4] 第五十七回里说“李忠祖贯濠州定远人氏”，也许是作者“施耐庵”讥刺定远人性格孤寒的小小幽默吧。第六十五回作者又写“华亭县人，唤做油里鳅孙三”，亦甚促狭。

和遗事》中情节化来，但《宣和遗事》只说“八个大汉，担得一对酒桶”，不像《水浒传》里让晁盖等七人装扮成贩枣子卖的客商，挑酒的则是白日鼠白胜。《英烈传》第六回朱元璋上金陵贩卖乌梅，遇到吴祯、邓愈、汤和、郭英、郭子兴、吴良，合在一起，也是七人。所以“智取生辰纲”还糅入了《英烈传》中贩乌梅的情节。黄泥冈上七人自称“是濠州人，贩枣子上东京去”，《英烈传》里朱元璋正出生在淮西濠州。因而《水浒传》作者暗自以朱元璋作为造反英雄的标志。

《英烈传》第一回元顺帝“忽梦见满宫皆是蝼蚁毒蜂”，一个穿红衣的人“手执扫帚，将蝼蚁毒蜂尽皆扫净”。《水浒传》开头则是“京师瘟疫盛行”，张天师“禳救灾病，瘟疫尽消”，去请天师的人叫洪信，即红信，红（朱）色信息的意思。又《英烈传》中“只听得一声响亮，恰似春雷……清德殿塌了一角，地陷一穴”，“穴内黑气冲天”，穴底有一石碣。《水浒传》里则说石碑掘起，现出“一个万丈深浅地穴”，“一声响亮过处，只见一道黑气，从穴里滚将起来，掀塌了半个殿角。那道黑气直冲上半天里，空中散作百十道金光，望四面八方去了”。这里的“百十道金光”无疑是指三十六天罡、七十二地煞，《水浒传》第一回的本意是暗示梁山好汉举起义旗，整顿乾坤，使“瘟疫尽消”。

《英烈传》第五回述朱元璋初生时“不住啼哭”，一个“头顶铁冠”的道士对他说了几句话，就再也不哭了。《水浒传》“引首”则讲宋仁宗“降生之时，昼夜啼哭不止”，太白金星“化作一老叟”，在他耳边低声说了几个字，就不啼哭了。又《英烈传》第十回中铁冠道人自言："我姓张字景和，江西方外之士。"《水浒传》则在第一回仔细渲染了江西龙虎山张天师的形象。

《水浒传》既以洪信为红信，第十三回又说山东济州郓城县"东溪村山上有株大红叶树，别处皆无"，第十四回复叙晁盖是东溪村的保正，因此大红叶树也传达了造反的信息。东溪村、西溪村"只隔着一条大溪"，而《英烈传》中皇觉寺所处地方，也有钟离东乡、钟离西乡之别。《水浒传》改东乡、西乡为东溪村、西溪村，又在第四十七回里让指点石秀识别祝家庄盘陀路的老汉复姓钟离。

《英烈传》第五回记朱元璋幼时住在东乡"红罗巷"，"古迹至今犹存"。第十七回说刘伯温是处州青田县人，"县城外南边有一座高山，俗名红罗山"；第七十三、七十四回又述元太子屯兵于红罗山，刘伯温感慨"南北红罗一样名"，联想到自己一生的结局，"不胜叹息"。《水浒传》第十一回柴进向林冲介绍梁山泊，说其地"方圆八百余里，中间是宛子城、蓼儿洼"，全书时以蓼儿洼作为梁山事业的代称；第九十九回宋江平定方腊回来，封了楚州安抚使，第一百回叙"楚州南门外有个去处，地名唤做蓼儿洼……和梁山泊无异……其山秀丽……虽然是个小去处……龙虎踞盘……俨然似水浒寨一般"，又叙"楚州南门外蓼儿洼……虽然窄狭，山峰秀丽，与梁山泊无异"，这一回里反复说到"楚州南门外蓼儿洼"，又在诗中称之为"红蓼洼"，且宋江被害后葬于此地，可见作者的慨叹是深长的。

《水浒传》脱胎于《英烈传》的例证还有很多，如《英烈传》

第六回说“五台山和尚……使一条花棍，如风如电一般”，郭英“便从他学这棍法”，第七回讲郭子兴“一向在神策营十八万禁军中做个教师”，这明显是《水浒传》里鲁智深五台山出家和林冲东京八十万禁军教头的来历。如第七十八回讲“华云龙镇守北平而死”，“施耐庵”因“华云龙”与“入云龙”近似，就在第十五回说公孙胜“是蓟州人氏”。如《英烈传》第七十四回记徐达被“赐诰命铁券”，《水浒传》第九回讲柴进“誓书铁券在家中，谁敢欺负他”。又如《英烈传》第二十回说“先锋郭英便率兵三千出战。……吴将统军都督吕珍……有谋智，有胆力，善使一条画戟……与郭英战到三十余合，彼此心中俱暗暗喝采”，而《水浒传》第三十五回中吕方、郭盛之间的比试与此十分相似。这些都不是一句“偶然的巧合”所能马虎解释的。

三、胡守中和杨一清、郭勋

沈德符《野获编》说在嘉靖初年，郭勋“谋进爵上公，乃出奇计，自撰开国通俗纪传名《英烈传》者，内称其始祖郭英战功，几埒开平（常遇春）、中山（徐达）。……当武宗朝，勋撰《三家世典》……三家者，中山王（徐达）、黔宁王（沐英）及其高祖追封营国公（郭英）也；序文出杨文襄一清笔。其配庙妄想，已非一日”。这种说法与《英烈传》故事给读者造成的印象是相符的。此外，《英烈传》在郭英刚出场时就称赞他“想是汾阳（郭子仪）

复耀灵……喜看到处勤勋名”，既把他比作唐朝的郭子仪，又在诗里含了勋字，用心良苦。根据晁瑮《宝文堂目·子杂类》的记载，郭勋还刊印过《水浒传》和《三国通俗演义》，以致有人误解《英烈传》是模仿《三国演义》、《水浒传》而作。如郑晓《今言》就说：“嘉靖十六年（1537年），郭勋欲进祀其立功之祖武定侯英于太庙，乃仿《三国志》俗说及《水浒传》，为国朝《英烈记》。”不过，这也说明郭勋本《水浒传》在1537年以前就已面市。

沈国元《皇明从信录》也记“嘉靖十六年正月……进武定侯郭英配享太庙”，并加了按语：“嘉靖十年间，刑部郎中李瑜议进诚意伯刘基侑祀高庙，位次六王，至是，武定侯郭勋欲进其立功之祖英于太庙，乃仿《三国志》俗讲、《水浒传》，为国朝《英烈记》。”显然沈国元在抄录《今言》时嫌郑晓没有讲清郭勋撰书的来由。现在看来，很可能郭勋本《水浒传》是在1531年以后刊行的，否则沈国元不一定会将郭勋撰《英烈传》和刘基配庙这两件事联系起来。

但《水浒传》既然脱胎于郭勋撰写的《英烈传》，郭勋还刻印过《水浒传》，那么《水浒传》的成书和郭勋也就应当有所关联。

《水浒传》里一再赞叹杭州的景致，如第九十四回、第九十五回；还写到钱塘江潮信，以呼应全书开头。书中鲁智深、武松和林冲在风景秀丽的杭州去世，这三位都是作者（也是读者）深心喜爱的英雄。林冲、武松二人得到过柴大官人的救助，反映了作者托庇豪门的思想。另一位天巧星浪子燕青，为人机警，“知进退存亡之机”，他是“卢俊义家心腹人”，“卢员外家中养的他大”，也是豪门家仆的身份。

《水浒传》介绍卢俊义“祖居北京人氏，一身好武艺，棍棒天下无对”，这分明是在暗示《英烈传》里“一棍平成天地烈”的郭英。作者自寓的朱武几次做卢俊义的军师（高级幕僚），其原型李善长在朱元璋军中做记室（秘书长）。燕青列名天罡之末，朱武位居地煞之首，这是作者特意安排的。作者对燕青这个笔下的人物似乎更有感情，估计作者跟武定侯郭勋的关系很不一般，他甚至愿意把自己放在郭勋家仆的位置。而鲁智深身上有《英烈传》中郭英的师父的影子，所以作者对鲁智深才格外尊重，连宋江也以“吾师”称之。

这个“钱塘施耐庵”很可能就是与郭勋来往密切的胡守中。胡守中于嘉靖十一年（1532年）中进士，同年选入翰林院任庶吉士。[1]《水浒传》也许是他在翰林院的三年内写成的。后来，胡守中在都察院担任过监察御史、副都御史。《古今书刻》记载有一部都察院刊本《水浒传》，大概是胡守中利用职务之便出版的。

《水浒传》里朱武跟从宋江接受招安、征辽、讨方腊，最后跟随公孙胜出家。前面说过，作者以雪花大蛇比宋江，而杨春的绰号就叫白花蛇；公孙胜则“道号一清先生”。于是朱武⇔宋江+公孙胜⇔杨一清，作者用这种方式把他最敬重的人藏在了书中。

杨一清，号邃庵，谥文襄。杨一清“历官中外五十余年。他三次总制陕西三边，两次入阁，还担任过户部尚书、吏部尚书的重要职务，是著名的政治家。他生活在政治日趋腐败的明朝中叶，

[1] 王世贞：《科试考·二》。

谈不上赫赫政绩，个人的仕途也坎坷不平，三起三落，郁郁以终。但凭借他广博的学识才干，丰富的政治阅历和经验，在加强西北边防建设，正确处理民族矛盾，保障西北地区安全方面还是作出了重大贡献。他才兼文武，重人才，能容人，识拔了一批文臣武将，保护了一些受排挤的官僚。正德时，他以张永为内援，计诛刘瑾，扶明王朝大厦于将倾；嘉靖初年，在由大礼议引发的错综复杂的矛盾情况下，他顶风逐浪，不顾个人安危，为议礼获罪同僚亟力辩护，最后祸及己身，他的这种品德深得士大夫的赞许”[1]。

杨一清给郭勋的《三家世典》写过序言。但郭勋在北京的公府后院花园以及一笔田地，也是被杨一清没收的。[2] 嘉靖八年(1529 年)，杨一清向世宗进言，说郭勋“沮挠营政”。[3] 后杨一清在与政敌张璁、霍韬的斗争中失败，被迫致仕（下野）。因为郭勋和张璁是一党，郭勋这才有惊无险，渡过了政治上的难关。第二年，杨一清病逝。

郭勋仗着自己是皇帝宠幸的贵族，长期横行不法。1541 年，郭勋下狱，次年死于狱中。郭勋被捕前，胡守中“上疏论郭勋罪”，言辞激烈。[4] 但郭勋入狱后上本，有“臣奸何事，臣党何人”之句[5]，细味语气，似出《水浒传》作者之手。

又《四库全书总目提要》录入韩邦奇所撰《见闻考随录》的抄

[1] 《杨一清集》，中华书局 2001 年版。
[2] 沈伯俊编：《水浒研究论文集》，中华书局 1994 年版，第 32 页。
[3] 卜键：《嘉靖皇帝传》，团结出版社 1995 年版。
[4] 《嘉靖皇帝传》，第 183、184 页。
[5] 《水浒研究论文集》，第 38 页。

本一部，系浙江范懋柱家天一阁藏本。此本之中时见批注，“如胡守中结交郭勋一条，则云传闻之过……藩臬升迁一条，则云铨法变自杨邃庵”[1]。这个评阅本说不定就是胡守中收藏的。他敬佩杨一清，又在评注中为自己辩诬。胡守中是否真的背叛了郭勋，这并不重要，重要的是，杨一清在胡守中心目中的形象无疑要比郭勋更高大。

四、“老调子已经唱完”

《水浒传》第一回石碣“遇洪而开”，走了“妖魔”；第七十一回“忠义堂石碣受天文 梁山泊英雄排座次”，石碣上面写着一百单八将的名字，晁盖却不在内。《大宋宣和遗事》里说晁盖住在郓城县石碣村，《水浒传》中在“梁山泊边石碣村住”的则是阮氏三雄。因此作者“屏晁盖于一百零八人之外”，明确梁山领袖是宋江，不是晁盖。作者塑造的晁盖无领袖之才，初上梁山吴用便说他“兄长性直，只是一勇”；在从江州回梁山路上，“来到一个去处，地名唤做黄山门”[2]，“前面山嘴上锣鸣鼓响”，“花荣便拈弓搭箭在手，晁盖、戴宗各执朴刀，李逵拿着双斧，拥护着宋江，一齐趱马向前”，这时就已暗示晁盖比宋江逊色了。

《水浒传》“引首”称宋太祖为“武德皇帝”，而宋江征方腊后封授武德大夫，因此作者是将宋江暗比宋太祖。宋江奉诏破辽国，

[1] 纪昀：《四库全书总目提要》。
[2] 寓意红叶变黄。

离京时“取陈桥驿大路”，取胜还京时也“屯驻军马于陈桥驿”。前次军校杀了克减酒肉的厢官，宋江“滴泪斩小卒”；后次众将“尽有反心”，“只碍宋江一个”。可见作者对宋江不能像赵匡胤那样陈桥兵变充满了惋惜之情。全书第一回比之于白花蛇，即是此意，因为蛇毕竟是龙的不成材而已。

第九十回“当风雁影翻”，宋江说“此宾鸿仁义之禽……递相谦让，尊者在前，卑者在后，次序而飞，不越群伴……此禽仁、义、礼、智、信五常俱备……依次而飞，不越前后，此为礼也……天上一群鸿雁，相呼而过，正如我等弟兄一般”，足见宋江的儒家思想。第一百回宋江对李逵说：“我为人一世，只主张忠义二字，不肯半点欺心。今日朝廷赐死无辜，宁可朝廷负我，我忠心不负朝廷。”他“自幼学儒，长而通吏”，儒家的教条在脑海里深深地扎下了根。他“只反贪官，不反皇帝（制度的象征）”，到头来却忠义无用（吴用），不得花荣（“吴用、花荣自缢身死”）。宋江这个形象实在是代表了作者对官僚集团内部关系的一种理想：等级森严，秩序井然，各得其所，彼此护持，不相互倾轧。宋江的下场则表露了作者绝望的心态。

作者羡慕那些善于进退的人物，入云龙公孙胜就是这类人物的典型。第四十二回在梦里宋江受玄女天书，梦的结尾宋江见二龙戏水，暗喻宋江和晁盖两人的权力角逐。[1]公孙胜很快就看出了端倪，便回蓟州探望母亲去了，避开了梁山上头领间的分化组合。宋江征

[1] 缉捕宋江的两个都头名叫赵能、赵得，是在提示读者宋江能得天下的人心。地名还道村，是说宋江将率众好汉“去邪归正”、“替天行道”；九天玄女娘娘即为道的形象化。

辽辛苦一场，到头来却是“仍将夺过檀州、蓟州、霸州、幽州，依旧给还大辽管领”，公孙胜的故乡还是在沦陷区。回朝之后，公孙胜在皇帝赐宴的次日就向宋江辞行，没有参加剿方腊的战事。

作者在书中暗藏了杨一清的名字（宋江+公孙胜），表明了传统中国儒道合一、以道补儒的人生观。书末诗云：“生当庙食死封侯，男子平生志已酬”，又云：“早知鸩毒埋黄壤，学取鸱夷[1]泛钓船”，寄意是清楚的。

又《水浒传》第九十九回篇首诗云：“衲子心空圆寂去，将军功遂锦衣回。两人俱是男儿汉，不忝英雄济世才。”将军指宋江，衲子就是鲁智深。《英烈传》第五回里说“朱公将孩子（朱元璋）送到皇觉寺中佛前忏悔，保佑易长易大”，朱元璋17岁（虚岁）时又“托身皇觉寺内”，“权且为僧”。而《水浒传》里赵员外送鲁智深往五台山做和尚，宋朝皇帝便是姓赵。鲁智深义气深重，不远千里，大闹野猪林，救了林冲，这段故事也是从赵匡胤千里送京娘（林冲使女叫锦儿）的故事变来。所以鲁智深才是《水浒传》真正的洪（红）信。[2]鲁智深“听潮而圆，见信而寂”，在战鼓般的钱塘江潮声中离世，结束了他“禅杖打开危险路，戒刀杀尽不平人”的一生。

但作者还是让鲁智深不违“忠义”。他说：“只今满朝文武，俱是奸邪，蒙蔽圣聪，就比俺的直裰染做皂了，洗杀怎得干净？招安不济事！便拜辞了，明日一个个各去寻趁罢。”虽然反对招

[1] 指范蠡。

[2] 第63页歌谣：“九里山前作战场，牧童拾得旧刀枪。顺风吹动乌江水，好似虞姬别霸王。”

安，却也是“只反贪官，不反皇帝”。

作者同情人民的斗争，所以梁山好汉征辽不死一人，征方腊则死去三分之二。作者渴望斗争，因此钱振鹏战关胜的时候骂道：“量你等一伙，是梁山泊草寇，不知天时，却不思图王霸业，倒去降无道昏君。”。作者向往自由，因而当李俊许诺要保他们做官的时候，费保[1]说：“若是我四个要做官时，方腊手下，也得个统制做了多时，所以不愿为官，只求快活”。但《水浒》渴望斗争却消解现实中的斗争，向往自由却找不到尘境里的自由。作者的心理是非常矛盾的，他对“官逼民反”的揭露和愤慨终究不过归结为改朝换代的幽微的暗示。更何况朱武也出家修道去了，哪里还有朱元璋这样的底层英雄来旋乾转坤？

从客观上来讲，这部将近五百年前的《水浒传》通过儒学信徒宋江的悲剧质疑了虚伪的儒家礼教，质疑了儒学所维系的传统社会制度。也就是说，“老调子已经唱完”，尽管作者主观上不免还想继续唱下去。

五、且从《水浒》悟《红楼》

《水浒传》大纲

（第一回：“张天师祈禳瘟疫 洪太尉误走妖魔”）

[1] 《中庸》云：“君子费而隐”，费保即隐以求保。

虚靖 ⇒ 公孙胜

⇑

朱武　　　　樊瑞

⇓　　　　⇓

洪（红）信 ⇒ （晁盖）宋江（宿元景、李俊、戴宗）？鲁智深（武松、林冲、李逵）

⇓

黄信 ⇒ 卢俊义　高太尉 ⇐ 洪太尉

⇕　（洪教头）

燕青

《红楼梦》大纲

（第五回："开生面梦演红楼梦　立新场情传幻境情"）

警幻 ⇒ 史湘云（云散高唐，水涸湘江）

（情可轻）

⇑

甄宝玉　　　　贾宝玉

⇓

可卿 ⇒ （"可卿"）薛宝钗（元春、探春、惜春）？林黛玉（晴雯、李纨、紫鹃）

⇓　　　　⇕　⇕　⇕

可轻 ⇒ 袭人　王熙凤 ⇐ 秦氏　　　　妙玉　鸳鸯　迎春

⇕

平儿、巧姐

在《水浒传》的结尾，“施耐庵”写道：“不须出处求真迹，却喜忠良作话头。千古蓼洼埋玉地，落花啼鸟总关愁。”全书以石碣始，以“埋玉”终；以石碣掘开寓意误走“妖魔”，以蓼洼埋玉寓意“忠良”被害。原书标明“忠义”[1]，作者意在补天。因为“满朝文武，俱是奸邪”，就将补天的希望寄托在“改邪归正”的盗贼身上。

在《红楼梦》的开头，曹雪芹说“众石俱得补天”，只有一块“无材不堪入选”；和尚将它变成“鲜明莹洁的美玉”；这石头“幻形入世”，“历尽离合悲欢、炎凉世态”，然后终于回复石头的本貌。石头还是石头，它“无材补天”，也不愿补尘世之天。曹雪芹以石头自喻，以贾（假）宝玉自寓；贾宝玉不要“金玉良姻”，“只念木石前盟”，表现了作者嵚崎磊落的品格。

前人早已指出，《红楼梦》在刻画人物上模仿了《水浒传》，但论之不详，偏差亦多。[2] 以上两张图比较了《水浒传》和《红楼梦》在结构、构思等方面的异同，现在按照两部书中各个人物的相似性对比论列于下：

洪信—秦可卿。两者均是作者为利用谐音隐藏创作意图而设计出来的人物。一个作威作福的洪太尉名叫洪（红）信，这本身就蕴含了官逼民反的思想。洪信对应于晁盖，就如黄信（地煞星）对应于卢俊义（天罡星），后者意味着造反路线的被抛弃。书末黄信“仍任青州”，一个“青”字，点染了灰暗背景中的亮色。秦氏

[1] 第1043页：“事事集成《忠义传》，用资谈柄江湖中。”
[2] 如《红楼梦研究参考资料选辑》第三辑，人民文学出版社1976年版，第232页。

小名叫可卿，谐音可轻，前者指的是女子的美好，后者指的是情欲的庸俗。薛宝钗刚到荣府时，薛、林在宝玉眼里都是可卿（可心的人儿），但最终他选择了黛玉。贾宝玉和花袭人的关系，则是公子哥对奴婢的玩弄，本不出于感情。秦氏二字音近情死，暗指淫丧天香楼一事。秦氏是贾宝玉的侄媳，王熙凤是贾宝玉的堂嫂，这两个人都好淫多欲，书中还有一个多姑娘也是放荡风骚。嫂子、侄媳、多姑娘，贾赦、贾政、王夫人，即是说，摄政王的夫人、多尔衮的姑娘，作者迂回曲折地讽刺了庄妃和多尔衮的隐私。[1] 秦氏死封龙禁尉，即龙禁欲，作者实际上在挖苦这是不可能的，就像庄妃不庄。秦可卿三字谐音情可轻，即警幻所训“改悟前情，将谨勤有用的工夫，置身于经济之道”。史湘云“生来英豪阔大宽宏亮，从未将儿女私情，略萦心上”，正应了“情可轻”三字。史湘云在怡红院里劝宝玉“学学这些为官作宦的，谈讲谈讲那些仕途经济”，跟警幻的话多么相像。

朱武（及樊瑞）—贾宝玉（及甄宝玉）。“施耐庵”笔下的朱武其实是假朱武（朱元璋），因为朱武信奉的是儒道合一；樊瑞对应的鲁智深，一生酷爱战斗[2]，才算有真朱武的形迹。樊瑞绰号混世魔王，贾宝玉在家里也被叫做混世魔王。贾（假）宝玉不是家族热望的宝玉，那么甄（真）宝玉必定要心向仕途经济。朱武去寻公孙胜出家，贾宝玉则撒手悬崖，他不可能在命运面前低头，走出家的道路。贾宝玉是《红楼梦》的主角，而朱武在《水浒传》

[1] 及多尔衮强纳侄媳之事。

[2] 第 1284 页：“平生不修善果，只爱杀人放火。”

中除了点题以外，并不是一个重要的人物。

高俅—王熙凤。高俅是“一个浮浪破落户子弟”，王熙凤也是“一个泼皮破落户儿”。高俅诱林冲入白虎节堂，王熙凤毒设相思局。高俅因善于踢球得宠于徽宗，做了太尉。王熙凤“一从二令三人木”，她跟从王夫人，“一朝权在手，便把令来行”，但最后“机关算尽太聪明，反误了卿卿性命”，落得个万事皆休的结局。

宋江—薛宝钗。这两人的相似之处不言自明。王熙凤也是贾宝玉的表姐，所以表姐薛宝钗乃是王熙之凤，亦即康熙之凤，这就是说，薛宝钗非贾宝玉之凤。书中贾宝玉的丑行也就可以理解为康熙的丑行。警幻说贾宝玉“乃天下古今第一淫人”，也就可以看成是对清圣祖的指斥。因而宝玉的祖母贾母对应于康熙的祖母、历史上的庄妃。贾母为贾琏的丑事开脱：“什么要紧的事！小孩子们年轻，馋嘴猫似的，从小儿世人都打这么过的！”暗指庄妃也是这么过的。贾母姓史，暗示《红楼梦》写的是真实的历史。史湘云是史太君娘家的孙女，黛玉笑她是个“小骚达子”，即蒙古人，则史太君亦为蒙古人，正合了庄妃的出身。史太君的丈夫叫代善，也是多尔衮、皇太极的兄弟的名字。又，薛宝钗既然是王熙之凤，那么她和王熙凤也就是一丘之貉。从这个观点来看，《水浒传》里面宋江和高俅的关系，也就是官僚阶层内部一派和另一派之间的矛盾。

鲁智深—林黛玉（及妙玉）。鲁智深死于杭州；林黛玉生在苏州，长在扬州。“上有天堂，下有苏杭”，扬州也是风景佳胜之地。林黛玉还泪；鲁智深听潮。又有黛玉葬花；鲁智深醉打山门。一个是英雄气，一个是女儿情，一样的动人。鲁智深由史进引入，林黛玉由贾雨村引入。史进和贾雨村都是书中的线索。“荣国府收养林黛玉”，她到荣国府的时候才11岁。黛玉与宝玉同年，这时宝玉也才11岁（虚岁）。所以作者曹雪芹是在10岁时离开金陵来到北京。雍正五年十二月（1728年初）曹𫖯被抄家，因此曹雪芹当出生于1717年。他在壬午年（1763年）除夕“泪尽而逝”，只活了四十几岁。又，鲁智深剃度为僧，曹雪芹便另写一个妙玉。鲁智深名列天孤星，妙玉则“天生成孤僻人皆罕”。黛玉“枉凝眉”，妙玉“世难容”。

武松—晴雯（及鸳鸯）。晴为黛影，武松也和鲁智深意气相投。晴雯敢爱敢恨，武松敢作敢当。武松打虎，晴雯补裘。武松雪恨鸳鸯楼，曹雪芹借其意另写鸳鸯抗婚。

林冲—李纨（及迎春）。林冲死了妻子，李纨青春丧偶。林冲使女叫锦儿，锦、纨二字意思相近。《水浒》中晁盖死后，“林冲与公孙胜、吴用并众头领商议，立宋公明为梁山泊主，诸人拱听号令……林冲为首，与众等请出保义宋公明”；《红楼》里结诗社，李纨替薛宝钗起名“蘅芜君”，说是封她，还说“序齿我大，你们都要依我的主意”。李纨自己取别号“稻香老农”，林冲则题诗：“仗义是林冲，为人最朴忠。”梁山上水军（李俊等）捉了高太尉，而探春等则请来王熙凤做“临社御史”。林冲无法向高俅泄恨，李纨则语刺王熙凤。又，林冲娘子被高衙内逼得自缢而死，迎春则是“金闺花柳质，一载赴黄粱”。迎春人称“二木头”，正是一个“林”字。

燕青—平儿（及巧姐）。燕青精警，平儿明达。巧姐在“荒村野店”“纺绩”，燕青“淡饭黄齑过此生”。燕青名列天巧星，刘姥姥的外孙女叫青儿。燕青是卢俊义家自小养大的佣人，平儿、巧姐则和王熙凤发生关联。曹雪芹为了塑造王熙凤这个人物形象，特意化用燕青和高俅相扑的情节，复将燕青一分为二，为王熙凤设置了对立面平儿与巧姐。而李纨为平儿抱不平，恐怕也表示了曹雪芹自己对于王熙凤憎恶的态度吧。

李逵—紫鹃。紫鹃原名鹦哥，李逵在宋江面前唯唯诺诺。黑旋风和紫鹃两个名字也很类似。[1] 曹雪芹把一个忠心耿耿的紫鹃安排在黛玉（而不是宝钗）那里，爱憎何其分明。

宿元景—元春。宋江“遇宿重重喜”，元妃支持薛宝钗的金玉姻缘。

李俊—探春。李俊在暹罗立国，探春远嫁番邦。探春嫌弃赵姨娘，李俊不做赵宋之臣。

戴宗—惜春。戴宗贪婪横暴，惜春冷酷刻毒。惜春缁衣独卧，戴宗出家求闲。

公孙胜—史湘云。虚靖公孙胜，警幻史湘云。公孙胜“道号一清先生”，史湘云“好一似，霁月光风耀玉堂”。湘云“厮配得才貌仙郎”，从上面“红楼梦大纲”一图来看，这仙郎并不是贾（假）宝玉，而应是甄（真）宝玉。贾宝玉“悬崖撒手”，魂归青埂峰下。甄宝玉“跳出迷人圈子”，“入于正路”，读书、中举、做

---

[1] 黑→紫；旋风→鹃。

官，却“终究是云散高唐，水涸湘江”。很可能甄宝玉忠谏触怒了皇帝，被下诏处死，留下史湘云独自领会尘世间荣哀祸福的转徙无常。至此全书揭示了清王朝必然灭亡的趋势，指明无论怎样也挽救不了它的命运。

《红楼梦》“借假修真”（张三丰语），写的是真实的精细的历史。贾宝玉厌恶儒家礼教，不喜欢“知经济的人”；他追求心灵的自由，珍惜纯洁的爱情，这些都是曹雪芹内心世界的传神写照。曹雪芹的语言“温柔敦厚”，饱含在里面的却是绝不调和的斗争精神。这位伟大的思想家，在三十几岁的年纪，用他的血和泪，写成了这部超越时代的《红楼梦》，在万马齐喑的时候，预报了20世纪文化革命的风雷。

初稿写于2009年2月13日

《离骚》与《红楼》

一、求女

《尧舜及其族群考论》一文论证了女娲是尧（即高阳）的女儿，舜（即重华）的时代伏羲族在辽西祭祀的女神便是这个不肯临难苟免的女孩。《祝融和后羿》一文则推测了后羿的妻子姮娥（即嫦娥）与雒嫔、纯狐之间相互串混的关系。曹植《洛神赋》云："屏翳收风，川后静波，冯夷鸣鼓，女娲清歌。"屏翳、冯夷音义皆同，指的是雷师，鸣鼓就是打雷；川后是指河伯，所以此处女娲是与洛神相对应了，尧的女儿和后羿的"妻子"雒嫔发生了混淆。曹植述古人之言："斯水之神，名曰虙妃"，那么虙妃也就是女娲了。

朱熹《楚辞集注》对《离骚》中"虙妃"一词的解释是："伏羲氏女，溺洛水而死，遂为河神。"伏羲氏即虙羲氏，辽西陵庙应称之为虙妃庙，因为女神塑成孕妇的形态，用少女之名来称呼已经不贴切了。虙妃居于"春宫"之中，因而虙字又写成宓字。"吾令丰隆乘云兮，求虙妃之所在”，丰隆也是雷师，可能在神话里虙妃和雷师总是易于接近的。“夕归次于穷石兮，朝濯发乎洧盘。保厥美以骄傲兮，日康娱以淫游”，朱熹说“穷石”为后羿之国，这几句如果跟前面的“羿淫游以佚畋兮，又好射夫封狐”联系起来，就能推断出这里虙妃的主要原型已经不是女娲，而是封狐即纯狐、雒嫔了。(《天问》：“胡射夫河伯，而妻彼雒嫔？”)

“纷总总其离合兮，忽纬繣其难迁”，前句指天上云朵的变幻，后句指虙妃心思的难测。我认为“纬繣”就是《盐铁论》里的“狐刺”（《非鞅》篇）、“弧刺”（《申韩》篇），引申为心意的难以投合、难以揣摩。当虙妃代表帝高阳的女儿的时候，她就值得追求；当虙妃代表后羿的“妻子”的时候，她就不可迷恋。屈原明里刻画的是虙妃，暗里比喻的是楚怀王。屈原“伤灵修（楚怀王）之数化”，所以这里就用虙妃对男女感情的态度来比拟怀王在政治上的善变和缺乏决断。“虽信美而无礼兮，来违弃而改求”，屈原自寓的“灵均”决意不再向虙妃求爱，转而寻求别的女子。也就是说，现实中的君王不符合他的理想，于是就要求怀王改弦易辙、弃旧图新，朝着“美政”的目标努力。

灵均接着访求有娀之佚（游玩）女。“凤皇既受诒兮，恐高辛之先我”，高辛就是帝喾，帝喾的妃子就是有娀氏的简狄。东方的商族崇拜帝喾（其实也是帝舜），帝喾先赢得了简狄的青睐，比喻东边的齐国在政治上怕是要走到楚国的前头了。灵均又设想“及少康之未家兮，留有虞之二姚”，西方的夏族传颂少康中兴的故事，据说有虞氏的两位姑娘一起嫁给了少康。比喻西边的秦国在迅速振兴之中，比楚国做得好。佚女、二姚比喻楚怀王应该效法的明君。高辛、少康则代表齐人和秦人的革新力量。既然有名的贤妃佚女、二姚都无法得到，那么楚人的“美政”理想也就看不到实现的希望。

当灵均局促于庙堂之高的小天地里的时候，眼前所见的不过是怀王（“灵修”）和同僚（“众女”）。在君臣关系中，依据传统，阴以喻臣，阳以喻君，他只能自比为担心迟暮的“美人”和受到嫉妒的“娥眉”。当灵均离别了怀王以后，他庄重地向先代的圣王重华诉说心事，“跪敷衽以陈辞兮，耿吾既得此中正”，他从重华那里汲取了坚持夙志的信心。他似乎是在以重华自喻，那光明俊伟的形象，寄寓了楚国灿烂的历史和文化，集中了楚人改变国家面貌的迫切愿望。这样，跟重华比起来，现实和理想里的君王都显得不那么令人敬畏了，可以把他们比作虚妃、佚女和二姚。

“朝发轫于苍梧兮，夕余至乎悬圃”，朱熹注云：“苍梧，舜所葬也。悬圃，在昆仑之上。”灵均在想象中“乘龙跨凤”，奔向西北的昆仑山。昆仑，可能是“凿空浑沦（混沌）”的意思，中国的东边是大海，古代东方从事农业的族群只有把目光投向遥远而陌生的西北，指望在那辽阔的土地上开辟新的家园。在远古伏羲族的墓地里，死者一律足朝西方，指示了族群征战的方向。[1]传说中高峻的昆仑山，就象征了中原族群向西北进发的心愿和漫漫征程上的艰险。虚妃居住的“穷石”，应是指西北的戈壁；虚妃梳洗的

[1] 请参考《尧舜及其族群考论》。

“洧盘”，大概是荒漠里的甘泉。

舜本来是伏羲族的圣王，楚人是神农族的后裔，为什么相传舜葬在了楚国的苍梧呢？《从相土到成汤》一文论述商族（伏羲族）的汤和苗族（神农族）的伊尹合作推翻了夏桀，在南北族群空前大融合的基础上建立了强盛的商王朝。舜巡行南方、死在苍梧的传说反映了文化共同体的初步形成。《离骚》中提到的彭咸、巫咸是商代的贤臣和神巫；屈原在称述商汤、夏禹时把汤放在禹的前面；灵均求女，先说高辛而后说少康，这都表现了楚人对以东方伏羲族为主体的商文化的景仰和怀念。所以屈原一生主张联合东边的齐国，以抗击西边的秦国，这既是形势的需要，也有历史的渊源。

灵均三次求女都失败了，楚国的命运已经无可挽回。在《离骚》的结尾，屈原伤悼着楚王“莫足与为美政”，预言了自己投水沉江、“将从彭咸之所居”的结局。

二、还泪

在《红楼梦》的第五回（甲戌本回目：“开生面梦演红楼梦 立新场情传幻境情”）里，宝玉在梦中于警幻处见到了几位仙子，“一名痴梦仙姑，一名钟情大士，一名引愁金女，一名度恨菩提，各各道号不一”。《离骚》中三次求女，虙妃、佚女和二姚，合起来也是四位女子。宝玉因秦可卿而发痴入梦，所以痴梦仙姑当指秦可卿。秦可卿也是“虽信美而无礼”，恰与虙妃相似。灵均改求有娀之佚女，“令鸩为媒兮，鸩告余以不好。雄鸠之鸣逝兮，余犹恶其佻巧”，说明佚女不受“鸩”和“雄鸠”的欢迎，她应该对应于性情孤僻、“世难容”的妙玉。引愁金女无疑是指薛宝钗，因为她项上挂着金锁，那么，度恨菩提是指谁呢？

在第七十八回中，宝玉作了《姽婳词》后，立意“别开生面，另立排场”，为晴雯撰《芙蓉女儿诔》。因此这一回照应了作为全书总纲的第五回。“姽婳”一语出自宋玉的《神女赋》，其中有“既姽婳于幽静兮，又婆娑乎人间”之句。“姽婳”就是《离骚》里的“纬繣”。又荀况曾因春申君[1]而作“佹诗”，朱熹为之注云：“佹，与诡同。佹诗，佹异激切之诗也。”“姽婳”的意思大约近于宝玉心中所想的“风流奇异”，“与世无涉”，也就是不同流俗。第五回里在判词之后，复作《红楼梦》十二支曲，以收相互补充之效；这里《姽婳词》和《芙蓉女儿诔》唱叹的也应是同一个人，“晴为黛影”，林四娘也就是林黛玉。所以第四位仙子度恨菩提是指林黛玉，她和薛宝钗一起对应于有虞之二姚。

在第六十四回里，“幽淑女悲题五美吟”，林黛玉写诗题咏了五位“古史中有才色的女子”，薛宝钗说：“今日林妹妹这五首诗，亦可谓命意新奇，别开生面了。”第五首《红拂》写道：“长揖雄谈态自殊，美人巨眼识穷途。尸居余气杨公幕，岂得羁縻女丈夫。”在荣国府尸居余气的环境里，黛玉不甘心受束缚。她欣赏宝

[1] 请参考前文《春申君、吴王濞与〈管子〉》。

玉的“长揖雄谈”，曹雪芹比之于“巨眼英豪”，宝玉引以为知己。“幽淑”、“幽静”意思差不多，“女丈夫”自然是“婉婳”的了。所以黛玉与“婉婳将军”林四娘相对应。

《聊斋志异》[1]卷二末《林四娘》一篇里，四娘诗云：“静锁深宫十七年……汉家箫鼓静烽烟。红颜力弱难为厉（厉鬼），蕙质心悲只问禅。日诵菩提千百句，闲看贝叶两三篇。……”篇后附德州卢雅雨《山左诗钞》中林四娘之事，其诗云：“静锁深宫忆往年，楼台箫鼓遍烽烟。……梨园高唱升平曲，君试听之亦惘然。”《山左诗钞》所录应近于故事原貌，内中四娘说“妾尘缘已尽，当往终南”，相传钟馗是终南山人，此言正应了“难为厉”三字。女子力薄，难为厉鬼，以报国仇家恨，唯有借钟馗之力，驱除清廷妖鬼。

《山左诗钞》里林四娘的故事中说四娘“生长金陵……不数年，国破，（衡王）遂北去”，曹雪芹读到这段话时，一定惹动了他的身世之悲。卢雅雨任两淮盐运使多年，曹雪芹书里黛玉的父亲林如海在扬州做巡盐御史，说明黛玉和林四娘之间的关联。第二十一回中说蕙香姊妹四个，她排行第四，宝玉给她改名叫四儿。第七十七回里说她和宝玉同一天生日，两人私语“同日生日就是夫妻”，《聊斋》中林四娘自言“蕙质”，因此雪芹用四儿来暗示宝黛的心心相印。《红楼梦》第二十七回说宝玉房里的红儿是林之孝的女儿，17岁，原来叫红玉。《聊斋志异》卷二邻近《林四娘》篇

[1] 会校会注会评本，张友鹤辑校，上海古籍出版社1978年版。

有《红玉》篇，《林四娘》篇中诗云“静锁深宫十七年”，则红玉之名也在提醒读者注意林四娘素材的来源。

蒲松龄《林四娘》篇“汉家箫鼓静烽烟”之句暗示了清政府洗劫中原，《红楼梦》中贾政叙“黄巾、赤眉一干流贼余党，复又乌合，抢掠山左一带。恒王意为犬羊之恶……”黄巾起于东汉末年，赤眉在新莽之时举事，所谓“流贼余党”是指清政府像黄巾、赤眉一样摧破了汉室江山。“山左”暗示了《山左诗钞》，“犬羊之恶”是历史上汉人对北方文化落后族群的蔑称，这里指的就是清政府。第六十三回宝玉叫芳官“耶律雄奴”，他说“雄奴二音又与匈奴相通，都是犬戎名姓。况且这两种人自尧舜时便为中华之患……”第七十七回王夫人问四儿之后便问芳官，所以曹雪芹暗示了林四娘故事里的“流贼余党”是指危害中华的“犬戎”，实际上就是清政府。《山左诗钞》中林四娘“腰佩双剑”，曹雪芹遂称四娘“姽婳将军”、“不系明珠系宝刀”[1]，因而曹雪芹在黛玉身上寄托了“反清”的思想。

《红楼梦》第十四回（《林如海捐馆扬州城　贾宝玉路谒北静王》）里说路祭秦可卿，第四座祭棚是北静王的。北静王“年未弱冠，生得形容秀美，情性谦和”，“是个贤王，且生得才貌双全，风流潇洒，不为官俗国体所缚”，第十五回又说他“面如美玉，目似明星，真好秀丽人物”。北静王名叫水溶，寓意“清水出芙蓉，天然去雕饰”，这当然是指黛玉了。北静即北靖，是说要扫除北边

---

[1] 毛泽东的诗：“不爱红装爱武装。”

的胡尘，也就是清政府的势力。北静王把脊苓香念珠一串送给宝玉，香串之名谐音“即林”，而且二字均为草头，隐喻黛玉的前身绛珠仙草。曹雪芹取《离骚》求女之意，以黛玉比“贤王”，又因灵均“制芰荷以为衣兮，集芙蓉以为裳”，把黛玉比作荷花和荷花象征的灵均。第七十八回众清客赞恒王“也是千古第一风流人物”[1]，恒王即衡王，在此处与宝玉相对应。雪芹改衡王为恒王，寓意自己将来就像屈原一样，“屈平词赋悬日月”，一部《红楼梦》足以使自己永垂不朽了。

第十九回（《情切切良宵花解语　意绵绵静日玉生香》）写了宝玉对黛玉和袭人的情意。《离骚》里灵均三次求女，终于无所得；而宝玉在大观园中有黛玉。《离骚》里“女媭之婵媛兮，申申其詈予”，朱熹说女媭是屈原的姐姐，她“婵媛（柔曼）”的身姿，“申申（娇娜）”的情态，不正像比宝玉年纪大两岁的袭人吗？

第十八回林之孝家的报告说妙玉“本是苏州人氏……因听见长安都中有观音遗迹并贝叶遗文，去岁随了师父上来”，这正对应了《聊斋志异》中“闲看贝叶两三篇”的句子。第五十回宝玉《访妙玉乞红梅》诗云“不求大士瓶中露，为乞嫦娥槛外梅”，“嫦娥”暗含妙玉在栊翠庵孤寂的生活，红梅比喻女子的情思（又如第五回“东边宁府中花园内梅花盛开”暗示秦可卿之“春宫”）；“大士”则将妙玉比作观音大士。故妙玉为钟情大士无疑。

第二十二回贾母替薛宝钗作生日，点戏的时候，宝钗点了一

---

[1] 毛泽东的词：“数风流人物，还看今朝。”

折《西游记》，还点了一出《鲁智深醉闹五台山》。史湘云说小旦"倒像林妹妹的模样儿"，众人都说果然不错。《〈水浒〉与〈红楼〉》一文论述了死于杭州的鲁智深与苏州姑娘林黛玉（及妙玉）的对应关系。此处的后一出戏就暗示了鲁智深、林黛玉的关联。这一回宝钗又述《坛经》里惠能的偈语："菩提本非树，明镜亦非台。本来无一物，何处染尘埃？"既然妙玉相应于观音大士，黛玉就当与《西游记》中的另一个人物菩提老祖相对应了。曹雪芹化用了蒲松龄《林四娘》篇里的"日诵菩提千百句"，以黛玉为度恨菩提。

《水浒》英雄好武不好色，恒王则"好武兼好色"。曹雪芹又暗把贾宝玉比作《西游记》里的孙悟空，林黛玉则相当于孙悟空的师傅菩提，可见曹雪芹对他笔下的黛玉倾注了怎样的感情！[1]我们再细看《西游记》，第三回（《四海千山皆拱伏　九幽十类尽除名》）悟空在龙宫取得了如意金箍棒，龙王说"那是大禹治水之时，定江海浅深的一个定子"；此物"镇于海藏中，也不知几千百年，可可的今岁放光。龙王只认做是块黑铁，又唤做天河镇底神珍"。黛字从黑，代声，黛玉音近大禹，而她的父亲名为如海。所以在曹雪芹的心中，黛玉就像大禹一样的崇高。

《离骚》里的灵均，《红楼梦》里的林黛玉。屈原以灵均比重华（帝舜，即轩辕），曹雪芹以黛玉比大禹。因此雪芹在写《红楼梦》的时候，必定是有意模仿了《离骚》。黛玉和宝钗，亦即有虞之二

---

[1] 曹雪芹还把宝玉比作红孩儿，于是圣婴大王、善财童子就变成了神瑛侍者。宝玉与大观园中众女子，犹《华严入法界品》善财童子五十三参之意。

姚。黛玉“风流奇异，与世无涉”（第七十八回），宝钗则“比林黛玉另具一种妩媚风流”（第二十八回），而“妩媚风流”也是众清客对“姽婳将军”的评语（第七十八回），可见宝钗的审美观不出众清客之上。雪芹毕竟更偏爱黛玉，而与宝钗总觉隔了一层。

《红楼梦》第一回（《甄士隐梦幻识通灵　贾雨村风尘怀闺秀》）中绛珠仙子说：“但把我一生所有的眼泪还他，也偿还得过他了。”第五回《枉凝眉》一曲唱道：“想眼中能有多少泪珠儿？怎经得秋流到冬尽、春流到夏！”绛珠便是和着热血的泪珠，君（大禹）师（菩提）合一的黛玉，寄寓了曹雪芹对于神州禹域的深情，他热切盼望着他挚爱的中华能够春回大地。“五衷”“郁结着”“缠绵不尽之意”，曹雪芹最终在除夕的夜晚泪尽而逝，只可惜在他生前终究在这世上没有找到度恨的菩提！[1]

初稿写于 2009 年 5 月 10 日

---

[1] 秋瑾：“一腔热血勤珍重，洒去犹能化碧涛！”鲁迅：“寄意寒星荃不察，我以我血荐轩辕。”旧民主主义革命的情怀。

《诗经·周南/召南》与《红楼梦》

一

《诗经·国风》以《周南》、《召南》居首。“周”是周公，“召”是召公。“南”不知何意，古来说解纷纭。我认为“南”是“南面”的意思，“周南”、“召南”是说周公之南面、召公之南面。[1]周公封于鲁，召公封于燕，所以《周南》、《召南》是鲁国和燕国的诗篇。称之为《周南》、《召南》是为了缅怀鲁、燕两国国君的先祖周公和召公，彰显周公、召公的为政之德。

《周南·关雎》说“窈窕淑女，琴瑟友之……窈窕淑女，钟鼓乐之”，可知鲁人重礼；《召南·野有死麕》说“白茅纯束，有女如玉……无感我帨（巾）兮，无使尨（犬）也吠”，可见燕女多情。因为重礼，所以《周南·汉广》戒之以“汉有游女，不可求思”；因为多情，所以《召南·摽有梅》袒露“求我庶士，迨其今兮”的心声。

---

[1] 南面，动词，治理的意思。

《周南·麟之趾》和《召南·驺虞》中的“麟”指麒麟，“虞”指虞族。麒麟是虎和鹿的合二为一，这种神兽完全是先民想象出来的，它代表了虞族的政治哲学：有为和无为的对立统一。[1]“驺”字疑为“蓟”字的通借，“驺虞”是说留在蓟燕之地的虞人。咏唱《麟之趾》和《驺虞》应是鲁、燕贵族接受当地虞族后裔风俗的表现。《麟之趾》、《驺虞》放在《周南》、《召南》篇末，似乎预示着虞族文化的复兴。[2]

二

《论语》第十七篇《阳货》中孔子说：“礼云礼云，玉帛云乎哉？乐云乐云，钟鼓云乎哉？”朱熹《集注》引用了程颐的话：“礼只是一个序，乐只是一个和……盗贼至为不道，然亦有礼乐。盖必有总属，必相听顺，乃能为盗。不然，则叛乱无统，不能一日相聚而为盗也。”《水浒传》大概是取意于此。[3]

---

[1] 请参考《尧舜及其族群考论》一文。

[2] 虞、儒二字音近，因而儒学原本是虞族的宗教、礼俗和思想。此外请参考胡适 1934 年写的《说儒》。(《胡适文集》5，北京大学出版社 1998 年版，第 3—66 页)“凤鸟之至，河之出图，麒麟之来”，都是孔子时代传说中虞族文化的象征。凤鸟，疑即夋（鵔），帝舜的标帜。河图，可能就是濮阳（黄泛区）出土的蚌图。麒麟，正文已解释。“《春秋》绝笔于获麟”，孔子是在感叹自己等不到了。南宫适问孔子，“羿善射，奡荡舟，俱不得其死焉。禹稷躬稼，而有天下”，羿、奡属于东边的虞族，禹、稷属于西边的夏族（见本书《尧舜及其族群考论》系列文章），南宫适是孔子的侄女婿，说明孔门注意总结族群兴亡的历史教训。

[3] 请参考《〈水浒〉与〈红楼〉》。

《阳货》篇紧邻“礼云”这段话之前，是孔子对儿子伯鱼的教导：“女（汝）为《周南》、《召南》矣乎？人而不为《周南》、《召南》，其犹正墙面而立也与？”《周南》、《召南》的诗意合起来，便是教人在男女关系中既崇尚礼节的中和，又欣赏情意的舒放。孔子把这作为天下太平的基础。《红楼梦》应该是从此处得到了灵感。

宝玉二字与伯鱼音近，而贾政字存周，谐音从周，孔子尝言“吾从周”，故曹雪芹以贾政暗比孔子，把宝玉比作孔子的儿子。《红楼梦》第一回写顽石在青埂峰下“自怨自叹，日夜悲号惭愧”，则不但贾政不如孔子，宝玉亦非伯鱼，作者内心是悲郁沉痛的。又第十三回王熙凤在梦里见到秦可卿，托付她注意祖茔和家塾，这说明作者极看重祭祀和读书，所谓诗礼传家。书中宝玉和黛玉情深意浓，却始终相待以礼，因为作者的态度是很严正的。

三

第四十九回《琉璃世界白雪红梅　脂粉香娃割腥啖膻》描绘了极华美的景象。琉璃易碎，表明这种景象很快就要消散。场景设在芦雪庵，芦雪庵“盖在傍山临水河滩之上……四面皆是芦苇掩覆”。《周南》的首篇《关雎》说“在河之洲”，便是河滩；《召南》的末篇《驺虞》说“彼茁者葭”，朱熹《诗集传》注释说：“葭，芦也，亦名苇。”所以芦雪庵是化用了《周南》、《召南》的诗意。

《红楼梦》还暗用《周南》、《召南》里的诗篇来安排情节，刻画几位重要的女子。试分两组简列于下。

第一组：湘云、探春、平儿。

(1) 湘云。湘云挂金麒麟，合于《麟之趾》；领头吃新鹿肉，合于《野有死麕》。“白茅纯束，有女如玉”用在湘云身上也很贴切。

(2) 探春。《摽有梅》中之梅，朱熹注云：“木名，花白，实似杏而酢”；《何彼秾矣》写“王姬下嫁于诸侯”。宝琴把腊梅转送给探春，腊梅花白；探春抽得杏花签，上面的诗句是“日边红杏倚云栽”，隐喻了探春日后和番的命运。[1]

(3) 平儿。《小星》之篇，朱熹引吕氏注云：“夫人无妒忌之行，而贱妾安于其命，所谓上好仁而下必好义者也”，读来像是一种讽刺。

《红楼梦》学《水浒传》笔调，湘云、探春、平儿与公孙胜、李俊、燕青相对应，见之于拙文《〈水浒〉与〈红楼〉》。公孙胜三人是《水浒传》作者钦佩的人物，他们识得进退之机，能够掌握人生的自主权。湘云等人则并不如此。湘云、平儿在芦雪庵烧鹿肉吃，而探春别号蕉下客，黛玉以“蕉叶覆鹿”笑道：“快做了鹿脯来。”如果《红楼梦》里用鹿来比喻自由，那么作者暗示三人都是死鹿，也就是自由终竟不可得。而第二十六回两只小鹿被追猎，

[1] 宝琴转送黛玉的是水仙。第四十三回说水仙庵“供的是洛神”，宝玉看着，“不觉滴下泪来”。这里已为第七十八回宝玉撰《芙蓉诔》埋下了伏笔。宝玉所悼者实为黛玉，请参考《〈离骚〉与〈红楼〉》。黛玉又称“潇湘妃子”，则宝琴送花的对象都是“王妃”。

暗示了宝黛恋情的结局。[1]

第二组：宝琴、元春、袭人。

(1) 宝琴。宝琴是贾母属意的“王妃”，所谓“凫靥裘”暗含“关关雎鸠……君子好逑”。因为已经许了梅家，而“不可求思”。宝琴“四山五岳都走遍了”，又云“汉南春历历”，正应了“汉有游女”。武汉有琴台，宝琴之名可能蕴含了俞伯牙与钟子期的故事。若把宝琴比俞伯牙，宝玉便是樵夫钟子期。作者似乎在暗示在现实中两人为知交，而“宝琴”后死。那么这个“宝琴”应是评点《红楼梦》的脂砚斋。钟子期懂得俞伯牙的琴音，脂砚斋善于体会曹雪芹的用心。宝琴融《关雎》与《汉广》而为一，她的气质作者最喜欢，“情缘自浅深”是在慨叹两人只能做知音，而无缘结合，但情怀是旷达的。(芦雪庵又题作“荻芦夜雪”，荻芦、的卢同音，“的卢夜雪”暗示了《水浒传》中宋江的坐骑照夜玉狮子马。宋江与薛宝钗相对应，芦花如雪，独守清庵，这是不是在说薛宝钗凄冷的晚景？宝钗有堂妹宝琴，这也是设置对立面的写法。)

(2) 元春。元妃省亲时，贾政自谓“鸠群鸦属之中”。《召南·鹊巢》言“维鹊有巢，维鸠居之”，则鸠指元春，巢指皇家。宝玉作对子“新涨绿添浣葛处，好云香护采芹人”，《周南·葛覃》则说“薄浣我衣……归宁父母”，和上联相应；《红楼梦》中说元春与宝玉“其名分虽系姊弟，其情形有如母子”，和下联相应。又

---

[1] 射鹿者为贾兰，似乎预言麝月在曲终人散之际嫁给了卫若兰，所谓“麝兰芳霭斜阳院，杜若香飘明月洲”。

第五十回众姐妹“芦雪庵争联即景诗”，贾母来了，问盘子里是什么东西，众人答说是糟鹌鹑。鸠、鸦、鹌鹑相类，“糟”字有不祥之意。

（3）袭人。《周南·桃夭》说“灼灼其华……宜其室家”，与抽中桃花签的花袭人相对应。第十九回“情切切良宵花解语”，细致地书写了宝玉对袭人的感情。

对宝玉来说，第二组三人比第一组更觉亲近。曹雪芹用了《周南》、《召南》里的10首诗，来配六位女子。这正如他用《离骚》的辞意，来比拟秦可卿、宝钗、黛玉和妙玉。学《离骚》，“字字看来皆是血”；学《诗经》，则近乎游戏笔墨。语言的“温柔敦厚”只是外衣，骨子里浸透了叹惋和哀恸。

初稿写于2010年2月3日

读《西游记》散记

一

《西游记》第一回的题目叫“灵根育孕源流出，心性修持大道生”。[1] 上半藏了“灵源”二字，下半含了“大道”二字，合起来就是“灵源大道”。《灵源大道歌》的作者为曹文逸，她生当宋徽宗时代，作了这首七言诗。

《管子·内业》与《灵源大道歌》的主旨和布局非常相似，我们可以通过相互比较，来理解后者的内容。《内业》的开头说“气，物之精，此则为生”，《灵源》则说“命蒂从来在真息”。《灵源》说“神水难言识者稀，资生一切由真气”，《内业》则说“渊之不涸，四体乃固。泉之不竭，九窍遂通”。“灵源”产生“神水”，即“大道”生成“真气”，《内业》也说“气，道乃生”，即“气必得道而始生”[2]。那么，究竟什么是“道”？

《内业》说：“道满天下，普在民所，民不能知也。一言之

[1] 吴承恩：《西游记》，凤凰出版社2006年版。

[2] 张舜徽：《管子四篇疏证》。

解……在于心安。……心以藏心，心之中又有心焉。”这里的心中之心是什么意思？《灵源》说“无心心即是真心”，所以《内业》、《灵源》里的“道”应释为无心之心。敦煌遗文《无心论》中言“夫无心者，即真心也；真心者，即无心也”，又言“诸般若中以无心般若而为最上”，即以“无心”为大道。所以，《西游记》的一个主题便是《灵源大道歌》所说的“无心”。

二

菩提老祖说孙字“正合婴儿之本论。教你姓孙罢”。《灵源大道歌》说“但看婴儿处胎时，岂解有心潜算计”，因此婴儿比喻“无心”。《灵源大道歌》还说“解养婴儿须藉母”，《西游记》里的“婴儿”是孙悟空，在关键时刻帮助他的是观音菩萨。在第二十六回《孙悟空三岛求方　观世音甘泉活树》，观音说“我这净瓶底的甘露水，善治得仙树灵苗”，故《西游记》以净瓶暗喻灵源大道。净瓶本空，空即“无心”，悟空是悟得“无心”之意。

观音的对立面是太上老君。观音借来太上老君的看炉童子考验唐僧师徒，让两童子在平顶山莲花洞作怪，称为金角大王、银角大王。牛魔王曾号称“平天大圣”，因此平顶山暗示了牛魔王；而莲花洞暗示了观音。故牛魔王为太上老君所化。芭蕉扇是一条重要线索。太上老君说“若偷去我的芭蕉扇儿，连我也不能奈他何矣”，所以芭蕉扇是他最厉害的法宝，而罗刹亦恃此以逞能。故太上老君与牛魔王似二而实一。扇息了火焰山上的火之后，“三藏解燥除烦，清心了意”，故芭蕉扇的寓意应是“摒除邪欲得清凉”。

明室佞道，政治腐恶，吴承恩有鉴于此，黜道而扬佛。因而以牛魔王暗指太上老君，其子“乳名叫做红孩儿”，“红”指朱明王朝。作者还把朱元璋的后代比作猪八戒，如八戒叫：“老朱的买卖到了！”同一回里孙悟空还说“我也有些儿羞明”，不齿于腐败的时政。

另外，孙悟空和红孩儿之间的争斗似乎影射了朱棣篡夺侄子建文帝帝位之事。

三

《西游记》写及淮河有“水猿大圣”，鲁迅先生说孙悟空的原型为淮水水神巫支祈，这个观点是对的。但淮水水神还有更早的根源。良渚玉器上的神人兽面纹[1]很可能就是所谓巫支祈。又《庄子·胠箧》中讲到了“容成氏”，疑“容成”的合音即猿，巫支祈为容成氏之音变。那么，良渚文化所代表的驩头族群[2]奉祀容成氏，或曰巫支祈。

初稿写于2009年10月31日

[1] 见吴小如主编：《中国文化史纲要》，北京大学出版社2001年版，第37页。
[2] 参考《祝融和后羿》一文。

补记

《西游记》对佛教亦多嘲讽之辞，故虚云和尚曾说这是谤佛之书。但综观全书，有二佛吴承恩心存敬意，那就是弥勒佛和燃灯佛。二佛见于《华严经》与《金刚经》，《西游记》第九十八回唐僧取得的经卷中，列有《华严经》81卷和《金刚经》1卷。实际上武则天时所译《华严经》是80卷，《西游记》说81卷似乎是要把《华严经》与《金刚经》联系起来。第九十九回里“九九归真”，引生第81难者为八大金刚，隐喻读完80卷《华严经》再读一卷《金刚经》，也就是要会通华严宗和禅宗的两部根本经典。

这一回穷举了唐僧师徒的80劫难，其中第53难是“小雷音遇难”（对应于第六十六回《诸神遭毒手　弥勒缚妖魔》），暗示了《华严经·入法界品》里善财童子五十三参的故事，并且认为弥勒在善财参访的“善知识”中最值得尊敬。所以在第一百回也就是最后一回，作者特意称之为“弥勒尊佛”。

《华严经》第78卷中弥勒说“菩提心者，犹如金刚，悉能穿彻一切法故”，还有多处（10处）阐释“菩提心金刚”。作者是以此来理解《金刚经》题旨的。这一卷还说“如金刚杵，诸大力人皆不能持，唯除有大那罗延力”，这不就是金箍棒的来历吗？所谓“持菩提心金刚之杵，摧伏一切诸魔外道”，不就是孙悟空降妖捉怪的形象吗？

“行者”、“悟空”，正是《华严经》、《金刚经》的精炼寓意。

2010年7月8日

又记

7月27日上午游览洛阳龙门石窟，略有窥悟。以卢舍那佛为中心的群像，依据《华严经》雕凿而成。卢舍那佛左侧有托塔的天王造像，天王脚下踏着妖魔，看起来像是猿猴的模样。《西游记》唐僧师徒取经，与《华严经》善财童子五十三参暗合，而书中美归猴王，恶属圣婴。很可能吴承恩笔下观音从李天王处借刀降伏红孩儿的情节是从上面的塑像造型得到的启发。群雕的南边有火烧洞，其名似乎是红孩儿火云洞的前身；北边有莲花洞，吴承恩仍沿用其名。莲台化为利刃，收服红孩儿，隐喻清静战胜了邪欲。

这样看来，吴承恩一定在洛阳游历过。在龙门的东山，有琵琶峰，白居易的墓园就在这里。琵琶峰之名在《西游记》里就化作了琵琶洞，蝎子精在此作怪。

西窟还有一处特别的胜景，在一个洞窟中镌刻了陈抟的诗句："开张天岸马，奇逸人中龙。"《西游记》的开头引用了邵雍的术数见解，而邵雍之学出于陈抟。孙悟空拜菩提老祖为师的情节，是不是有意模仿了邵康节瞻仰陈抟老祖诗碑的故事？所谓五百年前大闹天宫的说法，是不是暗示了吴承恩距离邵康节的时代大约五百年？那么，吴承恩是在把自己比作邵康节吧？邵雍在洛阳的住所称为"安乐窝"，吴承恩则是把自己创作的《西游记》作为他在人间的安乐窝了。

吴承恩虽然自比邵雍，但他的志向原本不止在山林之间。

在《西游记》第十四回里就隐约透露了消息。龙王向孙悟空讲解圯（音移，就是桥的意思）桥三进履的事迹，其实也是吴承恩在自述其志，他的人生典范是“运筹帷幄之中，决胜千里之外”的张良。张良在下邳十年，“为任侠”；功成后学仙道，“欲从赤松子游”。

吴承恩的佛学思想是《华严》的禅化，因此《西游记》明说菩提老祖就是《金刚经》里的须菩提。菩提是行者的师傅，而菩提给他取名悟空，“行者”与“悟空”的合二为一，才能造就“斗战胜佛”。

《红楼梦》也学《西游记》，《华严经》80卷，《红楼梦》亦80回；80回书中，无处不在“悟空”，也就是说，《金刚经》的思想充满了全书。（但“悲凉之雾遍被华林”，原非《金刚经》的旨趣，《金刚经》本身是极旷达的。）所以我认为《红楼梦》并没有长篇的佚稿，现存的80回基本上就是曹雪芹的原作；这部书已经完成，好像残缺不全，实际上是“大成若缺”。

《红楼梦》“表里皆有喻也”，诗句“不在梅边在柳边”除了预言薛宝琴要嫁给柳湘莲，还暗喻了《红楼梦》的主题，梅花比喻闺阁中的恋情，柳色比喻政治上的新生。柳湘莲则是曹雪芹寄望的“斗战胜佛”，斩断烦恼丝，随道士出家，只是他人生中的一出插曲。

2010年8月2日

再记

《西游记》里有所谓陷空山、无底洞，老鼠精盘踞其中。老鼠精又名半截观音，此名大有深意，貌若观音，其实只是半截而已；诨号叫地涌夫人，则是借用《法华经》里的“从地涌出”一语，状其实态。从现象来看，像是观音；从本质来看，不过“地涌”。《西游记》最脍炙人口的片段三打白骨精，讲的就是这个道理：要透过现象看本质。陷空山、无底洞，和盘丝洞（蜘蛛精）、琵琶洞（蝎子精）等一样，都是描绘世路崎岖的经典意象。陷空者，陷溺其中不能自拔。盘丝者，缠缚困扰无法解脱。琵琶者，乐欲诱惑摄住了身心。三打白骨精的故事教育我们，要像孙悟空那样，有一双火眼金睛。所以唐僧每逢遇到妖魔鬼怪，皆呼“悟空”。只有心中悟空，方能眼前看破。

《西游记》读来“无所容心”，作者写书的时候只是在“观自在”而已。《西游记》深得《心经》意蕴，正如《水浒传》之于《老子》，《红楼梦》之于《金刚经》。

2010 年 10 月 25 日

汉武、《华严》与盛唐气象

一、滇池与北海

《庄子》第一篇《逍遥游》中说："北冥有鱼，其名为鲲。鲲之大，不知其几千里也；化而为鸟，其名为鹏。鹏之背，不知其几千里也；怒而飞，其翼若垂天之云。是鸟也，海运则将徙于南冥。南冥者，天池也。"楚顷襄王二十年（公元前279年）前后，楚将庄跻率军由黔中至滇池，使滇属楚，后黔中被秦攻占，滇、楚交通断绝，庄跻就"变服，从其俗"，在滇称王。[1] 滇国就是天池之国，因为滇、颠二字音同，而颠（头顶的意思）、天二字音近义通。南宋《会稽志》说："庄氏，楚庄王之后，以谥为姓。六国有庄周。"《史记·西南夷列传》云："庄跻者，故楚庄王苗裔也"，所以庄跻也是这个家族的成员，当他南来云贵高原，远望天边的大湖，就用《逍遥游》里的"天池（音转而为滇池）"命名，其地

[1] 转引自杨生民：《汉武帝传》，人民出版社2001年版，第252页。

就称为滇国。又拈出“北冥有鱼，其名为鲲……南冥者，天池也”一段文字中的“鲲”与“冥”，将滇国附近的今大理一带称为昆明。这应该就是昆明和滇池这两个名字的来历。

川、滇相邻，《汉书·地理志》云：“巴、蜀、广汉本南夷，秦并以为郡”，“及司马相如游宦京师诸侯，以文辞显于世，乡党慕循其迹。后有王褒、严遵、扬雄之徒，文章冠天下”。《汉书·王贡两龚鲍传》说，在汉成帝（公元前33—前7年在位）时期，“君平（就是严遵）……依老子、严周（即庄周，避明帝刘庄讳）之旨，著书十余万言”。自此以后，庄子的文章开始流传。

《汉书·李广苏建传》中说，天汉元年（公元前100年），汉武帝“遣武（苏武）以中郎将使，持节送匈奴使留在汉者……”这便是脍炙人口的苏武牧羊的故事。匈奴人把苏武迁到北海荒无人烟的地方，叫他养公羊，只有公羊产了奶才能返回汉朝。北海就是今天的贝加尔湖，贝加尔应是北海的音变。我认为北海之名来自《逍遥游》里的“北冥”。苏武在《史记》中无传，班固写《汉书》是在公元1世纪后期，到这个时候《庄子》大概已经广为人知。班固追记苏武事迹之时，北海应该已是今贝加尔湖的习称。

二、长安及邛都

秦汉时期，关中沃野千里，南面是富饶的巴蜀。夜郎、僰中等在巴蜀之南，被称为“南夷”；邛、莋等在巴蜀之西，被称为

“西夷”。“邛、莋、冉、駹者近蜀，道易通，异时尝通为郡县矣，至汉兴而罢”[1] 为了复通西夷，汉武帝“拜相如为中郎将，建节往使”，用巴蜀的出产来作礼物，“邛、莋、冉、駹、斯榆之君皆请为臣妾”。于是“通灵山道，桥孙水（在安宁河上架桥），以通邛、莋”。邛就是邛都，在今四川西昌。

元狩元年（公元前122年），张骞出使大夏（在阿富汗北部）归来。在大夏他见到了蜀地的布和邛地的竹杖，并听当地人说是从东南的身毒（印度）买来的，因此他判断从西南夷地区可通身毒，从身毒又可到大夏。[2]

圣坚所译《罗摩伽经》（此经是《华严经·入法界品》的单品别译）中说：“尔时，善财童子从东方界求善知识，渐渐游行，至南方界，转至西方，遥见善胜长者在屈头摩城。”我认为东方界即关中地区，南方界即为巴蜀，而所谓西方的“屈头摩”只不过是邛都一名的异译。撰经者在印度，邛杖作为畅销的商品运至印度，那么竹杖的产地邛都必为当时的印度人所知，并以“屈头摩”名之。

根据《入法界品》，善财童子从福城出发参访善知识。这“福城”应是当时的世界名城长安。而善财童子身上似乎隐约有司马相如的影子。司马相如受命前往西夷，西夷得到汉朝的赏赐一定很多，此事震动一时，辗转传到印度，印度人羡慕之余，在佛教文学里出现了善财童子的形象。

---

[1] 《汉书·司马相如传》。

[2] 《汉武帝传》。

《入法界品》提到了福城的大塔。既然“福城”是长安，那么“大塔”指的是什么呢？史载汉武帝好神仙，他听说“仙人好楼居”，就在长安修建了蜚廉桂观，在甘泉宫建了延寿观，又在甘泉宫建起通天台，以等候神人，还在建章宫旁建起了神明台，等等。[1]这些建筑物无疑是劳民伤财，可是在世人眼中，也不禁会惊叹其堂皇富丽。《入法界品》里福城的大塔是不是那高峻的通天台或神明台呢？

三、西域之楚声

汉景帝不喜欢辞赋，辞赋名家庄忌（会稽吴人，时称庄夫子）不被看重。而武帝“早慕词赋”，爱好楚辞，曾经叫淮南王刘安为《离骚》写注解。庄忌的儿子（“或云族家子”）庄助作为文学之士，受到了武帝的赏识。[2]

《离骚》中说，“朝发轫于天津兮，夕余至乎西极”，汉武帝就以“西极”来为乌孙国送来的良马定名。元封六年（公元前105年）秋，武帝以宗室女细君嫁乌孙。细君在乌孙作诗曰：“吾家嫁我兮天一方，远托异国兮乌孙王。……居常土思兮心内伤，愿为黄鹄兮归故乡！”这大约是西域楚声之始。《离骚》或于此时传至西域，即公元前100年前后。

---

[1] 《史记·封禅书》。

[2] 鲁迅：《汉文学史纲要》，江苏文艺出版社2008年版，第53、62、63页。

汉光武帝刘秀（公元前6—公元57年）以光大汉武帝的事业为职志，他的年号就叫做“建武”。刘秀的儿子明帝刘庄（公元57—75年在位）时期，佛教逐渐在贵族中间传播。《后汉书·楚王英传》里说：“英晚节……学为浮屠（佛陀），斋戒祭祀。”公元65年，明帝派人赴西域求佛经。此举不仅出于重建统治阶层意识形态的需要，也是为了了解西域的军事、政治实情。

公元73年，班超奉明帝命，出使西域各国。班超在于阗“杀亲附匈奴的巫者与相国，于阗降汉”。[1]班超的英雄壮举，使西域与中原复通。班超是史学家班固的弟弟，他“涉猎书传”，曾任兰台令史，在他们身处的时代，《庄子》等中原流行的文籍很可能传到了西极之地。

以下是戚本禹（即戚文）书中有关班超的几条重要的历史记录：

> 公元90年，大月氏王求尚公主被拒，怒攻班超，为超所败。大月氏惊惧，岁奉贡献。
>
> 公元97年，班超遣甘英使大秦、条支，至安息西界而还。
>
> 公元100年，班超上书和帝，请求返回中原。
>
> 公元101年，安息遣使与中国通好，赠狮子与大鸟。
>
> 公元102年，班超还洛阳，不久去世。

---

[1] 戚文：《大风起兮云飞扬：两汉人物》，上海科学技术文献出版社2007年版，第381页。

由此可见，当公元100年左右，汉朝在西域的声威达至极盛。《华严经·入法界品》有可能就产生于这个时候。我推测，西域的无名作者倾心于璀璨的汉文明，他喜爱中原的《庄子》和《离骚》——这两部书的文字所传达的形象有着奇丽灵变的特点，于是因《庄子》52篇（今存33篇）和《离骚》一篇，利用印度《罗摩伽经》里的素材，撰成了善财童子五十三参的故事。因为《庄子·逍遥游》中引用了鲲化为鹏，而大鹏南飞的传说，于是就将善财童子的行路方向一律改为南向。因为《离骚》开头祖述“帝高阳”与“伯庸（祝融）”，于是就尊奉含义为“光明普照”的“卢舍那”。从历史与地理来看，佛教的发源地印度正在西域的南边，而新疆保存至今的日月岩画告诉我们，西域早就有太阳崇拜的信仰。

因此，《华严经》的思想主要是楚文化、印度文化和西域文化交融的产物，它浸染的时代精神是两汉的雄放与通脱。《入法界品》“宣扬的平等无差别看待一切的主张”[1]，使人很自然地联想到《庄子》里“不谴是非，而与世俗处”的论调；它“遍历各处参访求学的号召”[2]，也使人不禁想起《离骚》中“路漫漫其修远兮，吾将上下而求索”的名句。所不同者，是《华严经》特有的法界观念。这个概念“是对全部世间和出世间、全部凡圣境界的总概括”。[3]

---

[1] 魏道儒：《中国华严宗通史》，江苏古籍出版社2001年版，第37页。

[2] 同上。

[3] 同上，第35页。

四、武周革命

两汉之末的王莽和曹操可以说是中国传统思想的原教旨主义者。王莽依《周礼》而设百官，曹操据《禹贡》而划九州。虽然魏武“气雄力坚”，发抒情感却袭用了《诗经》的清婉格调，如“月明星稀，乌鹊南飞”，如“青青子衿，悠悠我心”，等等。他改编黄巾军，乘势而起，统一北方，推广屯田，他的功绩胜似了春秋时期管仲的“尊王攘夷”。曹操之后，思想界最灿烂的明星是正始年间（240—248 年）的少年天才王弼（226—249 年）。王弼以《老》解《易》，并认为“乾”不一定表示“天”，“坤”不一定表示“地”。这在今天依然算是极新鲜的见解。

《入法界品》在王弼的时代还没有传入中原。佛驮跋陀罗（359—429 年，意译觉贤）翻译《华严经》始于东晋义熙十四年（418 年），刘宋永初二年（421 年）译完。因为晋译《华严经》不完备，两百多年后，武则天遣使往于阗求取梵本。证圣元年（695 年）始译于洛阳大遍空寺，圣历二年（699 年）于佛授记寺译毕。[1]洛阳这两座寺的名字“大遍空”与“佛授记”暗含了《金刚经》里须菩提（传为解空第一）在如来佛座前听讲以及燃灯佛为如来授记之事。看来武则天当日是以《金刚经》来融摄《华严经》的。唐译《华严经》80 卷，若加上《金刚经》1 卷，正合《老子》81 章之数，说明武则天把李唐和道教作为自己的对立面。

---

[1] 《中国华严宗通史》，第 134 页。

天授元年（690 年），武则天易唐为周，定都洛阳。而在这以前，武则天早已在洛阳龙门西山兴建卢舍那佛雕像。在洛阳建都表明武则天继承了周公、孔子的“东周”理想，而龙门卢舍那佛像则表明武则天的精神支柱是华严思想。武则天政权的社会基础是地主阶级的中下层，她打击权贵，重用贤能，促进了统治阶层内部的新陈代谢。卢舍那佛像的端凝明静和周围群雕的俊迈超逸，是武周革命在文化上的形象预言。不仔细研究武周革命，就无法理解后来的开元盛世。武则天在历史上的作为可比汉武帝。汉武帝的精神是《离骚》的精神，而以《老子》观物；武则天的精神是《华严经》的精神，而以《金刚经》观心。

五、澄观

郭沫若说过，李白和杜甫“在中国文学史上的地位就跟天上的双子星座一样，永远并列着发出不灭的光辉”。盛唐的诗歌，代表着时代的新气象。尤其是李白的诗，饱含了清新振拔的少年精神，所以杜甫才那样真诚地欣赏他。是不是受了《入法界品》善财童子故事的强烈暗示，李白才写出了“天生我材必有用，千金散尽还复来”这样的诗句？

天宝年间（742—755 年），唐王朝盛极而衰。“从安史之乱到唐武宗灭佛的九十年间……推动华严学发生实质性进展的代表人物，是澄观和宗密。”[1] 澄观继承法藏的学说，而宗密发挥神会的理论。在我看来，澄观和宗密之间的差别，很有些像朱熹和王阳明这两者的关系。王阳明的心学来源于禅宗的观点，而朱熹的理学则借鉴了华严宗的见地。

澄观是华严宗经院哲学的集大成者。在澄观以后，华严宗与禅宗在义理上的融合是以禅宗为其主干的。就这样，佛教的中国化接近完成，在近世西学东渐以前，中国没有再能产生思想上的根本突破。

初稿写于 2010 年 9 月 2 日

---

[1] 《中国华严宗通史》，第 184 页。

青帝事业普贤行
——《红楼梦》的理想

一

《红楼梦》第五十三回（《宁国府除夕祭宗祠　荣国府元宵开夜宴》）里说“女客来者只不过贾菌之母娄氏带了贾菌来了”。这是一处暗示。娄字和鹿字音近，鹿字加上菌字的下半边就成了麕字。《诗经》中有《野有死麕》篇，南宋严粲《诗缉》说麕字“音君”，并引用《说文》的注解：“麕，獐也。”在《红楼梦》这一回里，黑山村的乌庄头交来的账目上写着“大鹿，獐子”等物，其中獐子50只。单子上还附了他物，如“活鹿两对”。第五十三回后面还讲到贾母“将自己这一席设于榻旁，命宝琴、湘云、黛玉、宝玉四人坐着”。我认为这四人对应的就是所谓“活鹿两对”。跟“死麕”联系起来，撇开宝玉不算，共是女子53人。

曹雪芹以神瑛侍者浇灌绛珠仙草的神话隐喻宝黛爱情，其中神瑛侍者之名应是从《西游记》里红孩儿的诨号圣婴大王和他被收伏之后的身份善财童子变化而来。《华严经·入法界品》叙说了善财童子53次参访“善知识”求道的故事。诸多善知识中包括了弥勒、文殊和普贤三位大菩萨。在《红楼梦》里，贾宝玉与大观园众女子，犹如善财童子五十三参。宝玉真心喜欢的是宝琴、湘云和黛玉，她们三位对应于弥勒、文殊和普贤。我们特别要注意的是，黛玉代表了普贤，也就是最能体现华严境界的菩萨。

二

《华严经》第七十八卷里的一段话，我最喜欢，并把它节录在下面。

> 尔时，弥勒菩萨摩诃萨观察一切道场众会，指示善财而作是言：
>
> “……诸仁者！此长者子，勇猛精进，志愿无杂，深心坚固，恒不退转……曩于福城受文殊教，展转南行求善知识，经由一百一十善知识已，然后而来至于我所，未曾暂起一念疲懈。”
>
> “……此长者子发心救护一切众生，令一切众生，解脱诸苦，超诸恶趣，离诸险难，破无明暗，出生死野，息诸趣轮，度魔境界，不着世法，出欲泥，断贪鞅，解见缚，坏想宅，绝迷道，摧慢幢，拔惑箭，撤睡盖，裂爱网，灭无明，度有流，离谄幻，净心垢，断痴惑，出生死。”
>
> “诸仁者！此长者子，为被四流漂泊者，造大法船；为被

见泥没溺者，立大法桥；为被痴暗昏迷者，然大智灯；为行生死旷野者，开示圣道；为婴烦恼重病者，调和法药；为遭生、老、死苦者，饮以甘露，令其安隐；为入贪、恚、痴火者，沃以定水，使得清凉；多忧恼者，慰谕使安；系有狱者，晓诲令出；入见网者，开以智剑……”

“此长者子，于一生内，则能净佛刹，则能化众生，则能以智慧深入法界，则能成就诸波罗蜜，则能增广一切诸行，则能圆满一切大愿，则能超出一切魔业，则能承事一切善友，则能清净诸菩萨道，则能具足普贤诸行。”

三

《红楼梦》第七十八回可以与第五十三回对观。曹雪芹用李慧娘预示晴雯（她是黛玉的影子）的命运，以林四娘比拟黛玉的情怀。在这一回宝玉说“一样花一位神”，而且还有“总花神”。第三十七回李纨道出宝玉的旧号为“绛洞花王”，所以宝玉就是这“总花神”。相传青帝掌管百花，因此曹雪芹是在以宝玉暗比青帝。

黄巢有名的咏菊诗写道：“飒飒西风满院栽，蕊寒香冷蝶难来，他年我若为青帝，报与桃花一处开。” 又云：“待到秋来九月八，我花开后百花杀，冲天香阵透长安，满城尽带黄金甲。”曹雪芹让林黛玉在海棠社“魁夺菊花诗”（第三十八回），还让她“重建桃花社”来取代海棠社（第七十回）。海棠象征着富贵秾丽，因而前者暗示“冲天香阵透长安”，后者暗示“报与桃花一处开”，他的用意还不清楚吗？曹雪芹也是在“敢笑黄巢不丈夫”呢！

在《〈水浒〉与〈红楼〉》中，我们说薛宝钗对应于宋江，李纨封她“蘅芜君”是影射晁盖死后由林冲领头拥戴宋江上台。结海棠诗社时，薛宝钗的诗评为第一，李纨“终要推宝钗这诗有身分”（第三十七回），不妨说曹雪芹是以海棠代表了宋江。晁盖死在春暖之时，正是桃花盛开的季节，不妨说曹雪芹以桃花代表了晁盖。《水浒传》里以大红叶树暗喻晁盖，而桃花也是红色，寓意造反的颜色。所以“重建桃花社”中的“重建”二字大有深意，是为了照应第二十三回里的埋桃花于花冢。《红楼梦》第二十三回、三十七回、七十回串连起来看，似乎是在说晁盖中箭身亡，宋江改聚义厅为忠义堂，曹雪芹为此痛惜和愤慨，所以特意设计了“重建”的情节。

书中第三十八回还影射了宋江在菊花会上乘酒兴作《满江红》，说什么“喜遇重阳……望天王降诏早招安，心方足”。薛宝钗《画菊》、《忆菊》二首诗中均含“重阳”二字。“诗余戏笔不知狂”暗示了宋江在浔阳楼上题反诗，“蓼红苇白断肠时”暗示了宋江葬在蓼儿洼。曹雪芹还借用薛宝钗的笔，在咏螃蟹诗里讽刺宋江受招安是“眼前道路无经纬，皮里春秋空黑黄”，他原指望“好风凭借力，送我上青云”（第七十回，《临江仙》，薛宝钗作），却是费尽了心机，走错了路。因此曹雪芹要让与鲁智深（他代表继续革命的路线）相对应的林黛玉来“重建”革命的事业。

四

在第五十三回中，曹雪芹详细叙写了乌进孝送来“年物”的账目，这里不必转述。读着曹雪芹以玩笑出之的文字，我们备觉剥削的苛酷，人间的不平。善财童子五十三参寻求的是“菩提心”，而曹雪芹领悟的是要反抗，要斗争。所以《红楼梦》的确是一部政治小说，它深婉隽永的笔调，隐藏着作者至为高远的理想，那就是：青帝事业普贤行。

简稿写于 2010 年 6 月 2 日

附录

悼红轩中的约翰

——读《新约》历史书笔记

《红楼梦》与《约翰福音》等

贾宝玉	林黛玉	史湘云	薛宝琴	柳湘莲
神瑛侍者	普贤	文殊	弥勒	此长者子
绛洞花主			杜丽娘	柳梦梅
耶稣	彼得	安得烈	伯大尼的马利亚	耶稣所爱的门徒
神仆	行	智	未来	居鲁士
摩西			扫罗的次女米甲	耶西的儿子大卫

《水浒传》与《使徒行传》等

晁盖	鲁智深 （樊瑞）	武松	林冲	宋江 （朱武） 史进	入云龙公孙胜
耶稣	彼得 （马可）	巴拿巴	扫罗	保罗 （路加） 马太	约翰

《新约》前五卷统称为历史书，就是《马太福音》、《马可福音》、《路加福音》、《约翰福音》和《使徒行传》这五卷书。[1] 正如《旧约》最前面的摩西五经是《旧约》的核心一样，《新约》历史书是《新约》的关键。就宗教影响而言，《新约》远远超过了《旧约》。所以《新约》历史书也可以说是整部《圣经》中最重要的部分。

唐朝开元年间，李通玄在并州隐居，“每日食枣十颗，柏叶饼一枚，余无所须”，用他精通的《周易》来解释武则天时期新译的八十卷《华严经》，写成了《新华严经论》。[2] 本文则是以《红楼梦》、《水浒传》来阐发《新约》历史书（特别是《约翰福音》）里蕴含的思想。从《水浒传》、《红楼梦》得到的启示，在以上图一和图二中已经概略地勾勒出来了。

读此文之前，请先读《〈水浒〉与〈红楼〉》、《〈离骚〉与〈红楼〉》、《〈诗经·周南/召南〉与〈红楼梦〉》及《青帝事业普贤行——〈红楼梦〉的理想》、《后记：春风杨柳万千条》等篇文章。本文引用的《圣经》词句，除特意指出外，均采自和合本。我手边的两本和合本《圣经》，是在厦门期间两位朋友梁蓉芳、林婉玲送给我的。

---

[1] 《圣经》思高本，第 1503 页。
[2] 《中国华严宗通史》，第 163—181 页。

上篇　弟子规

一、彼得、安得烈

在《红楼梦》里，曹雪芹暗把林黛玉和史湘云比作《华严经》中的普贤和文殊。[1] 文殊喻智，普贤喻行，约翰笔下安得烈和彼得的性格特征恰与“智”、“行”相应。

当耶稣被捕时，《马可福音》第14章第47节说：

> 旁边站着的人，有一个拔出刀来，将大祭司的仆人砍了一刀，削掉了他一个耳朵。

《马太福音》第26章第51—54节说：

> 有跟随耶稣的一个人伸手拔出刀来，将大祭司的仆人砍了一刀，削掉了他一个耳朵。耶稣对他说：“收刀入鞘吧！凡动刀的，必死在刀下。你想我不能求我父，现在为我差遣十二营多天使来吗？若是这样，经上所说，事情必须如此的话，怎么应验呢？”

《路加福音》第22章第49—51节说：

---

[1] 请参看《青帝事业普贤行》一文。

左右的人见光景不好，就说："主啊！我们拿刀砍可以不可以？"内中有一个人把大祭司的仆人砍了一刀，削掉了他的右耳。耶稣说："到了这个地步，由他们吧！"就摸那人的耳朵，把他治好了。

《约翰福音》第18章第10—11节说：

西门彼得带着一把刀，就拔出来，将大祭司的仆人砍了一刀，削掉他的右耳；那仆人名叫马勒古（Malchus）。耶稣就对彼得说："收刀入鞘吧！我父所给我的那杯，我岂可不喝呢？"[1]

可见约翰在改写的时候，曾经参酌了《马太福音》、《路加福音》，但是否看了《马可福音》，暂时还不能确定。约翰把拔刀之事归到彼得的名下。在这里，彼得就好像一位勇毅的江湖豪客，耶稣却沉静而从容。

对于首先认耶稣为基督一事，《马可福音》第8章第29节说：

（耶稣）又问他们说："你们说我是谁？"彼得回答说："你是基督。"

《马太福音》第16章第15—19节说：

[1] 约翰认识大祭司，所以知道大祭司仆人的名字，见第18章第15—16节。

耶稣说："你们说我是谁？"西门彼得回答说："你是基督，是永生神的儿子。"耶稣对他说："西门巴约拿[1]，你是有福的！因为这不是属血肉的指示你的，乃是我在天上的父指示的。我还告诉你，你是彼得，我要把我的教诲建造在这盘石上；阴间的权柄，不能胜过他。我要把天国的钥匙给你，凡你在地上所捆绑的，在天上也要捆绑；凡你在地上所释放的，在天上也要释放。"

《路加福音》第 9 章第 20 节说：

耶稣说："你们说我是谁？"彼得回答说："是神所立的基督。"

《约翰福音》第 1 章第 40—42 节说：

听见（施洗）约翰的话跟从耶稣的那两个人，一个是西门彼得的兄弟安得烈。他先找着自己的哥哥西门，对他说："我们遇见弥赛亚了。"（弥赛亚翻译过来就是基督。）于是领他去见耶稣。耶稣看着他，说："你是约拿的儿子[2]西门，你要称为矶法。"（矶法翻译过来就是彼得。）

---

[1] Simon son of Jonah，约拿的儿子。《旧约》有先知约拿在鱼腹中三日三夜的故事，耶稣这样称呼彼得，因为他打鱼为生。

[2] 在传抄中被讹为约翰的儿子。

因此，与三卷对观福音书不同，约翰记载的第一个信从耶稣、认他为基督的不是彼得，而是安得烈。在思高本中，安得烈是彼得的哥哥。当耶稣“在橄榄山上对圣殿而坐”时，跟在身边的就是彼得、雅各、约翰和安得烈。[1]

对于初次选召门徒，《马可福音》第1章第16—20节说：

> 耶稣顺着加利利的海边走，看见西门和西门的兄弟安得烈在海里撒网；他们本是打鱼的。耶稣对他们说：“来跟从我，我要叫你们得人如得鱼一样。”他们就立刻舍了网，跟从了他。耶稣稍往前走，又见西庇太的儿子雅各和雅各的兄弟约翰在船上补网。耶稣随即招呼他们，他们就把父亲西庇太和雇工人留在船上，跟从耶稣去了。

《马太福音》第4章第18—22节的记叙基本上是一样的，不过没有提及西庇太家的雇工。

《路加福音》第5章第1—11节说：

> （耶稣）对西门说：“把船开到水深之处，下网打鱼。”西门说：“夫子，我们整夜劳力，并没有打着什么。但依从你的话，我就下网。”他们下了网，就圈住许多鱼，网险些裂开……把鱼装满了两条船，甚至船要沉下去。西门彼得看见，

---

[1] 《马可福音》第13章第3—13节。

就俯伏在耶稣膝前，说："主啊！离开我，我是个罪人。"他和一切同在的人都惊讶这一网所打的鱼。他的伙伴西庇太的儿子雅各、约翰，也是这样。耶稣对西门说："不要怕！从今以后，你要得人了。"他们把两条船拢了岸，就撇下所有的，跟从了耶稣。

在路加的笔下，彼得的形象是愚顺、卑屈的，安得烈更是提也不提。这是什么缘故呢？路加是希腊人，是《新约》作者里面唯一的外邦人。保罗称他为亲爱的医生；保罗两次在罗马坐监，路加都随侍在旁。耶稣殉难后，保罗派极力向外邦人中的权贵传教，《路加福音》就是献给提阿非罗，"一位贵人"的。保罗派宣扬忍从罗马帝国的暴政，和以社会下层为主的彼得派矛盾很深。很可能安得烈曾经激烈反对过保罗派的做法，因此路加刻意地在最早归信耶稣的门徒里抹去了安得烈的名字。

跟随耶稣的那两个施洗约翰的门徒，一个是安得烈，另一个就是约翰，第四福音书的作者。看起来约翰与安得烈交好，在四卷福音书里，也要数约翰刻画的安得烈最有光彩。如《约翰福音》第6章第8—9节说：

有一个门徒，就是西门彼得的兄弟安得烈，对耶稣说："在这里有一个孩童，带着五个大麦饼、两条鱼，只是分给这许多人，还算什么呢？"

耶稣用五饼二鱼使五千人吃饱的神异故事，四位福音书作者中只有约翰记载了安得烈。又如第 12 章第 20—26 节里希腊人求见耶稣：

> 他们来见……腓力……腓力去告诉安得烈，安得烈同腓力去告诉耶稣。耶稣说："人子得荣耀的时候到了。我实实在在地告诉你们，一粒麦子不落在地里死了，仍旧是一粒；若是死了，就结出许多子粒来……"

麦粒的比喻曾经启发了许多人。从此处也可以看出安得烈与耶稣的关系很亲密。

彼得信仰坚定，《约翰福音》第 6 章第 66—69 节说：

> 从此，他门徒中多有退去的，不再和他同行。耶稣就对那十二个门徒说："你们也要去吗？"西门彼得回答说："主啊，你有永生之道，我们还归从谁呢？我们已经信了，又知道你是神的圣者。"

公元 67 年，彼得在罗马殉道（思高本第 1996 页）。当时，彼得说自己不配与耶稣受同样的刑罚，他要求把自己倒钉在十字架上。他的哥哥安得烈则在希腊帕特雷殉难，据说死于 X 型十字架。[1]

---

[1] 《基督教简史》，第 56—57 页。

二、保罗、巴拿巴、马可

路加的撰著分为两个部分，第三福音书是前半部分，后半部分就是《使徒行传》。如果说四福音书是《耶稣世家》的话，《使徒行传》便是《彼得保罗列传》。(思高本第1681页)

《使徒行传》第13章说：

(巴拿巴和扫罗）坐船往塞浦路斯[1]去……传讲神的道，也有约翰[2]作他们的帮手。

经过全岛，直到帕弗，在那里遇见一个有法术、假充先知的犹太人，名叫巴耶稣（Bar-Jesus)。这人常和方伯[3]士求保罗（Sergius Paulus）同在。士求保罗是个通达人，他请了巴拿巴和扫罗来，要听神的道。只是那行法术的以吕马（这名翻译过来就是行法术的意思）敌挡使徒，要叫方伯不信真道。扫罗又名保罗，被圣灵充满，定睛看他，说："你这充满各样诡诈奸恶，魔鬼的儿子，众善的仇敌，你混乱主的正道还不止住吗？现在主的手加在你身上，你要瞎眼，暂且不见日光。"他的眼睛立刻昏蒙黑暗，四下里求人拉着手领他。方伯看见所作的事，很希奇主的道，就信了。

保罗和他的同人从帕弗开船，来到旁非利亚的别加，约

[1] 巴拿巴生于塞浦路斯岛。

[2] 称呼马可的约翰，是巴拿巴的表弟。

[3] proconsul，总督。

翰就离开他们，回耶路撒冷去。

以上这一长段使我不禁想起《水浒传》里面林冲棒打“柴大官人师父”洪教头的故事。“洪”与“红”同音，在《水浒传》中寓意造反，以及造反的英雄晁盖。耶稣和晁天王对应，洪教头跟巴耶稣对应。[1] 扫罗对应于林冲，小旋风柴进对应于士求保罗。结交权贵的保罗，当然是与在晁盖身后改聚义厅为忠义堂的宋江相对应。

《水浒传》里，宋江在柴进庄上结纳了武松。《使徒行传》中，保罗和巴拿巴一同传教。在路司得城，那里的居民见巴拿巴身材魁伟，就称他为宙斯（Zeus），希腊神话中最高的神明。故此巴拿巴对应于景阳冈上打虎的好汉武松。路司得人还称保罗为赫耳墨斯（Hermes），宙斯的传旨者和信使。那时保罗的声望和地位仍在巴拿巴之下。在希腊神话里，赫耳墨斯可谓“巧言令色鲜矣仁”，保罗是否也给人这样的印象？

《使徒行传》第15章写道：

保罗对巴拿巴说：“我们可以回到从前宣传主道的各城，看望弟兄们景况如何。”巴拿巴有意要带称呼马可的约翰同去；但保罗因为马可从前在旁非利亚离开他们，不和他们同去作工，就以为不可带他去。于是二人起了争论，甚至彼此

[1] 请参考《〈水浒〉与〈红楼〉》一文。

分开。巴拿巴带着马可，坐船往塞浦路斯去……

马可为何在保罗传教旅程中离去？据说马可是彼得的“翻译员”和“随员”；彼得很喜爱他，称他为自己的儿子。如果把彼得比作《水浒传》里的鲁智深（如前面彼得性急拔刀，又如《约翰福音》第21章第7节），马可也许可以比作《水浒传》作者比拟于鲁智深的樊瑞（诨号混世魔王）。可能马可看不惯保罗攀附方伯，于是回耶路撒冷去了。

后来保罗汲取了和巴拿巴分开的教训，很注意团结马可，如《腓利门书》第24节、《歌罗西书》第4章第10节、《提摩太书》第4章第11节中的文句。这几处都同时说到了路加。既然保罗对应于及时雨宋江，路加也就可以与《水浒传》作者比拟于宋江的朱武相对应。《路加福音》是在《马太福音》的基础上增改而成。在四部福音书中，《马太福音》最像史迁的《孔子世家》，讲述耶稣及彼得的事迹也最为酣畅，所以马太无妨与《水浒传》里面寓意“可进于史”的史进相对应。

三、马太、路加

在《旧约·撒母耳记下》第7章，耶和华让先知拿单去告诉大卫：

你寿数满足，与你列祖同睡的时候，我必使你的后裔接续你的位，我也必坚定他的国。他必为我的名建造殿宇，我必坚

> 定他的国位，直到永远。我要作他的父；他要作我的子。他若犯了罪，我必用人的杖责打他，用人的鞭责罚他。但我的慈爱仍不离开他，像离开在你面前所废弃的扫罗一样。你的家和你的国，必在我面前永远坚立。你的国位也必坚定，直到永远。

《马可福音》一开头就以“神的儿子”四个字来称颂耶稣，原本是发自内心的朴素赞美。《马可福音》第12章35—37节还记载：

> 耶稣在殿里教训人，就问他们说：“文士怎么说，基督是大卫的子孙呢？大卫被圣灵感动，说：‘主对我主说，你坐在我的右边，等我使你仇敌作你的脚凳。’大卫既自己称他为主，他怎么又是大卫的子孙呢？”众人都喜欢听他。

因此，在彼得派的马可看来，耶稣是神的儿子，但并非大卫的子孙。这和《撒母耳记下》是相违背的。

马太在犹太人中间宣讲福音。《马太福音》为了跟《撒母耳记》下里大卫的后代成为耶和华之子的说法协调一致，于是说耶稣是“亚伯拉罕的后裔，大卫的子孙”。这实在是画蛇添足。

据《旧约·列王纪上》，在大卫的儿子所罗门手里建造了圣殿。所罗门初即位时残酷无情，亚多尼雅被杀，亚比亚他被革职，约押被杀，示每被杀，“这样，便坚定了所罗门的国位”。在夜间梦中，耶和华向所罗门显现，赐给他智慧、富足、尊荣。在这以后，所罗门就变成了一个温良而有智慧的君王。

在路加写的《使徒行传》里，保罗原来叫扫罗。扫罗在耶路撒冷“残害教会，进各人的家，拉着男女下在监里”。他是怎样转变的呢？《使徒行传》第9章说：

> 扫罗行路，将到大马士革，忽然从天上发光，四面照着他；他就仆倒在地，听见有声音对他说：“扫罗！扫罗！你为什么逼迫我？”他说：“主啊！你是谁？”主说：“我就是你所逼迫的耶稣……”

保罗皈依之后，就开始在大马士革各会堂里“宣传耶稣，说他是神的儿子”。路加似乎是在把保罗比作所罗门。他把保罗抬高到超过彼得、赶上耶稣的地位。在《使徒行传》第28章（就是最后一章），保罗引用了《以赛亚书》：

> 你去告诉这百姓说，你们听是要听见，却不明白；看是要看见，却不晓得。因为这百姓油蒙了心，耳朵发沉，眼睛闭着；恐怕眼睛看见，耳朵听见，心里明白，回转过来，我就医治他们。

此处和《路加福音》第8章第9—10节联系起来，明显与《马可福音》第4章第10—20节、《马太福音》第13章第10—17节这两处耶稣解释用比喻的目的时说的话有相继承的关系。这种写法，是在暗示保罗接续了耶稣的事业。

马超群编著的《基督教二千年》写道：

> 公元66年，巴勒斯坦再次爆发大规模犹太起义，历史上称为“犹太战争”。起义者曾重创罗马军队，坚持斗争4年之久，但最后仍然失败，耶路撒冷被攻陷，并毁于大火，成千上万的犹太人遭惨杀，钉死在十字架上者不计其数，以致“没有地方再立十字架，没有十字架再钉人”；幸存下来而被卖为奴隶的就有7万人之多。

公元67年，保罗在罗马受斩首之刑。彼得也在这一年殉难。犹太战争失败以后，销尽斗争锋芒的保罗派逐渐在信徒中得势。对观福音的后两篇应该就产生于这个时期。税吏出身的马太在第一福音书第5章里借耶稣的口训诫犹太人：

> 不要与恶人作对。有人打你的右脸，连左脸也转过来由他打……要爱你们的仇敌，为那逼迫你们的祷告。

在第12章，又引用《以赛亚书》第42章的诗歌，仿佛耶稣是一个谦谦君子：

> 他不争竞，不喧嚷，街上也没有人听见他的声音。压伤的芦苇他不折断，将残的灯火他不吹灭。

医生路加进而在《使徒行传》中拿《以赛亚书》第53章的诗歌来描摹耶稣的受难：

> 他像羊被牵到宰杀之地，又像羊羔在剪毛的人手下无声，他也是这样不开口。他卑微的时候，人不按公义审判他，谁能述说他的世代？因为他的生命从地上夺去。

可见斗争的失败，使奴才哲学盛行于世。路加甚至在《使徒行传》的末尾编造历史，说：

> （保罗）放胆传讲神国的道，将主耶稣基督的事教导人，并没有人禁止。

好像罗马帝国从来不曾镇压基督教的传播，保罗得以在荣显中尽其天年。我们不得不论定：保罗"所亲爱的"路加是地道的投降派。

下篇　贺新郎

四、绛洞花主

《马可福音》中，对彼得有光彩的事，常略而不提；对他的缺点，却记得较为详细。因此这本福音很可能写于彼得生前，也就是犹太战争以前；如果是在彼得去世以后写的，彼得派的马可一定会尽力渲染彼得的事迹，少讲或者不讲他的过失。

马可没有讲耶稣的童年，也很少记述他的言论。这反而说明，这部福音的讲述（除去其中的神话成分）离历史事实最近。“耶稣”本来是“约书亚”一词的希腊文音译，其原意为“雅赫维（基督徒读成耶和华）拯救”。[1]这名字在犹太人中很普通，但《马可福音》里的耶稣的确充满了“拯救”的英雄气概，如以下的场景所展现的：

怒视。在第3章第4—5节：

> （耶稣）又问众人说：“在安息日行善行恶，救命害命，哪样是可以的呢？”他们都不作声。耶稣怒目周围看他们，忧愁他们的心刚硬……

移山。第11章第23节里耶稣的话：

> 我实在告诉你们，无论何人对这座山说：“你挪开此地，投在海里！”他若心里不疑惑，只信他所说的必成，就必给他成了。

驱众。在第11章第15—17节：

[1] 《基督教二千年》，第11页。

> 耶稣进入圣殿，赶出殿里作买卖的人，推倒兑换银钱之人的桌子，和卖鸽子之人的凳子；也不许人拿着器具从殿里经过。便教训他们说："经上不是记着说：'我的殿必称为万国祷告的殿'吗？你们倒使它成为贼窝了。"

可见《马可福音》的文字简练有力，塑造的人物性格鲜明，极像产生于明代中叶的《水浒传》的语言风格。

论到耶稣当日在犹太人中行事的意义，就在于除旧布新。在第2章第18—22节，耶稣把自己比作新郎：

> 他们来问耶稣说："（施洗）约翰的门徒和法利赛人的门徒禁食，你的门徒倒不禁食，这是为什么呢？"耶稣对他们说："新郎和陪伴之人同在的时候，陪伴之人岂能禁食呢？……没有人把新布缝在旧衣服上，恐怕所补上的新布带坏了旧衣服，破得就更大了。也没有人把新酒装在旧皮袋里，恐怕酒把皮袋裂开，酒和皮袋就都坏了；惟把新酒装在新皮袋里。"[1]

这"新郎"二字的寓意就是文化上的更新，观念上的革命。耶稣说：

---

[1] 犹太人的婚宴为期八天，在八天之内即使正逢禁食日，也不须禁食。

(1)“康健的人用不着医生，有病的人才用得着。我来本不是召义人，乃是召罪人。”(第 2 章第 17 节)

(2)“安息日是为人设立的，人不是为安息日设立的。”(第 2 章第 27 节)

(3)“凡遵行神旨意的人，就是我的弟兄姐妹和母亲了。”(第 3 章第 35 节)

在耶稣心里，最要紧的是“人”，哪怕是卑微的、被人轻贱的人。与此相反，他嫉视那些为富不仁者，他说：

“倚靠钱财的人进神的国是何等地难哪！骆驼穿过针的眼，比财主进神的国还容易呢。”(第 10 章第 24—25 节)

在这本福音的第一章，马可首先写施洗约翰，为在他以后来的耶稣作铺垫。“约翰穿骆驼毛的衣服，腰束皮带，吃的是蝗虫、野蜜”，他在旷野施洗。马可引用了《以赛亚书》第 40 章第 3 节，以显扬约翰：

看哪！我要差遣我的使者在你前面，预备道路。在旷野有人声喊着说：“预备主的道，修直他的路。”

《以赛亚书》共 66 章，一般分成两大部分：第 1—39 章为第一部分，第 40—66 章为第二部分。马可引述的就是第二部分开头的一段话。两个部分不像是同一位作者的手笔，所以两位想象中的作者被习惯地称为第一以赛亚和第二以赛亚。《以赛亚书》第53章第4—6节说：

他诚然担当我们的忧患，背负我们的痛苦；我们却以为他受责罚，被神击打苦待了。哪知他为我们的过犯受害，为我们的罪孽压伤。因他受的刑罚，我们得平安；因他受的鞭伤，我们得医治。我们都如羊走迷，各人偏行己路，耶和华使我们众人的罪孽都归在他身上。

马可在犹太战争之前记述的耶稣，印证着第二以赛亚对于神仆的以上咏叹。《马可福音》是这样记载的：

(1) 他们都定他该死的罪。就有人吐唾沫在他脸上，又蒙着他的脸，用拳头打他，对他说："你说预言吧！"差役接过他来，用手掌打他。(第14章第64—65节)

(2) ……将耶稣鞭打了，交给人钉十字架……他们给他穿上紫袍，又用荆棘编作冠冕给他戴上……又拿一根苇子打他的头，吐唾沫在他脸上，屈膝拜他。(第15章第15—19节)

(3) 于是将他钉在十字架上，拈阄分他的衣服，看是谁得什么……他们又把两个强盗和他同钉十字架，一个在右边，一个在左边……从那里经过的人辱骂他，摇着头……那和他同钉的人也是讥诮他。(第15章第24—32节)

荷担“我们的”忧患和痛苦，诚然是解放者的气息。这有些像《红楼梦》里宝玉所言的“总花神（青帝）”代表的情怀，也正像他的旧号“绛洞花主”传达的普度的精神。

五、此长者子

引导犹太人出埃及的先知摩西，古埃及学家认为他的名字含有“孩童”或“儿子”等义。我国历史上夏王朝的奠基者“予”（或写成“杼”），他的名字的字形近似于“子”字，应该也有“儿子”的意思；推究“予”字最初的含义，大概就是公社贵族把财产“给予”自己的儿子。大禹治水和夏后启夺权的故事很可能都是“予”的生平事迹的讹变。“予”也曾被公认为神禹的儿子吧。[1]同样，犹太人把摩西当作上帝耶和华的儿子。

《约翰福音》第1章第17—18节写道：

> 律法本是借着摩西传的；恩典和真理都是由耶稣基督来的。从来没有人看见神，只有在父怀里的独生子将他表明出来。

这显然是将耶稣比作先知摩西。犹太人的重大节日逾越节，纪念摩西带领他们出埃及的壮举。古代犹太人传说，弥赛亚将在逾越节夜里来拯救他的子民。《约翰福音》三次说“犹太人的逾越

[1] 请参考《从相土到成汤——尧舜及其族群续考之三》。

节近了”（第 2 章第 13 节、第 6 章第 4 节、第 11 章第 55 节），暗示耶稣就是盼望中的弥赛亚，是堪比摩西的英雄。

《约翰福音》第 19 章第 25 节说：

> 站在耶稣十字架旁边的，有他母亲与他母亲的姊妹，并革罗罢（Clopas）的妻子马利亚和抹大拉的马利亚。耶稣见母亲和他所爱的那门徒站在旁边，就对他母亲说：“母亲，看你的儿子！”又对那门徒说：“看你的母亲！”从此那门徒就接她到自己家里去了。

传统上认为，“耶稣所爱的门徒”就是约翰；其实不然。这位门徒的身上无疑有作者约翰的影子，但他并不就是约翰。约翰知道，耶稣（及小雅各、约西）的母亲叫马利亚，而另一位约翰（就是马可）的母亲也叫马利亚（《使徒行传》第 12 章第 12 节），因此他杜撰了耶稣被害前将自己的母亲托付给“约翰”的情节。既然耶稣所爱的门徒是他临刑托付母亲的对象，那么这就意味着他是耶稣的接班人。

Clopas 的希伯来语字根为 chalaph，意思是“改变”或“取代”。所以“革罗罢的妻子马利亚”实际上是“抹大拉的马利亚”的注脚，寓意“抹大拉的马利亚”的丈夫是“革罗罢”，即接班人。所以约翰是在暗示，“抹大拉的马利亚”所适者将是“耶稣所爱的门徒”。

《马可福音》第 14 章第 3 节说：

> 耶稣在伯大尼……有一个女人拿着一玉瓶至贵的真哪哒(nard) [1] 香膏来，打破玉瓶，把膏浇在耶稣的头上。

《马太福音》第 26 章第 6—7 节说：

> 耶稣在伯大尼……有一个女人拿着一玉瓶极贵的香膏来……浇在他的头上。

《路加福音》没有记此事。《约翰福音》第 12 章第 1—3 节说：

> ……耶稣来到伯大尼……马利亚就拿着一斤极贵的真哪哒香膏抹耶稣的脚，又用自己头发去擦；屋里就满了膏的香气。

可见约翰重述此事时参考的主要版本是《马可福音》。值得注意的是，约翰为这个不知其名的女人取名马利亚。约翰这样做，可能因为他看到《马可福音》第 16 章第 1 节有如下的记载：

> 过了安息日，抹大拉的马利亚和雅各的母亲马利亚，并撒罗米，买了香膏，要去膏耶稣的身体。

所以“抹大拉的马利亚”又是在伯大尼用香膏搽耶稣脚的

[1] 哪哒是一种树，产珍贵的香膏。

“马利亚”的注脚，即后者的丈夫是耶稣所爱的门徒。

《约翰福音》第 11 章第 1—5 节说：

> ……伯大尼，就是马利亚和她姐姐马大的村庄……患病的拉撒路是她的兄弟。她姊妹两个就打发人去见耶稣，说：“主啊，你所爱的人病了。”……耶稣素来爱马大和她妹子拉撒路。

这里的马利亚、拉撒路和马大使人联想到《撒母耳记上》第 18 章中的米甲、约拿单和米拉：

> (1) 扫罗的次女米甲爱大卫，有人告诉扫罗，扫罗就喜悦。
>
> (2) 扫罗对大卫说：“我将大女儿米拉给你为妻，只要你为我奋勇，为耶和华争战。”
>
> (3)（扫罗的儿子）约拿单爱大卫，如同爱自己的性命。

但耶稣却并不对应于大卫王。由于马大的妹子马利亚隐喻米甲，因此她的丈夫将与大卫相对应，也就是说，耶稣的接班人将是未来的大卫王。

犹太人历史上最重要的两个人物，一个是摩西，另一个就是大卫。大卫王有些像孔子敬仰的周公，他改革了犹太人的祭祀制度，以及与祭祀相关的礼乐。《撒母耳记上》说大卫当少年时：

(1) 大卫是……耶西的儿子。耶西有八个儿子。当扫罗的时候，耶西已经老迈……大卫是最小的……（第17章第12—14节）

(2)“还有个小的，现在放羊。”……他面色光红，双目清秀，容貌俊美……撒母耳就用角里的膏油，在他诸兄中膏了他。(第16章第11—13节)

(3)“我曾见伯利恒城耶西的一个儿子善于弹琴，是大有勇敢的战士，说话合宜，容貌俊美，耶和华也与他同在。”(第16章第18节)

在《约翰福音》里，作者在那位耶稣所爱的门徒身上寄托了自己的理想，希望他继承耶稣的精神，像古代大卫王统一犹太各部族那样，拯救世界，使普天之下实现大同。就这样，约翰把对未来的期望写进了历史。

《以赛亚书》第48章称解救犹太人脱离巴比伦囚掳的波斯王居鲁士（Cyrus）为“耶和华所爱的人”，则约翰也可能以那位耶稣“所爱的”门徒隐喻居鲁士，古代东方的著名君王。第41章和第46章有言：

谁从东方兴起一人，凭公义召他来到脚前呢？

我召鸷鸟（a bird of prey）从东方来，召那成就我筹算的人从远方来。

这来自东方者也就是居鲁士；他曾铸金质的苍鹰作为自己的徽章。居鲁士还是《圣经》中唯一一个上帝所膏立的外邦君王。

如果约翰将耶稣的接班人比作居鲁士，那么在犹太人约翰心目中，他所寄望的“大卫”很可能来自于遥远的东方。

《约翰福音》里第一次讲到耶稣的接班人，是耶稣预言将被出卖的时候：

> ……西门彼得点头对他说：“你告诉我们，主是指着谁说的。”……耶稣就蘸了一点饼，递给加略人西门的儿子犹大。他吃了以后，撒旦就入了他的心。耶稣便对他说：“你所作的快作吧！”（第13章第23—27节）

可见约翰最切齿痛恨的就是叛徒犹大，他希望耶稣的后继者，东方的大卫，绝不要忘记了这个教训。

六、白雪红梅

在《红楼梦》第五十一回，薛宝琴作了十首怀古绝句。最后一首题为《梅花观怀古》，其中第一句是“不在梅边在柳边”，暗示了薛宝琴的婚姻。“梅”指的是所谓“都中梅翰林之子”（第四十九回），“柳”隐喻柳湘莲。按曹雪芹的本意，薛宝琴没有如约嫁给梅氏，而是和柳湘莲结为夫妻。

如果拿《华严经》第七十八卷来比照，可以看出曹雪芹是把薛宝琴比作弥勒，而柳湘莲则比作弥勒称叹的善财童子。[1]《华严经》里弥勒说：“此长者子……发大勇猛，擐（读幻字的音）大悲甲，以大慈心救护众生……”这当然是极崇高的人格。

《梅花观怀古》咏怀的是元代戏剧《牡丹亭》中柳梦梅和杜丽娘的爱情故事。柳湘莲既与柳梦梅相对应，那么“梅”除了梅翰林家之外，还应别有所指。在《红楼梦》里，梅花是“总花神”贾宝玉的喻象。第五回《开生面梦演红楼梦 立新场情传幻境情》，引出全书“警幻”之意。这一回说“因东边宁府中花园内梅花盛开，贾珍之妻尤氏乃治酒请贾母、邢夫人、王夫人等赏花”，由此贾宝玉才经历一番梦境，蕴含《离骚》之中屈原自寓的灵均访求虙妃，及宋玉所书楚怀王梦遇神女之意。[2]秦末群雄举兵，找来楚怀王流落民间牧羊的孙子，奉为名义领袖，亦呼楚怀王。所以曹雪芹师楚，的确有反清思想，他婉曲地预言了未来的革命；而“凌寒独自开”的梅花象征的原本不只是男女间的情思，它更代表了志士的心怀和理想的境界。

第四十九回有一长段细叙“琉璃世界白雪红梅”的景致：

> ……从玻璃窗内往外一看，原来不是日光，竟是一夜大雪，下的将有一尺多厚，天上仍是搓绵扯絮一般。宝玉此时欢喜非常……出了院门，四顾一望，并无二色，远远的是青松翠竹，自己却如装在玻璃盒内一般。于是走至山坡之下，

[1] 请参看《青帝事业普贤行》。

[2] 请参看《〈离骚〉与〈红楼〉》一文。

> 顺着山脚，刚转过去，已闻得一阵寒香拂鼻。回头一看，却是妙玉门前栊翠庵中有十数株红梅，如胭脂一般，映着雪色，分外显得精神，好不有趣。宝玉便立住，细细的赏玩一回方走。

第五十回邢岫（音秀）烟、李纹、薛宝琴三人用“红梅花”三个字作韵，吟成七律。宝琴写得最好，“宝玉见宝琴年纪最小，才又敏捷，深为奇异”。这一回还有一处写“白雪红梅”：

> ……一看四面粉装银砌，忽见宝琴披着凫靥裘，站在山坡上遥等，身后一个丫鬟，抱着一瓶红梅。众人都笑道：“少了两个人，他却在这里等着，也弄梅花去了。”……宝琴背后转出一个披大红猩毡的人来。贾母道：“那又是那个女孩儿？”众人笑道：“我们都在这里，那是宝玉。”贾母笑道：“我的眼越发花了。”说话之间，来至跟前，可不是宝玉和宝琴。

原来“抱着一瓶红梅”的不是丫鬟，而是宝玉。把宝玉写成“丫鬟”，也很有“神瑛侍者”的意味。贾母喜爱宝琴，向薛姨妈细问她的“年庚八字并家内景况”，“薛姨妈度其意思，大约要与宝玉求配”。因此，“不在梅边在柳边”中的“梅”其实暗指宝玉，而并非“梅翰林的儿子”。由于宝琴对应的弥勒（笑和尚）是未来佛，因此“不在梅边在柳边”表明属于未来者不是贾宝玉，而是柳湘莲。将《约翰福音》和《红楼梦》进行比较，《约翰福音》里献香膏的女人也是“不在梅边在柳边”，这里的“梅”是耶稣，而“柳”是耶稣所爱的门徒。

《红楼梦》第五十二回宝琴念真真国（暗寓《会真记》，即《西厢记》，见第二十三回；第二十八回所谓茜香国，亦暗寓《西厢记》）女孩作的五言律诗，前四句为：

> 昨夜朱楼梦，今宵水国吟。岛云蒸大海，岚气接丛林。

“朱楼”指的是大观园；“水国”指的是域外的“水浒”，似乎隐含了混江龙李俊从太仓港出海、在暹罗建国之事。《红楼梦》里与李俊对应的人物是探春[1]，这四句诗可能是在预言探春将远赴海外。在第四十九回，探春“围着大红猩猩毡斗篷，戴着观音兜”；“观音”暗示探春虽贵为女王，但一生孤独，未能结婚。

这首显得是外国人勉强凑出来的诗，自然远不如第五十回宝琴作的《咏红梅花》，其中中间四句是：

> 闲庭曲槛无余雪，流水空山有落霞。幽梦冷随红袖笛，游仙香泛绛河槎。

“余雪”，薛宝钗。“落霞”，史湘云（枕霞旧友）。“红袖”，林黛玉。“绛河”，贾宝玉（绛洞花主）。这首诗摒宝钗于宝玉、黛

---

[1] 参看前文《〈水浒〉与〈红楼〉》。

玉、湘云和宝琴四人之外，把她当成“余雪”。这一回接下来宝玉的诗“访妙玉乞红梅”五、六两句是：

入世冷挑红雪去，离尘香割紫云来。

与宝琴诗的中间四句正相对应。绛色本是大红色，绛、紫二字常连用成词。在第八回里，宝玉写的“绛芸轩”三个字，黛玉见了，笑道“个个都好”；绛河、紫云、绛芸，指的都是宝玉。（“雪”、“云”又暗示宝钗、湘云，“挑去”、“割来”也有弃、取之意。）曹雪芹读《西游记》，深喜红孩儿，故将红孩儿“圣婴大王”的绰号，“善财童子”（《西游记》里的善财童子和《华严经》里的善财童子是不同的）的身份，化作“神瑛侍者”之名，复将红孩儿的“火云洞”化为“绛芸轩”，而自号“绛洞花主”。

在大雪中，众女子“不是猩猩毡，就是羽缎羽纱的（穿羽纱的是黛玉）；十来件大红衣裳，映着大雪”（第五十一回平儿语，她对应于燕青），可谓“绛洞”群花。只有薛宝钗和李纨（这两人对应于《水浒传》里的宋江和林冲）衣着不同。后面第五十一回平儿作主将一件大红羽纱雪褂子送给邢岫烟，说明作者对这位自己着墨不多的姑娘也很欣赏，可是对薛宝钗及李纨却感到“隔”。

黛玉曾为三生石畔“绛珠草”（第一回），“绛芸轩”三字中的“芸”字带有草头，寓意“绛珠草”就在其中。所以“潇湘妃子”在群芳中，和“绛洞花主”最是心心相印。在第五十回里，当宝玉作诗时，黛玉提起笔来，说道：“你念，我写。”这短短四个字，真写尽了宝黛二人的情意。

七、入云龙

《红楼梦》全书开卷所录第一首诗后四句云：

> 谩言红袖啼痕重，更有情痴抱恨长。字字看来皆是血，十年辛苦不寻常！

这里的“红袖”也应是黛玉，而“情痴”当指宝玉。这一回还说：

> 后因曹雪芹于悼红轩中披阅十载，增删五次，纂成目录，分出章回，则题曰“金陵十二钗”。并题一绝云：满纸荒唐言，一把辛酸泪。都云作者痴，谁解其中味？

这里的“辛酸泪”则是作者自道其创作的艰苦。“悼红”者，主要是以怀念的心情描写宝玉、黛玉和雪中那十来位身着“大红衣裳”的姑娘。

当约翰塑造耶稣、彼得、“耶稣所爱的门徒”及其他门徒的时候，想必也有类似的心情。所不同者，曹雪芹以贾宝玉自寓，而寄望于未来的“柳湘莲”；约翰呢，他自寓的就是那位耶稣未来的接班人。所以曹雪芹会感慨“无材可去补苍天，枉入红尘若许年”，而约翰的撰述却更如“霁月光风耀玉堂”。

在《马可福音》第3章第13—19节，耶稣拣选十二门徒，他给约翰和他哥哥雅各起名“雷霆之子”(Sons of Thunder)。过去的注解说两人脾气暴躁，很可能是错误的。推测耶稣的原意，似乎是对这两兄弟抱有殷切的希望。所以在《马可福音》第10章第35—45节，我们读到：

> 西庇太的儿子雅各、约翰进前来，对耶稣说：“夫子，我们无论求你什么，愿你给我们作。”耶稣说：“要我给你们作什么？”他们说：“赐我们在你的荣耀里，一个坐在你右边，一个坐在你左边。”……[1]

后来耶稣殉难，彼得为众使徒的首领。彼得、约翰常一起行事[2]，成为彼得派的关键人物。他对彼得的性格很了解，在《约翰福音》里几次通过与“耶稣所爱的门徒”的对比，来表现彼得的性格，以及耶稣对后者的垂爱：

> (1) 彼得和那门徒就出来，往坟墓那里去。两个人同跑，那门徒比彼得跑得更快，先到了坟墓……只是没有进去。西门彼得随后也到了，进坟墓里去……先到坟墓的那门徒也进去，看见就信了。(第20章)

[1] 公元43年，雅各被希律王杀害。

[2] 《使徒行传》第3—4章。

(2) 天将亮的时候，耶稣站在岸上，门徒却不知道是耶稣……耶稣所爱的那门徒对彼得说："是主！"那时彼得赤着身子，一听见是主，就束上一件外衣，跳在海里。(第 21 章)

(3) 彼得转过来，看见耶稣所爱的那门徒跟着……彼得看见他，就问耶稣说："主啊，这人将来如何？"耶稣对他说："我若要他等到我来的时候，与你何干？你跟从我吧！"(第 21 章)

所谓"等到我来的时候"，不能照字面来理解。它的真实意思是：在未来的某个时代，"那门徒"将实现耶稣的愿望。约翰写福音书时，彼得也早已殉道，保罗派逐渐成为信众的主流。约翰写"耶稣所爱的门徒"，其实就是在为未来作预言，是在表达心中的信念。在书卷的最后，他说：

为这些事作见证，并且记载这些事的，就是这门徒；我们也知道他的见证是真的。耶稣所行的事还有许多；若是一一地都写出来，我想，所写的书，就是世界也容不下了。

这是一种"如是我闻"的叙述语气，给文学加上了历史的气息。"耶稣所爱的门徒"并不就是作者约翰，他是约翰构思的耶稣的接班人。

《约翰福音》三次提到逾越节，第一次是在第 6 章第 4 节："那时犹太人的逾越节近了。"约翰讲了逾越节之后，很快，在第 7 章

第2节又说："当时犹太人的住棚节近了。"住棚节是犹太人的国庆节，节期在公历的九、十月间，一连庆祝八天。《约翰福音》第7章第37—38节记着：

……最隆重的那一天，耶稣站着大声喊说："谁若渴，到我这里来喝罢！凡信从我的，就如经上说：从他的心中要流出活水的江河。"（思高本第1653页）

在第14章第6节，耶稣说"我就是道路、真理、生命"，这三个喻词使人想起《老子》中的"道"。中国文明里的这个"道"字，总括了宇宙、历史和人生的真谛。《约翰福音》第16章第12节，耶稣说：

我还有好些事要告诉你们，但你们现在担当不了。

这些没有讲的话是不是约翰当那众芳摇落之时，正自思索的关于生命的妙谛？

一场文化的革命失败了。耶稣亦曾自认失败：

我的国不属这世界。我的国若属这世界，我的臣仆必要争战，使我不至于被交给犹太人；只是我的国不属这世界。（第18章第36节）

在耶稣身后，彼得继续这场文化的革命，也失败了。先后跟随耶稣和彼得的“雷霆之子”约翰，他昔日的壮怀激烈竟变成冷眼静观；可是仍然怀着希望，希望的化身就是“耶稣所爱的门徒”。

在整篇书卷里，约翰不写自己和哥哥雅各，只以“西庇太的两个儿子”暗指（第21章第2节）；大概这时他已经归于宁静，“以自隐无名为务”了。相传约翰修道养寿，年约百岁方终。

写至此，又想起《老子》第四十九章云：“致虚，恒也；守中，笃也。万物并作，吾以观其复。”宇宙至大，大道至为幽缈，我也在追寻之中。

2011年1月17日下午，写成初稿

补记

一

我的《圣经》思高本是在北京天主教南堂买的。在明清之际，德国耶稣会士汤若望（John Adam）长期居住在这里，直至1666年逝世。在汤若望生活的年代，他是国中地位最为崇高的“远臣”。他深通天文，医术精湛，善制火炮，是一位百科全书式的科学家。跟世界上那些金碧辉煌的教堂比起来，今天的南堂显得很简陋，但它是中西文化交流的历史见证。这朴拙的南堂，在懂得文化价值的人心中，犹如“毗卢遮那庄严藏大楼阁”，值得由衷地“恭敬顶礼”。

2011 年 2 月 7 日

二

《路加福音》第 10 章说：

> Now as they went on their way, he entered a certain village, where a woman named Martha welcomed him into her home. She had a sister named Mary, who sat at the Lord' s feet and listened to what he was saying. But Martha was distracted by her many tasks; so she came to him and asked, "Lord, do you not care that my sister has left me to do all the work by myself? Tell her then to help me. " But the Lord answered her, "Martha, Martha, you are worried and distracted by many things; there is need of only one thing. Mary has chosen the better part, which will not be taken away from her."（NRSV, New Revised Standard Version）

《约翰福音》中“伯大尼的马利亚”主要取材于此处。因此 Mary the wife of Clopas 理应就是伯大尼的马利亚。

《路加福音》第 24 章说：

> Now on that same day two of them were going to a village… one of them, whose name was Cleopas…They were saying, "The Lord has risen indeed, and he has appeared to Simon!"

这里的 two of them 看来是 Simon 和 Cleopas 这二人。《约翰福音》中"耶稣所爱的门徒"常与彼得（Simon）一起，他的原型即是Cleopas。Clopas 和Cleopas 思高本均译为克罗帕，认为是一个人。所以 Clopas 就是耶稣所爱的门徒。

在《约翰福音》的结尾：

> Peter turned and saw the disciple whom Jesus loved following them…he said to Jesus, "Lord, what about him?" Jesus said to him, "If it is my will that he remain until I come, what is that to you? Follow me!"

这段话跟《路加福音》第 10 章里的那段话很相像，再一次说明约翰把耶稣所爱的门徒和伯大尼的马利亚联系在一起。

圣史约翰写伯大尼的马利亚，把她比作扫罗的次女米甲，是为了暗示她的丈夫，耶稣所爱的门徒，将是未来的大卫。《约翰福音》第 1 章第 19—28 节说施洗约翰为耶稣作见证，其地便在伯大尼。因而圣史约翰自比施洗约翰，他写耶稣所爱的门徒，为未来的君王作见证，并且强调"we know that his testimony is true"。

2011 年 3 月 19 日

三

路加是希腊人，《路加福音》里的Cleopas和希腊语的Cleopatra相近，后者是历史上有名的埃及女王的名字。Cleopas和Cleopatra的关联，正如Alexander和Alexandra那样。Cleopas意为“the whole glory”（完全的荣耀），路加可能是在暗指保罗。

约翰是犹太人，《约翰福音》里的Clopas，考察它的希伯来语的词源，有“改变”或“取代”的意味，因此约翰用Clopas来指代耶稣未来的接班人。Cleopas和Clopas差异甚微，却一指保罗，一指“耶稣所爱的门徒”。

《约翰福音》写于《路加福音》及《使徒行传》之后，却只字不提保罗，对彼得则语含肯定但有所保留，所以约翰心里面认为彼得也好，保罗也好，都不堪担任耶稣事业的接班人。《约翰福音》的开头说：“In the beginning was the Word”（邃古之初有圣言），在这篇福音中耶稣讲的话有很多，最后一句是“If it is my will that he remain until I come, what is that to you?”（我若要他等到我来时还在，你何须在意？）看得出来，约翰在“耶稣所爱的门徒”身上寄托了高远的理想。

《约翰福音》第1章讲“The light shines in the darkness, and the darkness did not overcome it.”（光照在黑暗里，黑暗不能掩没它。）很像《妙法莲华经》里的偈赞“无垢清净光，慧日破诸暗”。《约翰福音》第14章耶稣说：“I am the way, and the truth, and the life.”（我就是道路、真理、生命。）“道路”、“真理”和“生命”三个词

几乎是最简练地概括了《老子》之中“道”字的意涵。因而圣史约翰的妙悟实与我国佛、道经典里的思想相通。这似乎是在预示，他理想中的人物应来自东方，将是中国文明的继承者。

2011 年 4 月 2 日

四

在《约翰福音》第 1 章第 42 节中，耶稣对安得烈（Andrew）的弟弟西门（Simon）说：“You are to be called Cephas。”Cephas 翻成希腊语就是彼得（Peter）。最早的基督徒都是犹太人，均知 Simon 的代称为 Cephas。

在《路加福音》第 24 章（最后一章）里，Cleopas 跟 Simon 也就是 Cephas 一起见到了复活的耶稣。Cleopas 和 Cephas 形音相近，那么 Cleopas 所指称的应是一位与彼得地位相近的人物。在路加心目中，这个人只可能是保罗。《路加福音》和《使徒行传》是同一部书的前后两部分，后者乃是一篇基督徒的《彼得保罗列传》，因此《路加福音》最后一章写 Cleopas，是在“预表”《使徒行传》里保罗的出现。

圣史约翰只写彼得，不写保罗，以 Clopas 来代替 Cleopas，也就是用“耶稣所爱的门徒”来代替保罗。在他的笔下，彼得的性格和伯大尼（Bethany）的马大（Martha）相似，“耶稣所爱的门徒”与她的妹妹马利亚相配。

《约翰福音》的开头和《创世记》的开篇意思相近。《创世记》里说，是上帝带来了光明；《约翰福音》中则说耶稣便是那照彻万物的真光。约翰写这篇福音书时一定参考了《创世记》。《创世记》里上帝将亚当和夏娃逐出东方的伊甸园，那么《约翰福音》中对此会怎样来回应呢？

约翰写“耶稣所爱的门徒”，藏着一个隐喻，把他的理想寄托在东方。他似乎还把“耶稣所爱的门徒”比作亚当，把伯大尼的马利亚比作夏娃，因此，《约翰福音》最深的寓意是：一个新的亚当将在未来的东方兴起，他会引领人类重归伊甸乐园。

由此又想到“关关雎鸠，在河之洲，窈窕淑女，君子好逑”，周人把《关雎》作为《诗经》的第一篇，含意是深长的。

2011 年 5 月 6 日上午

老子寻绎

说明

《老子寻绎》给读者提供一个易于诵读的《老子》版本，并解释每一章、每一节里的词句，尽量做到平实、晓畅。

我按照意义相近的原则对《老子》全篇进行了章节划分。我在划分章节时依据的主要版本是历史文献学家张舜徽先生的《老子疏证》。张先生写这本书的时候，湖北郭店楚简本还没有问世，无法利用更新的研究成果。所以这次我主要根据楚简本，校正了一些文字。在校正时，我也用到了帛书甲、乙本和王弼本。在分章的同时，我重新标点了《老子》全篇。

我在反复细读《老子》全文的基础上，把《老子》分成了66章，即《德经》33章，《道经》33章。章以下分为若干节；每一节又往往分出若干小节，都是为了疏通文义，便于理解。这66章文字凡是相对于《老子疏证》有改动的地方都用下画线标识，要删去的句子还用斜体字予以表示。

我在分章节和写注解的过程中，发现有几处文句（见 26·2、30 章和 61·1·2 等）需要调整位置。我斟酌再三，还是这样做了，并且一一写了理由。我先解释每一节或小节里的词句；觉得有必要时，用简短的话阐述这一节或小节表达的思想，有时略作发挥，然后意译全段的内容。之所以采取意译的方式，是因为《老子》里的句式和现代汉语相去甚远，而且《老子》的文学色彩浓厚，实际上是一篇散文诗，直译不容易把道理讲透。

张舜徽先生精研周秦道论，但可惜他只看到《老子》和《韩非子》、《吕氏春秋》、《淮南鸿烈》等书在道论方面的共同点，还来不及深入研究《老子》本身的思想特色。《老子寻绎》包含了我过去几年来学习《老子》的体会。我认为，《老子》里的“道”并不玄虚，它就是我们常说的对立统一规律，即事物相反相成的法则；而“德”指的是君主与“道”相合的品格。

从《老子》全文来看，作者对礼治深恶痛绝；对于“仁义”，他不赞赏，也不鄙弃。作者写书的对象无疑是君主，他心目中理想的君主便是“圣人”。作者站在社会底层人民一边，抨击了社会的黑暗，统治集团的骄奢淫逸。

在西方，马克思主义有三个来源：德国的古典哲学，法国的空想社会主义和英国的古典政治经济学。在中国，我们完全可以说，《老子》代表了中华民族古典哲学的最高成就，它也是我国社会主义思想的源头。《老子》“损有餘而补不足”（见 31·2）的伟大思想也可以说是法家（如桑弘羊）政治经济学的精华。

《老子》还讲了怎样用兵，怎样进行政治斗争，因为军事政治本来就是君主最操心的事情。但《老子》不是一部单纯的兵书。

《老子》也讲了养生的原则，因为整个国家千头万绪都集中于君主一身，如果不注意身体，就谈不上治理好国家。但《老子》不是养生书，更不是气功书。

《老子》最常说的“无为”体现了他丰富的人生经验和高超的历史智慧。

各章节的具体解释这里就不介绍了，读者自能鉴之。

2008年2月3日写，2011年7月17日改

第一章

1·1·1 **上德不德，是以有德；下德不失德，是以无德。上德无为，而无以为。**

上德、下德：上等的德，下等的德。后面有“上德若谷”，又有“上善若水”，还说“天下皆知美之为美，斯恶已；皆知善之为善，斯不善已”。所以这里“德”可释为“美善”，是对君主品质的高要求，是当时政治人物共同标举的修身的目标。老子认为“德”分“上德”和“下德”，当时普遍追求、标榜的只是“下德”，而不是“上德”。老子所谓“上德”，是指符合于“道”的“德”。道即根本规律，按照根本规律去做，就应该“不德”。这一小节就是“失道而后德”的意思。

上德无为，而无以为：第二个“为”字读第四声。张舜徽据《韩非子》改为“上德无为而无不为”，这里改回。“无为”在这里有“不德”的意思，即不自以为有德。“无以为”是说不为自己。

此节请参考35·1和35·2。35·1解释了“下德不失德，是以无德”；而35·2解释了“上德无为，而无以为”，“万物作焉而不辞，为而不恃，功成而弗居”即是“无以为”之意。

意译

上等的德不自以为美善，所以才有德；下等的德时刻不忘突出自己美善，所以就无德。上等的德不表现自己，做事也不是为了自己。

1·1·2 **上仁为之，而无以为。上义为之，而有以为。**

1·1·3 **上礼为之，而莫之应，则攘臂而扔之。**

上仁、上义、上礼：上等的仁，上等的义，上等的礼。上文分出了“上德”和“下德”，又讲“上德无为，而无以为”，这里为求形式上整齐，就说“上仁”、“上义”、“上礼”。“下德”的情况已用“下德不失德，是以无德”讲明，所以不再说“下德”，也就不说“下仁”、“下义”、“下礼”。

无以为、有以为：没有明确的目的性，有明确的目的性。

攘臂而扔之：攘，音壤，捋的意思。扔，用力牵引。

意译

上仁之君做不到清静无事，他勤勤恳恳，仁爱待人，不是为了自己的利益。上义之君不能清静无为，他兢兢业业，秉持正义，是为了社会有一个合理的秩序。上礼之君做不到清静无事，他奉行礼制，等级森严，如果有人不肯听从，那就命人扭住他的胳膊，把他摔倒在地。

1·2 **故失道而后德，失德而后仁，失仁而后义，失义而后礼**。

这段话归纳了道德仁义礼之间的关系。这是在《老子》全文中第一次出现“道”字，就是根本规律的意思。这里的“德”是那时社会一般意义上的“德”，即“美善”的意思。老子在这一章开宗明义指出，究其实这不过是下等的德而已，已经违反了“道”，不是上等的德了。这一句进一步把前面“上德”的概念深化，引入了“道”的概念。“失德而后仁”是说上仁之君尽管勤恳、仁爱，不存私心，但是不谙治道，也就不可能达到美善的境地。“失仁而后义”是说上义之君为了维护正义，就会持政苛酷，刻薄寡恩，有失仁爱。“失义而后礼”是说在上礼之君一意推行的礼制即等级制下，社会的公平、正义就不可能实现了。

意译

所以君主只有失去了道才崇尚德，只有失去了德才崇尚仁，只有失去了仁才崇尚义，只有失去了义才崇尚礼。

1·3·1 **夫礼者，忠信之薄也，而乱之首也。前识者，道之华也，而愚之首也**。

夫礼者，忠信之薄也：忠信，忠实、诚信。薄，稀薄、稀少。

"失义而后礼"，社会没有了公平、正义，那就会充满欺诈，忠实、诚信反而成为稀罕事了。

前识者，道之华也：前识，先见之明。下德之君大概以为自己的先见之明也属于美善一类，好像掌握了道，其实只不过华而不实，虚有其表。

意译

礼治啊，忠实、诚信再也难以寻见，这是人间最大的祸害。先见之明啊，下德之德，虚有其表，这是最愚蠢的做法。

1·3·2 **是以大丈夫处其厚不居其薄，处其实不居其华，故去彼取此**。

处其厚不居其薄，处其实不居其华：厚，即"忠信"。薄，即"礼"。实，即"道"。华，即"前识"。

去彼取此：彼，"礼"与"前识"；此，"忠信"与"道"。

意译

所以有志向的君主怀抱忠信的原则，不搞礼治；持守根本的规律，不炫耀华而不实的先见之明。因此就摒弃后者，实行前者。

第二章

2·1 **昔之得一者，天得一以清，地得一以宁，神得一以灵，谷得一以盈，侯王得一以为天下正。其致之，一也**。

昔之得一者：一，即道，事物的根本规律。因为道独一无二，不同于万物，所以也称为一。

谷得一以盈：谷，河谷。盈，河水丰盈。

侯王得一以为天下正：侯王，即王侯。在唐代以前，名词排列大都按从小到大的顺序，唐以后则反之。如“圣贤”原称为“贤圣”。后文的“贵高”就是“高贵”，“慧智”就是“智慧”。天下，《老子》时代人们眼中的世界，即全中国。正，指君主。

其致之，一也：致，达到。

意译

曾经得到过“一”的有哪些呢？天得到“一”就清平，地得到“一”就宁静，神得到“一”就灵验，河谷得到“一”就水量丰足，王侯得到“一”就可以做普天下的君主。正是因为有了“一”，才能够做到这些。

2·2 **天无已清，将恐裂；地无已宁，将恐废；神无已灵，将恐歇；谷无已盈，将恐竭；侯王无已贵高，将恐蹶**。

天无已清，地无已宁，神无已灵，谷无已盈，侯王无已贵高：已，停止。

裂、废、歇、竭、蹶：裂，裂开，崩裂。废，废坠，塌陷。歇，停歇、衰歇。竭，穷竭、枯竭。蹶，跌倒、失败。如果天、地、神、谷、王侯总是清、宁、灵、盈、高贵，那就要走向反面了。

这一段是物极必反之意。所以“一”或“道”应该就是对立统一规律。

意译

如果天总是清平，天恐怕就要崩裂了。如果地总是宁静，地恐怕就要塌陷了。如果神总是灵验，恐怕就要不起作用了。如果河谷总是水量丰足，恐怕就要枯竭了。如果王侯总是自恃高贵，恐怕就要倒台了。

2·3 **故必贵而以贱为本，必高而以下为基。是以侯王自称孤、寡、不穀。此其以贱为本也，非欤？故致数舆无舆。不欲琭琭如玉、珞珞如石。**

侯王自称孤、寡、不穀：孤、寡、不穀，都是自谦的称呼。不穀，就是“仆”，臣仆的意思。穀，音古。

数舆无舆：数，这里念第三声。舆，即车。车子的发明，表明人类文明进入较高级的阶段。因为车子已经是复杂的器具，由多个部件组成。车子的作用，在各部分相互配合下完成。所以在说到车子的时候，如果只举出车子本身，不说它的各个部分，那车子的作用怎样得以发挥呢？

琭琭如玉、珞珞如石：琭琭，精美的样子。琭，音路。珞珞，坚利的样子。珞，音落。

这一段是说，认识了相反相成的规律，就要在实践中照着去做。怎样做呢？就是要在懂得“一分为二”以后还要懂得“合二为一”，要懂得“设置对立面”的道理。那么，处在高贵的地位上，就要谦卑、柔和，不可骄傲自大、予智予雄。

意译

所以一定要把卑贱当成高贵的基础。因此王侯自称孤家、寡人或者臣仆。这是把低贱作为根本啊，不是吗？所以光是举出车子，车子就不可能发挥作用。不要像玉一样的精美，也不要像石头一样坚利。

第三章

3·1 **上士闻道，勤而行之。中士闻道，若存若亡。下士闻道，大笑之。不笑，不足以为道。是以《建言》有之曰："明道若昧，进道若退，夷道若颣。"**

上士、中士、下士：上等、中等和下等的士。士阶层是为君主管理国家服务的。这里按照他们对于道的不同态度来划分等次。

明道若昧，进道若退，夷道若颣：明道，明白的道。进道，进取的道。夷道，平易的道。昧，暗昧。退，退让。颣，纠结，音类。

意译

上等的士听说了道，就努力遵行。中等的士听说了道，有时照着做，有时就忘了。下等的士听说了道，却大笑不止。不被他们取笑，道就不足以为道了。所以《建言》书里说："道是很明白的，看起来却很暗昧；道是进取的，看起来却像是教人退让；道是平实的，看起来却仿佛纠结缠绕。"

3·2·1 **上德若谷，大白若辱**。

上德若谷：谷，河谷。在农业文明初起时，河谷地带由于有丰富的水源和广阔的平原，特别适合农牧业。这里用河谷来比喻君主有度量，善于团结人。

大白若辱：白，洁白、洁净。辱，垢辱、垢污。这里是说君主有胸怀，他不嫌弃有缺点错误的人。

意译

上等的德好比河谷，最洁净的却仿佛沾染了垢污。

3·2·2 **广德若不足，建德若偷，质德若渝**。

广，广大。建，有作为。偷，苟且偷安。质，质直、质朴。渝，流质善变。

这一段仿《建言》引语，澄清“德”的真实含义。这里的“德”，是得道之德，即合于道的德，就是“上德”。《老子》全文在这里第一次出现德字的这个意义。所以虽然《老子》原文是《德经》在前，《道经》在后，仍然应当称之为《道德经》，而不当称之为《德道经》。德，其实质便是设置对立面。

意译

德是广大的，看起来却似乎有所不足；德是大有作为的，看起来却仿佛苟且偷安；德是质朴的，看起来却好像变化无常。

3·2·3 **大方无隅，大器晚成**。

大方无隅：方，方正。隅，棱角。

这一段是说正直的人要磨炼自己，只有经受了锻炼，懂得了社会的复杂，学会了因应的方法，领悟了道，才能成大器。

意译

最方正的却没有棱角，最好的器具不可能一夕制成。

第四章

4·1·1 **大音希声，大象无形，道隐无名。夫唯道，善始且善成。**

大音希声，大象无形：大音，最好的声音。大象，最好的形象。

意译

它是最好的声音啊，却听不见声响；它是最好的形象啊，却看不见踪迹。道总是幽隐而无名。可是也只有道，它善于开始，而且善于成功。

4·1·2 **反也者，道之动也；弱也者，道之用也。**

反：对立面。弱：强的反面。君主处于强势地位。

这段话再次点明道就是对立统一规律，重申守柔是君主用道之方。

意译

道的运行啊，总是朝向事物的对立面。因此柔弱处事啊，是君主运用道的一般原则。

4·2·1 **天下之物生于有，有生于无。道生一，一生二，二生三，三**

生万物。

“有”在这里是萌生的意思。女子怀孕的时候就说“有了”。事物都是从无到有，从小到大发展起来的。任何事物的发展都要遵循一定的规律。万物发展的共同规律或者根本规律就是道。道就是一。二就是事物的两个对立面，即“一分为二”。三就是两个对立方面的统一，即“合二为一”。对万物自身的发展来说，统一是主要的，斗争是次要的。“道生一，一生二，二生三，三生万物”，这就是说道的运化产生了万物，道是万物发生发展依从的根本规律。

“一生二，二生三”这两句是具体解释道的。或许我们可以这样来理解。二是阳爻和阴爻这二者，代表事物的两个对立面。三则是阳爻和阴爻的稍为繁复的排列了（试联想八卦），代表事物两个对立面的耦合。更加复杂的排列（如六十四卦）也还只是排列罢了，在哲学上说明不了更多东西，所以说“三生万物”。

从《周易》进到《老子》，意味着哲学从天才的猜想进到了成熟的智慧。马克思说：“人体解剖对于猴体解剖是一把钥匙。反过来说，低等动物身上表露的高等动物的征兆，只有在高等动物本身已被认识之后才能理解。”[1]《老子》是人体，而《周易》则是猴体。虽然六十四卦比之八卦并没有更多的哲学意义，但编排者的用意可能是要以六十四卦来刻画人的生命历程，因为三十二卦或一百二十八卦都难以比附大多数人的年岁。由此可见，《周易》当以乾卦为首，而不以坤卦为首，因为年轻时代应该奋发有为、自强不息。

---

[1] 《〈政治经济学批判〉导言》，《马克思恩格斯选集》第二卷，人民出版社 1995 年第 2 版，第 23 页。

意译

世界上万物的生长都要先从萌芽开始，萌芽以前则并无此物。道是独一无二的，它不但表现为两个对立的方面，而且表现为这两个对立面的统一。正是道即对立统一的规律孕育、滋养了万物。

4·2·2 **万物负阴而抱阳，冲气以为和。**

万物负阴而抱阳：万物，群生，各种生物。阴，阴面。阳，阳面。这句的意思是"万物生长靠太阳"，即民众拥戴有道的君王。

冲气以为和：气，精神状态。冲，谦冲自牧。和，和柔的精神状态。

《老子》每次在讲了道的性质和作用之后，总要紧接着讲君主应该怎样做，以与道相符。所以学以致用的精神贯穿了整部《老子》。老子哲学不是空洞、抽象的教条，它是为君主治国服务的。

意译

君主按照道来领导国家，那么民众就会衷心拥戴他，就像万物生长依靠太阳一样。虽然万民仰戴，君主还是谦和地对待民众。

第五章

5·1 **人之所恶，唯孤、寡、不穀，而王公以自名。故物或损之而益，或益之而损。人之所教，我亦教之："强梁者不得其死。"吾将以为学父。**

强梁者不得其死：强梁，逞强、恃强。

学父：关键的学习内容。

意译

人们所厌恶的，也就是孤家、寡人、臣仆的称谓，可是王公反而用来称呼自己。所以事物看起来是受了损失的，实际上往往得到了收益；看起来是得了益处的，实际上往往受到了损害。有句话前人教过的，我也拿来教人："逞强的人得不到好下场。"我要把它作为学习的关键。

5·2 **天下之至柔，驰骋天下之至坚。出于无有，入于无间。吾是以知无为之有益。不言之教，无为之益，天下希能及之矣。**

老子继续用水的特性来开导君主不要逞强。"强梁者不得其死"和"天下之至柔，驰骋天下之至坚"从相反的两个方面来说明问题。一是恃强者必败，一是柔弱胜刚强。水虽然是至柔的东西，可是发洪水的时候不论多么坚硬的东西都抵挡不住它。这里"无为"的意思是不要妄为，"不言"的意思是不要乱下命令。"出于无有"，这只是观察洪水时候的心理感受，并不是说水是从"无有"中来。无有，就是无的意思。无间，是说没有缝隙。

意译

水是世界上最柔软的东西，可是它能淹没、席卷、摧垮世界上最坚硬的东西。当水势浩大的时候，它仿佛突然产生，一无凭借而来；无论多么细小的缝隙，它都能钻进去，它竟然无坚不摧。由此我就懂得了无为的益处。轻举妄动究竟有什么好处呢？不要躁动妄为，不要乱下命令，这两者的教益，世界上没有多少人能够领会啊。

第六章

6·1 **名与身孰亲？身与货孰多？得与亡孰病？甚爱必大费，多藏必厚亡。故知足不辱，知止不殆，可以长久。**

身与货孰多：货，财物。多，宝贵。

得与亡孰病：亡，亡失。病，患害。

甚爱必大费，多藏必厚亡：甚，过度。厚，大量。

知止不殆：殆，危险的意思。

意译

声名和身体哪一个更可亲？身体和财富哪一个更可贵？得与失哪一个更可惜？过度的追求名声必定会极度损耗人的精神，过多的积累财富必定会招致巨大的损失。所以君主只有知足才不会遭受屈辱，只有懂得了适可而止才不会有危险，只有这样做才能长久。

6·2·1 **大成若缺，其用不弊；大盈若冲，其用不穷。**

大成若缺，其用不弊：成，完善、完美。缺，缺失、缺憾。弊，弊坏、破败。

大盈若冲，其用不穷：盈，盈满、圆满，和“成”字同义。冲，空，什么也没有。穷，穷尽，陷入绝境，一无所有。

这一小节上承“知足不辱，知止不殆，可以长久”，继续启发君主不要贪求盈满，而要凡事适可而止，能放能收。“若缺”、“若冲”就是“知足”、“ 知止”，“其用不弊”、“其用不穷”就是“不辱”、“不殆”，就是“可以长久”。“缺”是“成”的对立面，“冲”是“盈”的对立面，而正是“若缺”带来了“大成”，“若冲”带来了“大盈”。后面《道经》也有“保此道者不欲盈。夫唯不盈，故能弊而新成”（48·2）。

意译

最完美的结果看起来却似乎还有缺憾，照这样做事就不会衰败。最圆满的结果看起来却仿佛毫无收获，照这样做事就不会水尽山穷。

6·2·2 **大直若屈，大巧若拙，大辩若讷，大赢若绌**。

屈，即“曲”，圆滑。拙，笨拙。讷，木讷。绌，受挫。

“屈”是“直”的对立面，“拙”是“巧”的对立面，“讷”是“辩”的对立面，“绌”是“赢”的对立面，而正是“若屈”、“若拙”、“若讷”、“若绌”促成了“大直”、“大巧”、“大辩”、“大赢”。这一小节进一步举例说明相反相成的道理，启发君主要把握限度、能放能收。“直”、“巧”、“辩”、“赢”就是放开，“屈”、“拙”、“讷”、“绌”就是收拢。

意译

最正直的却仿佛很圆滑，最灵巧的却似乎很笨拙，最有口才的却好像很木讷，最完全的胜利却似乎是遭到了挫败。

6·3 **趮胜寒，静胜热，清静可以为天下正。天下有道，却走马以粪；天下无道，戎马生于郊。罪莫大于可欲，祸莫大于不知足，**

咎莫惨于欲得。故知足之为足，此恒足矣。

趮胜寒，静胜热，清静可以为天下正：趮，音躁，疾走，急走。静胜热，“心静自然凉”的意思。正，君主，前文有“侯王得一以为天下正”(2·1)。

天下有道，却走马以粪；天下无道，戎马生于郊：却，拦回。走，跑动。走马：四处跑动的马，就是战马。粪，粪田，用粪来肥田。戎马，即战马。生，出现。郊，城郊。

咎莫惨于欲得：咎，过错。惨，惨痛。欲得，想要得到。同句“可欲”的意思是足以引起欲望。

故知足之为足，此恒足矣：张舜徽校定为“故知足之足恒足矣”，楚简甲本则为“知足之为足，此恒足矣”，意思更显豁，所以采用楚简本，但保留“故”字以表示与上文的关联。这句是说，明白了已经有的东西，已经是足够多了，不再过多贪求，这才能保持长久的丰足。

意译

快走能胜过严寒，宁静能胜过炎热，清静无欲的君主能领导全天下。假如天下有道，就拦回四处驰骋的战马，用马粪来肥田。假如天下无道，战马就会出现在城市的郊野。有足以勾起人欲望的东西，这就是最大的罪过；不知足是最大的祸患；想要得到这，得到那，这就是最惨痛的过错。所以明白了已经有的已经足够多了，这才能做到长久的丰裕。

第七章

7·1 不出于户，以知天下；不窥于牖，以知天道。其出弥远，其知弥少。是以圣人不行而知，不见而明，不为而成。

不窥于牖，以知天道：窥，望。牖，窗。天道：自然变化的规律。圣人，有道的君主，这是《老子》一书中第一次出现这个词。

这一段是说君主善于用人，自己不动，自己不看，自己不做，就能掌握社会变化和自然变化。君主日理万机，如果事无巨细都自己来做，必定苦身劳形，而事情也不可能办好。“不行”、“不见”、“不为”是极而言之，君主不可能自己什么也不做。

意译

不出门，就知道全天下的事情；不往窗外望，就知道自然变化的规律。出门走得越远，知道的反而越少。所以圣人不亲自出行就能了解情况，不亲眼看就能明了事物的来龙去脉，不亲自做就能把事情办好。

7·2 为学者日益，闻道者日损。损之又损，以至于无为，无为而无不为。取天下恒以无事。及其有事，不足以取天下。

为学者日益，闻道者日损：益，增益、增多。损，减损、减少。

取天下恒以无事：取，获取、夺取。后文有“大邦以下小邦，则取小邦；小邦以下大邦，则取于大邦。故或下以取，或下而取”。

这一段是启发君主“秉要执本”，做事把握住关键。

意译

治学的人一天比一天增多知识，听到道的人一天比一天减少劳碌。不断地减少亲自处理的事务，直到能够清静无为，虽然无为却没有什么做不成。君主夺取天下，自己却总是无事。如果事务缠身，就不足以夺取天下。

7·3 **圣人恒无心，以百姓心为心。善者吾善之，不善者吾亦善之，德善也；信者吾信之，不信者吾亦信之，德信也。圣人之在天下，歙歙焉，为天下浑心。百姓皆注其耳目，圣人皆阂之。**

圣人恒无心，以百姓心为心：无心，不思、不费神。心，这里是思虑的意思。百姓，百官。

善者吾善之，不善者吾亦善之，德善也；信者吾信之，不信者吾亦信之，德信也：德，得。德善，得到了善良的官员；德信，得到了可信的官员。百官之善与不善，可信与不可信，难以鉴别。如果轻易下结论，很可能会挫伤那些真正善良可信的官员的积极性。只有都当他们是善良的和可信的，百官才敢充分发挥才智，君主才能得到那些真正善良和忠实的官员的服务。

圣人之在天下，歙歙焉，为天下浑心：歙歙，收敛、含藏。浑心，混沌其心，减损思虑，"收卷精神作愚鲁"。

百姓皆注其耳目，圣人皆阂之：注其耳目，用耳朵去听，用眼睛去看。阂之，闭塞自己的耳朵和眼睛。之，指君主的耳朵和眼睛。

意译

圣人总是自己不费神，把百官的思考作为自己的思考。善良的官员我善待他，不善良的官员我也善待他，这就能得到真正善良的官员；可信的官员我相信他，不可信的官员我也相信他，这就能得到真正可信的官员。圣人在这个世界上啊，他收敛自己的智慧，为了全天下而减损思虑，保全精神。百官都竭尽他们的才智去看去听，而圣人则全然不看不听。

第八章

8·1 **出生入死。生之途，十有三；死之途，十有三。而民之生，生而动，动皆之死地，亦十有三。夫何故？以其生生之厚。**

出生入死：出生，从娘肚子里生出来。入死，死后埋入土中。

生之途，十有三；死之途，十有三：途，道途、道路。生之途，向着生的道路，等于说出生的时候。死之途，向着死的道路，等于说死去的时候。有，通又。十有三，指九窍四肢这十三件东西。九窍，眼睛、耳朵、鼻子各两窍，口一窍，小便、大便各一窍，共有九窍。

民之生，生而动，动皆之死地：民之生，人们的生活。生而动，为了生活而采取一定的举动。动皆之死地，各种举动都朝着向死的处境趋进。

生生之厚：生活的欲望过高，人生的奉养过度。生生，营谋、经营生活。

这一节说明过度的欲望是十分有害的。

意译

人总是从娘肚子里生出来，死了以后总是埋进土里。出生的时候啊，就是九窍四肢这十三件东西；死去的时候啊，也是这十三件东西。而人们在社会上生活，为了生活而这样做、那样做，种种做法都向着死亡奔竞，也还是这十三件东西。这是什么缘故啊？因为他们生活的欲望超过了必要的限度。

8·2 **盖闻善摄生者，陆行不遇兕虎，入军不被甲兵。兕无所投其角，虎无所措其爪，兵无所容其刃。夫何故？以其无死地焉。**

盖闻善摄生者：盖，大概，隐约之辞。摄生，护持自己的生命。

陆行不遇兕虎，入军不被甲兵：兕，音四，犀牛。被，遭受。甲兵，甲衣和兵器，这里偏指兵器。

兕无所投其角，虎无所措其爪，兵无所容其刃：投，用力抵。措，用力抓。容，容受，指兵刃刺入人的身体。

这一节是说善于护持生命的人处事为人远离向死的处境，那么猛兽也好，兵器也好，都不会对他造成伤害。

意译

我听说那些善于护持自己生命的人，在陆地上行走不会遇到犀牛和老虎之类的猛兽，身处乱军之中也不会遭到武器的袭击。犀牛没有地方来抵它的角，老虎没有地方来用爪抓，武器也没有地方来容受锋刃。这是什么缘故呢？因为他们远离了向死的处境。

第九章

9·1 **道生之而德畜之，物形之而器成之。是以万物尊道而贵德。道之尊也，德之贵也，夫莫之爵也，而恒自然也。**

道生之而德畜之：德，得于道，这里就是道的意思。畜，音义同蓄，畜养的意思。

物形之而器成之：物，自然之物。器，人为之器。这句是说两者的形成都是因为有了道的作用。

夫莫之爵也，而恒自然也：爵，加官进爵，指人为的尊敬、看重。自然，本来就是如此。

意译

正是因为有了道的生养，才形成了各种自然之物和人为之器。所以对万物来说，道是至为尊贵的。道的尊贵啊，不依赖于来自外物的荣宠，它本来就是这样尊贵的。

9·2 **道，生之畜之，长之育之，亭之毒之，养之覆之。生而不有，为而不恃，长而不宰，是谓玄德。**

生之畜之，长之育之，亭之毒之，养之覆之：长，滋长、成长。亭，定。毒，安。覆，遮蔽，荫庇。

生而不有，为而不恃，长而不宰，是谓玄德：有，据有、占有。宰，宰割、戕害。种树的人等树长大了，就会砍伐它；养猪的人等猪长壮了，就会宰割它。玄德，幽远的德，就是说，德是幽远的。玄德在这里相当于玄道。《道经》首章说："玄之又玄，

众妙之门。”(34·3)

这一节用拟人化的手法来赞颂道。

意译

道生育万物，滋养万物，安定万物，庇护万物。它生养而不占有，付出而不居功，使万物发荣滋长而不斫伤它们来取利，这就叫幽远的德啊。

9·3 **天下有始，以为天下母。既得其母，以知其子；既知其子，复守其母，没身不殆。**

始、母：指道，事物的根本规律。《道经》首章“无名，万物之始也；有名，万物之母也”(34·1)。所以“子”就是万物。

没身不殆：没身，死后埋入土中。殆，疲困、疲惫。

意译

世界有它的开端，这就是万物的母亲。既然明白了道，就能够理解万物了。已经理解了万物，还应该继续持守道，这样到死都不会疲惫不堪。

第十章

10·1 **塞其兑，闭其门，终身不勤。开其兑，济其事，终身不救。**

塞其兑，闭其门，终身不勤：兑，口。门，耳、目。“兑”也可以指耳目，“门”也可以指口。勤，勤苦、劳顿。终身，到生命结束。“终身不勤”与“没身不殆”(9·3)同义。

开其兑，济其事，终身不救：兑，此处承前句，兼指口与耳目。济，帮助、促进。救，救治、解脱。

这一节告诫君主不要什么事都自己做，否则就会苦身焦思，无法解脱。

意译

闭口不言，自己不听不看，这样到死都不会劳苦。开口说话，亲自去看去听，想把事情办好，这样到死都不得解脱。

10·2 **见小曰明，守柔曰强**。**用其光，复归其明，无遗身殃，是谓袭常**。

用其光，复归其明，无遗身殃，是谓袭常：光，比喻观察的智慧。复归，收卷，不向外显露。“用其光”就是“见小”，“复归其明”就是“守柔”。遗，音卫，带来。殃，灾殃、灾祸。袭，袭用。常，法则、原则。

这一节是对上一节的补充。君主要善于观察细节，但是还要注意限度，不能流于苛察。苛察可能会招来祸患。

意译

注意细节叫做有智慧，持守和柔叫做有力量。既然已经观察了外物，就把精神收回来，不要一味地苛察，这样就不会带来灾祸，这就叫掌握了管理的原则。

第十一章

11 **使我介然有知，行于大道，唯施是畏。大道甚夷，而民好径。朝甚除，田甚芜，仓甚虚；服文采，带利剑，厌饮食，财货有余，是谓盗夸。非道也哉！**

使我介然有知，行于大道，唯施是畏：介然，辨别清楚的样子。施，音移，通“迤”字，邪的意思。

大道甚夷，而民好径：大道，大路。夷，平坦。径，邪路。

朝甚除，田甚芜，仓甚虚：朝，朝堂、殿宇。除，整饬、洁净。

服文采，带利剑，厌饮食，财货有余：文采，华丽的服饰。厌，餍足、腻味。

盗夸：夸，奢侈。

这一章痛斥剥削阶级的穷奢极欲，说他们的富贵生活是盗窃来的。老子不欲明指，但这里的“民”实际上就是腐朽的统治阶层。老子认为他们没有见识，走的是一条邪路。

意译

假使我有见识，能够分清楚，我就一定走大路，努力避免邪路。大路很平坦，可是人们却喜欢走邪径。他们征发民力，建起了堂皇整洁的宫殿，却误了农时，田地荒芜了，粮仓也空了。他们穿着华丽的衣服，带着利剑作装饰，山珍海味都吃腻了，他们的财富多得用不完，可以说是盗窃而来的奢侈生活。这是彻底违反了道啊！

第十二章

12·1 **善建者不拔，善抱者不脱，子孙以祭祀不绝。修之身，其德乃真；修之家，其德有余；修之乡，其德乃长；修之邦，其德乃丰；修之天下，其德乃普。**

善建者不拔，善抱者不脱：建，建立、树立。拔，拔起、撼动。抱，抱持、把握。脱，滑脱、挣脱。

子孙以祭祀不绝：指后代通过祭祀方式的怀念不会中断。以，因此。

修之身，其德乃真：修，修学，修学的对象是道。德，得于道。

意译

善于建立的就不会被撼动，善于抱持的就不会被挣脱。循道以建功立业，就能赢得人们的永久怀念，因此子孙的祭祀就不会断绝。自身来修学，德就真实不虚；家族来修学，德就总是有余裕；乡社来修学，德就绵长不衰；国家来修学，德就丰沛充盈；全天下来修学，德就深广博大。

12·2 **故以身观身，以家观家，以乡观乡，以邦观邦，以天下观天下。吾何以知天下之然哉？以此。**

以身观身，以家观家，以乡观乡，以邦观邦，以天下观天下：根据自身、家族、乡社、国家、全天下的实际情况来认识自身、家族、乡社、国家、全天下，体察自身、家族、乡社、国家、全天下的现实是否符合于道，是否做到了“真”、“有余”、“长”、“丰”、“普”。

吾何以知天下之然哉：然，这样，实际情况，可能指前面感叹的种种“非道也哉”的现象（11）。后面《道经》有“吾何以知众父之然？以此”（53）。句式是一样的。

这一节告诉我们要由近及远、实事求是地逐步了解事物的本来面貌。

意译

所以按照自身的实际情况来认识自身，按照家族的实际情况来认识家族，按照乡社的实际情况来认识乡社，按照国家的实际情况来认识国家，按照全天下的实际情况来认识全天下。我是怎么理解现在全天下正在发生的事情的？靠的就是这个法子。

第十三章

13·1 **含德之厚者，比于赤子。蜂虿虺蛇弗螫，攫鸟猛兽弗搏。骨弱筋柔而握固。未知牝牡之会而朘怒，精之至也。终日号而不嗄，和之至也。**

含德之厚者，比于赤子：比，比拟。赤子，婴儿。

蜂虿虺蛇弗螫，攫鸟猛兽弗搏：虿，音近“拆”字，读第四声，意为毒虫。虺，音毁，毒蛇。螫，音事，毒虫或毒蛇咬刺。攫鸟，用利爪抓食的猛禽。搏，捕捉。毒虫和毒蛇不来咬刺，猛禽和猛兽也不来捕食。这句话赞美婴儿含德浑厚，不受侵袭，接近于神话，不是真有其事。

未知牝牡之会而朘怒，精之至也：牝，雌性动物。牡，雄性动物。会，交合。朘，音雀，男性生殖器。怒，勃起。精，精神专一。至，到极点。

终日号而不嗄，和之至也：号，号哭。嗄，音义同“哑”字。

这一节用婴儿的特点来比拟君主应有的心态。

意译

含德深厚的君主，就像婴儿一样。毒虫和毒蛇不来咬刺，猛禽和猛兽也不来捕食。他筋骨柔弱，可是握东西却握得很紧。他不懂男女交合之事，小雀雀却时时有力地翘起，那是因为他精神内守、不散逸。他即便整天号哭，也不会嗓子哑，那是因为他精神和柔、无所用心。

13·2 **和曰常，知和曰明**。**益生曰祥，心使气曰强**。**物壮则老，是谓不道，不道早已**。

和曰常，知和曰明：常，法则。明，智慧。这一句根据楚简甲本和帛书甲本订正。王弼本为“知和曰常，知常曰明”，可能是因为后人抄写的时候先把“和曰常”错抄成“知和曰常”，然后看到“知和”出现了两次，于是就把后面的“知和”改为“知常”。正好 49·1 有“知常，明也”一语，更增加了改动的信心。在《老子》中，“常”与“明”是并列的重要概念，观“袭常”（10·2）、“袭明”（58·2）二语可知。所以原文当为“和曰常，知和曰明”。

益生曰祥，心使气曰强：益，增益。益生，过度地扩张生活的欲望。祥，不祥，灾祸。心，心思。气，精神气力。心使气，心思躁动，驱使精神气力。强，逞强、妄动。

物壮则老，是谓不道，不道早已：壮，强壮、强盛。已，衰竭、衰亡。楚简甲本在“心使气曰强”下有“物壮则老，是谓不道”两句，缺“不道早已”一句；王弼本在“果而勿强”（61·1·1）下正好有这三句。

这一节警告君主不可自恃强大，如恣意妄为，就会自取灭亡。

意译

精神和柔就叫做常道，懂得和柔的道理就叫做智慧。生活的欲望过度，就叫做灾殃，随意驱使精神气力，就叫做逞强。事物过于强壮就会败落，这时就不符合常道，不符合常道就会过早衰亡。

第十四章

14 **知者不言，言者不知。塞其兑，闭其门；挫其锐，解其纷；和其光，同其尘，是谓玄同。故不可得而亲，亦不可得而疏；不可得而利，亦不可得而害；不可得而贵，亦不可得而贱。故为天下贵。**

知者不言，言者不知：知，此处通“智”字。

塞其兑，闭其门；挫其锐，解其纷；和其光，同其尘，是谓玄同：挫，磨掉。锐，锋芒，比喻锐利的才智。解其纷，理顺关系。解，解开。纷，纷乱的丝线，比喻有矛盾。光，比喻智慧才华。尘，比喻寻常平庸的人。“挫其锐”就是“和其光”；“解其纷”

就是“同其尘”。玄同，外表相同，而实质不同，不是一般意义上的相同。虽然与物混同，但仍然保持距离。玄，幽远。

意译

有智慧的人不随便讲话，随便讲话的人没有智慧。闭口不言，不听也不看。磨掉那刺人的锋芒，解开那纷乱的丝线。收回耀眼的光华，混同于平凡的尘土，这是意味深长的混同。所以无法亲近，也无法疏远；不会得利，也不会受害；不在乎荣宠，也不在乎卑贱。所以就成为全天下最尊贵的。

第十五章

15·1 **以正治国，以奇用兵，以无事取天下**。

正，正面的教导。奇，奇诡的计策。无事，清静无为，这里是“无欲”的意思。前面说过“取天下恒以无事。及其有事，不足以取天下”(7·2)。那里的意思是使用群臣的才智。下一节就“以无事取天下”一句展开。

意译

用正面的教导治理国家，用奇诡的计策对外用兵，君主靠着清静无为的法子便可以夺取天下。

15·2 **吾何以知其然也？夫天下多忌讳，而民弥贫；民多利器，国家滋昏；民多技巧，奇物滋起；法令滋彰，盗贼多有**。

吾何以知其然也：张舜徽用帛书乙本写定为“吾何以知其然也

哉”，“哉”字是多余的，这里根据楚简甲本写正。

天下多忌讳，而民弥贫；民多利器，国家滋昏：忌讳，禁令、限制、束缚人的规定。利器，锋利的东西，比喻诈术，谋取私利的手法。

民多技巧，奇物滋起；法令滋彰，盗贼多有：奇物，光怪陆离的东西。滋彰，更多、更细。“技巧”也是“利器”，“法令”也是“忌讳”。

这一节揭露当时社会的乱象。多少年来，大家不是也常说“法律越来越多，犯法的人也越来越多”吗？所以光靠法律解决不了社会问题。

意译

我怎么知道要这样做呢？这个世界太多禁令，人民就更穷困了；人们学会了欺诈，国家就更黑暗了；人们掌握了各种技巧，光怪陆离的东西就大量涌现了；法律越来越多，越来越细，盗贼也就到处都是。

15·3·1 **故圣人云：“我无为而民自化，我好静而民自正，我无事而民自富，我无欲而民自朴。”**

我无为而民自化，我好静而民自正：化，改变，走上正确的轨道。正，安定。

意译

所以圣人说过：“我无为，人民自然就走上正道；我好静，人民自然就安定下来；我无事，人民自然就富裕；我无欲，人民自然就朴实。”

15·3·2 **其政闷闷，其民淳淳；其政察察，其民缺缺**。

闷闷，粗陋。淳淳，纯朴。察察，苛细。缺缺，浅露、浮躁、凉薄、精明。

意译

如果君主为政粗陋，人民就纯朴；如果君主为政苛细，人民就浮薄。

这一章把社会黑暗、人心混乱的责任归结于最高统治者的多欲。因为多欲，就制定禁令；因为多欲，就以察察为明。上行下效，层层压榨；民不聊生，人欲横流。老子寄希望于君主的改弦易辙。

第十六章

16·1 **祸兮，福之所倚；福兮，祸之所伏。孰知其极？其无正也**。

祸兮，福之所倚；福兮，祸之所伏：祸患啊，那是福运的倚靠；福运啊，那是祸患的伏机。福运可能紧邻着祸患而来，祸患也可能潜藏在福运之中。指祸福相互转化，相互依存。

孰知其极：极，终竟、终究、最终的结果。

其无正也：正，定准、定数。

16·2 **正复为奇，善复为妖。人之迷也，其日固已久矣**。

正复为奇，善复为妖：正，端正。注意这里“正”字的意思与在上节里的意思不同。奇，诡诈。善，善良。妖，邪恶。

16·3 **是以圣人方而不割，廉而不刿，直而不肆，光而不耀**。

方而不割，廉而不刿：方，方正。割，可能就是“硌”字的意思。廉，廉直。刿，音贵，刺伤、割伤。

圣人懂得祸福转化的道理，一方面坚持原则，另一方面凡事留有余地，这样就不会造成被动，在事物的纷繁变化面前不至于进退失据。老子感慨祸福相循，但他并不消极，而是积极地探求无常中的有常，清醒冷静，时刻把握主动权。

意译

祸患啊，那是福运的倚靠；福运啊，那是祸患的伏机。谁知道终究会怎么样？没有个定数啊。端正的又变成诡诈，善良的又变成邪恶。人们执迷不悟已经很久了。所以圣人方正而不硌人，廉直而不伤人，耿介而不恣肆，有光彩而不显耀。

第十七章

17·1 **治人事天莫若啬。夫唯啬，是以早服；早服是谓重积德。重积德，则无不克；无不克，则莫知其极；莫知其极，可以有国。有国之母，可以长久，是谓深根固柢长生久视之道**。

治人事天莫若啬：治，管理。事，事奉。天，上天。啬，爱惜精神。

夫唯啬，是以早服；早服是谓重积德：早服，早自服膺于道。“服”字含义近于“袭”字，“早服”也就是“早袭”。“袭”有“袭常”、“袭明”，这里既然说“有国之母”，母即道，则早袭的对象无疑就是道了。重，音仲，重视，看重。德，得于道。

莫知其极，可以有国：极，终极、终竟、极限。“莫知其极”即后面“深不可识”之意。有，据有、控制。

有国之母，可以长久，是谓深根固柢长生久视之道：母，比喻道，即根本规律。柢，音底，树根。深根固柢，基础牢固，近于“善建者不拔，善抱者不脱”的意思。生，生活、生存。长生，长寿。视，视事，指管理国家。君主追求的目标，无非“长生”和“久视”这两条。“深根固柢”是修饰“长生久视之道”的，是说有德之君一定能达到长生久视的目标。道，方法。

意译

管理人民、侍奉上天没有比爱惜精神更好的了。做到了爱惜精神，就能早早循道而行。早早循道而行，就是重视积累德了。重视积累德，就没有做不成的事。没有做不成的事，就没有人能窥破他的极限。没有人能窥破他的极限，就能掌握整个国家。掌握了治国的根本规律，就可以长久，这就是根底深厚的达到长生久视的方法。

17·2 **治大国若烹小鲜。以道莅天下，其鬼不神；非其鬼不神，其神不伤人；非其神不伤人，圣人亦不伤人。夫两不相伤，故德交归焉。**

治大国若烹小鲜：烹，烹制。小鲜，小鱼。烹制小鱼的时候，如果反复翻动，就会破碎零散。治理一个大国，如果朝令夕改，就会人心离散。

以道莅天下，其鬼不神；非其鬼不神，其神不伤人：莅，莅临、临驭。神，有灵。其神，亡灵。政治清明，身心和静，亡魂就不会搅扰人们的生活。

夫两不相伤，故德交归焉：两，指圣人和亡灵。交归，交汇、汇聚。

意译

治理大国就像烹制小鱼一样，不能随意挠动，朝令夕改。以道来临驭天下，亡魂就不会显灵；不是亡魂不显灵，是亡灵不伤害人；不是亡灵不伤害人，而是圣人也不伤害人。两者都不伤害人，那么德就会交汇于圣人之身。

第十八章

18 **大邦者，下流也，天下之牝也，天下之交也。牝恒以静胜牡。为其静也，故宜为下也。大邦以下小邦，则取小邦；小邦以下大邦，则取于大邦。故或下以取，或下而取。大邦不过欲兼畜人，小邦不过欲入事人。夫皆得其欲，则大者宜为下。**

大邦者，下流也，天下之牝也，天下之交也：大邦，大国。下流，下游，指江海处于百川的下游。牝，音聘，牝，雌性动物。指大国采取谦下的态度。交，交汇、汇聚。

牝恒以静胜牡。为其静也，故宜为下也。静，静顺、柔顺。牡，雄性动物。雌性动物靠着静顺的做法降伏了雄性动物。大国宜效法雌性动物。下，谦下。

大邦不过欲兼畜人，小邦不过欲入事人：畜，音义同蓄，蓄养。事，服侍。

意译

大国啊，自居于下游的地位，在国际上像雌性动物那样柔和，全天下的人民就都会来归依。雌性动物总是靠着安静柔顺降伏了雄性动物。因为它们靠的是安静柔顺，所以大国应当采取谦下的态度。大国以谦下对待小国，就会获得小国的拥护；小国以谦下对待大国，就会从大国那里得到收获。所以有的由于谦下而获得，有的由于谦下而得到收获。大国不过是想更多地拥有人民，小国不过是想在国际上有所依靠。如果都想满足各自的要求，那么大国首先应当采取谦下的态度。

第十九章

19 **道者，万物之注也；善人之宝也，不善人之所保也。美言可以市尊，美行可以加人。人之不善，何弃之有？故立天子，置三公，虽有拱璧以先驷马，不如坐进此道。古之所以贵此道者何？不曰“求以得，有罪以免”邪？故为天下贵。**

道者，万物之注也；善人之宝也，不善人之所保也：注，汇聚、归向。宝，宝物、宝贝。保，保全。

美言可以市尊，美行可以加人：市，赢得。加，重。加人，见重于人，被人看重。

故立天子，置三公，虽有拱璧以先驷马，不如坐进此道：立，拥立。置，设置。三公，分掌行政、军事和监察三个方面的大臣。拱璧，须用双手拱抱的巨大玉璧。驷马，用四匹马驾的车。拱璧以先驷马，乘坐四匹马驾的车，前面是巨大的玉璧，这是君主登基和大臣就职时的礼仪。坐进，安坐着进奉。

意译

道啊，万物都来归向它。它是善人的珍宝，不善的人也靠它得到保全。美好的言语可以赢得尊重，美好的行为可以获得崇敬。那些不善的人，何必抛弃他们呢？所以在君主登基和三公就职的时候，即使乘坐四匹马驾的车，前面有巨大的玉璧这样极尽恭敬的礼仪，也比不上安坐着进奉我所说的道啊。古时候看重这个道的原因是什么呢？难道不是因为"有期求就能收获，有过错时能避免严重后果"吗？所以是天下最珍贵的东西。

第二十章

20·1 **为无为，事无事，味无味。**

事，从事。事无事，就是"为无为"。味，体会。味无味，体会那没有味道的东西，是指体会道。《道经》有"道之出言也，淡兮其无味也"（64·2）的句子。下面"学不学，复众人之所过"，也是这个意思。

第三节更具体地复述了这一节的内容。

意译

按照无为的原则来做事，总是清静无事，体会那似乎无味的道。

20·2·1 **大小多少，报怨以德**。

大小，把大事分解成小事，一步一步来做。多少，把繁杂的事拆成简单的事，一件一件来解决。报怨以德，受到伤害，本该产生怨恨，却用宽容来作为回报。

这两句可能是引用的话。

意译

把大事转化为小事，把繁杂的事转化为简单的事。用宽容来对待那些本来会引起怨恨的伤害。

20·2·2 **图难于其易，为大于其细**。**天下难事必作于易，天下大事必作于细**。**是以圣人终不为大，故能成其大**。**夫轻诺必寡信，多易必多难**。**是以圣人犹难之，故终于无难**。

图难于其易，为大于其细：图，筹划。细，细小。

天下难事必作于易，天下大事必作于细：作，起始。

是以圣人犹难之，故终于无难：犹，犹豫。

意译

从容易的事着手，来筹划难事；从细小的事着手，来做大事。世上的难事必定从容易的事起步，世上的大事必定从细小的事起步。因此圣人自始至终不做什么大事，所以才能成就大事。轻易许诺的一定很少守信，常常把事情看得太容易的一定常常陷入困境。因此圣人犹豫再三、不轻易许诺，从不轻视问题，所以最终没有什么难事。

20·2·3 **其安易持，其未兆易谋，其脆易泮，其微易散。为之于未有，治之于未乱。**

持，把握、掌控。未兆，还没有出现端倪。泮，音判，剖开、折断。

意译

安定的时候容易掌控，没有出现征兆的时候容易谋划，不坚实、没有固结的时候容易折断，微细、没有聚拢的时候容易分散。在还没有萌生的时候就着手，在还没有变乱的时候就采取措施。

20·2·4 **合抱之木，生于毫末；九成之台，起于累土；百仞之高，始于足下。为者败之，执者失之。是以圣人无为，故无败；无执，故无失。**

毫末，毫毛的末端。毫末尖细，比喻极细微的东西。成，重（音崇）。九成就是九重。累，通蔂，音雷，装土的筐子。仞，长度单位。执，执持、占据、控制。

意译

双手合拢才能抱住的大树，从极微小的时候开始。九重的高台，一筐土一筐土才能垒起来。百仞的高处，一步一步才能登上去。强要去做的就会失败，强要去控制的就会丧失。因此圣人不勉强去做，这就不会失败；不勉强去控制，这就不会丧失。

20·2·5 **民之从事，恒于几成而败之。慎终如始，则无败事。**

从事，做事情。几成，将要成功。

意译

人们做事情，总是在快要办成的时候却失败了。在结束的时候如同在开始的时候一样谨慎，这样办事情就不会失败。

20·3 **是以圣人欲不欲，不贵难得之货；学不学，复众人之所过。是以能辅万物之自然，而弗敢为。**

不欲，人们不想要的东西。不学，人们不学习的东西。两者指的都是道。复，回过来。过，经过而不顾，忽略。辅，辅助、顺应。自然，本性，自身的规律。

末句根据楚简丙本，在句首补上“是以”二字，以使文气更加顺畅。

意译

所以圣人想要的，正是人们不想要的，他不看重那些难以得到的货品。圣人学习的，正是人们不学习的，他把人们忽视的东西捡起来。所以他能够顺应万物自身的规律，而决不轻易去扰动。

第二十一章

21 **古之善为道者，非以明民，将以愚之。民之难治，以其多智。故以智治邦，邦之贼也；以不智治邦，邦之德也。恒知此两者，亦稽式也。恒知稽式，是谓玄德。玄德深矣远矣，与物反矣，然后乃至大顺。**

非以明民，将以愚之：明民，明于民，在人民面前显示自己。《道经》有“以道佐人主，不以兵强于天下”（61·1·1）。“不以兵强于天下”，王弼本为“不以兵强天下”，和“非以明民”相类似。还有一句“若何万乘之王，而以身轻于天下”（57），王弼本作“奈何万乘之主，而以身轻天下”，情况也是相似的。愚之，自愚，自守愚拙。

民之难治，以其多智：其，指的是君主。

以智治邦，邦之贼也；以不智治邦，邦之德也：贼，贼害、灾祸。不智，愚拙。德，得，福气。

恒知稽式，是谓玄德：稽式，楷式、法则、规律。玄，幽远、幽妙。德，得于道。在《老子》中，这是第二次出现“玄德”一词，第一次是在9·2，意思与这里不同。那里是说道本身就是玄德，这里是说掌握了道叫做玄德。

然后乃至大顺：大顺，大治。

这一章更为明确地指出，德的实质是设置对立面。

意译

古时候善于遵循道来行事的君主，他不在人民面前显耀，反而自居愚鲁。人民难以治理，正是因为君主太多智慧了啊。所以用智慧来治国，是国家的灾祸；用愚拙来治国，是国家的福气。总是明白这两点，也算是掌握了规律吧。总是明白规律，这就叫幽妙的德。幽妙的德深而又远，与寻常做法相反，就这样能够达到大治的境界。

第二十二章

22 **江海所以能为百谷王者，以其善下之，故能为百谷王。是以欲上民，必以言下之；欲先民，必以身后之。是以圣人处上而民不重，处前而民不害。是以天下乐推而不厌。以其不争，故天下莫能与之争。**

江海所以能为百谷王者，以其善下之：谷，川谷、小河、溪流。《道经》“知其雄，守其雌，为天下溪”（59·1·1）中的“溪”字就是这里“谷”字的意思。王，君王，是说百川流注大海，犹如群臣归向君王。下，江海处于百川的下游。

是以圣人处上而民不重，处前而民不害：重，重负、重压。害，患害、忧虑。

是以天下乐推而不厌：推，推选、推举。厌，厌恶、厌烦。

意译

江海之所以能够成为百川的君王，是因为江海善处下游。因此想要在人民之上，就一定要言语谦下；想要在人民之前，就一定要把自己摆在人民后头。圣人处于人民之上，人民不感到有重压；处于人民之前，人民不感到忧虑。所以全天下都乐于推举他而不感到厌烦。因为他不争，所以全天下都不能跟他争。

第二十三章

23 小邦寡民，使有十百人之器而勿用，使民重死而远徙。有舟车，无所乘之；有甲兵，无所陈之。使民复结绳而用之。甘其食，美其服，乐其俗，安其居。邻国相望，鸡犬之声相闻，民至老死不相往来。

十百人之器，敌得过十人百人的器物，即兵器。重死而远徙，把去世这件事看得很重，希望能安详地死去，所以尽量避免迁徙。甲兵，甲衣和兵器，即武装。陈，列阵。“有舟车，无所乘之”就是“使民重死而远徙”的意思，“有甲兵，无所陈之”就是“使有十百人之器而勿用”的意思。结绳而用之，原始人用在绳子上打结的方法来记事、传递信息。

这一章写老子对桃花源式生活的向往，抒发了遭逢乱世的人们对于和平宁静生活的希望。

意译

在一个小国家里，人民很少，有敌得过十人百人的兵器而不用，使人民珍视生命，不轻易离开家乡。尽管有车船，不去乘坐；尽管有武装，不去列阵打仗。使人民回到结绳记事的简朴年代。觉得食物很香甜，觉得衣服很美观，觉得风俗乐陶陶，觉得居处很安宁。邻近国家的人民彼此望得见，鸡犬的叫声彼此听得见，但是人民到老死也不相互往来。

第二十四章

24·1 **信言不美，美言不信。知者不博，博者不知。善者不多，多者不善。**

信，实在。美，好听。知，通“智”字。博，炫耀博学。善，善良。多，富足，财富过多。

意译

实在的话不好听，好听的话不实在。有智慧的人不炫耀博学，炫耀博学的人没有智慧。善良的人不聚敛财富，聚敛财富的人不善良。

24·2 **圣人无积。既以为人，己愈有；既以与人，己愈多。故天之道，利而不害；圣人之道，为而不争。**

圣人无积，即“善者不多”。积，积累、聚敛。以，通“已”字，已经。有，富有，指精神上的充实愉快。多，富足，指的是精神上的富足。道，做法。

意译

圣人不聚敛私人财产。他为了人们做事，自己就更充实了；他把财富分给人们，自己就更富足了。所以上天的做法是使人们受益，不使他们受害；圣人的做法是只管做事，不争名利。

第二十五章

25·1 **天下皆谓我大，大而不肖。夫唯不肖，故能大。若肖，久矣其细也夫！**

我，有道的君主。大，了不起。不肖，不像，指的是不像世俗的做法。细，小，不值一提。

意译

全天下都说我了不起；了不起啊，不像那世俗的做法。正因为不像，所以才了不起。假如相像的话，早就不值一提了！

25·2 **我恒有三宝，持而保之。一曰慈，二曰俭，三曰不敢为天下先。夫慈，故能勇；俭，故能广；不敢为天下先，故能为成事长。今舍其慈，且勇；舍其俭，且广；舍其后，且先，则死矣。**

持，执持。保，保有。慈，慈柔，就是下一小节说的“不争”。俭，节俭、节约。不敢为天下先，不敢自恃地位高，谦退，就是第22章说的“欲先民，必以身后之”。勇，克敌制胜。广，不虞匮乏。成事长，成事之长（音涨），指君主。

意译

我有三样好东西，总是牢牢地保持住。一是慈柔，二是节俭，三是不敢自恃地位高。因为慈柔，就能克敌制胜；因为节俭，就能不虞匮乏；因为不敢自恃地位高，就能坐上君主的位子。假如现在舍弃慈柔，一心恃勇；舍弃节俭，一味消耗；舍弃谦退，一意争先，就必定要自取灭亡。

25·3·1 **夫慈，以战则胜，以守则固。天将建之，以慈垣之。故善为士者不武，善战者不怒，善胜敌者不与，善用人者为之下，是谓不争之德。是谓用人配天，古之极也。**

天将建之，以慈垣之：建，建立、成就。垣，围护、守卫。

善胜敌者不与：与，接触，交兵。

是谓用人配天，古之极也：用人，以人。配，配合、耦合、契合。极，极则，最高准则。

“慈”就是“不争之德”，就是“用人配天”、“古之极”。

意译

慈柔，用来作战就能战胜，用来防守就守得稳固。上天将要成全他，就用慈柔来围护。所以高明的武士不轻易动武，善于作战的不轻易发怒，善于战胜敌人的不和敌人接触，善于用人的君主保持谦下的态度，这就叫不争的品格。这就叫以人来契合上天，是从古到今的最高准则。

25·3·2 **用兵有言曰：“吾不敢为主而为客，不敢进寸而退尺。”是谓行无行，攘无臂；执无兵，扔无敌。**

吾不敢为主而为客，不敢进寸而退尺：为主，进攻。为客，防御。诱敌深入、后发制人的战略方针。

行无行，攘无臂；执无兵，扔无敌：行无行，行军时不排成行阵。攘无臂，不去抓敌兵的胳膊。执无兵，不携带太多的兵器，轻装便于行军。扔无敌，不去和敌人肉搏。“行无行”、“执无兵”是说己方，“攘无臂”、“扔无敌”是说对敌。

这里讲的是游击战、运动战的打法，跟敌人兜圈子，在运动中寻隙歼击敌人。更具体地说明上一小节里的“善为士者不武，善战者不怒，善胜敌者不与”。

意译

军事上有句话叫做：“我不敢主动进攻，而是谨慎防御；不敢轻易前进，而是大踏步地后退。”也就是说，行军的时候让队伍散开，不排成行阵；不去抓敌兵的胳膊；让部队轻装，不要携带太多的兵器；不去和敌人近身肉搏。

25·3·3 **祸莫大于无敌，无敌近亡吾宝。故称兵相若，则哀者胜矣。**

无敌，即“勇”，这里是轻敌的意思。吾宝，即“慈”。亡，丧失。“亡吾宝”就是“舍其慈”。称兵，举兵。相若，实力相近。哀者，哀痛的一方。心中哀痛，就会重视敌人，做好准备，力求必胜，而不会贸然轻敌。

意译

祸患没有比轻敌更大的了，轻敌就会丧失慈柔这个好东西。所以两军鏖战，如果实力相近，那么哀痛、慎重、不轻敌的一方就会取胜。

第三节专门讲“慈”在军事上的运用，启发君主不但要敢于斗争，更要善于斗争。目的是取胜，方法是“不争”，然而是特殊意义的“不争”。

第二十六章

26·1 **吾言甚易知，甚易行。天下莫能知，莫能行。言有宗，事有君。夫唯无知，是以不我知。知我者希，则我贵矣。是以圣人被褐而怀玉。**

言有宗，事有君：宗，宗主。君，君长。都是纲领的意思。言语的宗主就是不言，事务的君王就是无事或无为。“不言之教，无为之益，天下希能及之矣。”（5·2）相当于这里说的“天下莫能知，莫能行。”

圣人被褐而怀玉：被，通披。褐，粗布衣服，穷苦、卑贱者的服装。

意译

我的话很容易明白，很容易实行。世上没人能明白，没人能实行。言语有宗主，事务有君长。因为人们无知，所以才不理解我。理解我的人太少，我的话才显得宝贵。所以圣人仿佛披着粗布衣服一样被人鄙视，内心却怀藏着不言、无为的宝玉。

26·2 **知而不知，尚矣；不知而知，病矣。圣人之不病也，以其病病也，是以不病。是以圣人自知而不自见也，自爱而不自贵也，故去彼而取此。**

知而不知，尚矣；不知而知，病矣：尚，上，上等。病，病患、错误。

圣人之不病也，以其病病也：其，指圣人自己。病病，把病患当成病患来认真看待。张舜徽本在句首有“是以”二字，这里删去。王弼本无“是以”二字。

这里讲的和前面的一句话“知者不言，言者不知”（14）相似。圣人谨守“不言”的做法，就能少犯错误。

是以圣人自知而不自见也，自爱而不自贵也，故去彼而取此：这一段原在27·1之下，根据文义移到这里。见，通现，显露、表现。

意译

知道了但是不自以为知道，这样做是好的；不知道却自以为知道了，这样做就是犯错误。圣人注意不言、无为，不犯错误，是因为他把错误真正当成错误来认真对待，所以他才不犯错误。所以圣人了解自己，不自我表现；爱惜自己，不自以为高贵。因此就摒弃后者而选择前者。

第二十七章

27·1·1 **民不畏威，则大威至矣**。**无狭其所居，无压其所生**。**夫唯弗压，是以不厌**。

大威，造反。狭，逼仄、逼迫。压，压迫、压榨。厌，厌弃。

意译

如果人民不畏惧君主的威势，那么真正可畏的事情就要来了。不要逼迫得人民不能安静居处，不要压榨得人民无法正常生活。君主不压榨人民，人民就不会厌弃他。

27·1·2 **勇于敢则杀，勇于不敢则活。此两者或利或害；天之所恶，孰知其故？**

杀，灭亡，败亡。活，生存，保全。恶，厌恶。故，缘故。

“勇于不敢则活”在第一小节的解释是“无狭其所居，无压其所生。夫唯弗压，是以不厌”。

意译

敢于逞强就会败亡，不敢逞强才能保全。这两者一个有利，一个有害，上天就是厌恶逞强的君主，谁知道其中的缘故。

27·2 **天之道，不争而善胜，不言而善应，不召而自来，繟然而善谋。天网恢恢，疏而不失。**

道，法则。繟，音阐，宽绰、宽余。恢恢，宽广、广大。疏，宽疏、粗疏。

老子用了拟人化的手法来盛赞“天”。圣人治国，不仅是消极地认识到“勇于敢则杀”、“勇于不敢则活”，而且是积极地仿效“天之道”，做到“天网恢恢，疏而不失”，无为而无不为。

意译

上天的法则是：不争却善于取胜，不言却善于应对，不呼召却该来的自然会来，从容有余裕却善于谋划。上天的网罗广大无边，尽管粗疏，却不会有失误。

第二十八章

28·1 **若民恒且不畏死，奈何以杀惧之也？**

这一节是说滥杀无辜，只会激起民愤，在不怕死的人民面前，刑罚再也不起作用了。

28·2 **使民恒且畏死，而为奇者吾将得而杀之，夫孰敢矣！**

为奇者，奇诡不正、为非作歹的人。

这一节是说，对于那些横行不法的人，还是要严厉制裁，以收震慑之效。

28·3 **若民恒且必畏死，则恒有司杀者。夫代司杀者杀，是代大匠斫也。夫代大匠斫，则希不伤其手矣。**

司杀者，熟悉刑律、专管刑罚的人。大匠，手艺高超的木匠。斫，砍、劈。

这一节是说，君主不要专断刑罚，假如刑罚有失公正，祸乱必及于自身。

意译

假如人们总是不怕死的，又何必用刑罚来吓唬他们呢？假使人们总是怕死的，那么我就把那些坏事做尽的人绳之以法，处决他们，看谁还敢为非作歹！如果人们从来都是很怕死的，那么总有管司法的官员来实施刑罚。代替司法机关来专断刑罚，就好比代替手艺高超的木匠来砍削木材。代替好木匠来砍削，很少有不伤到自己手的。

第二十九章

29 人之饥也，以其取食遂之多也，是以饥。百姓之不治也，以其上有以为也，是以不治。民之轻死也，以其求生之厚也，是以轻死。夫唯无以生为者，是贤于贵生。

人之饥也，以其取食遂之多也：其，指君主。取食，收取租税，牟取私利。遂，途径。人们缺衣少食的原因是以君主为代表的统治集团挖空心思，巧立名目，榨取民财。

百姓之不治也，以其上有以为也：百姓，百官。上，君主。为，为了私利。如果君主为了私利，则百官莫不为了私利，整个统治集团就乌烟瘴气，不可收拾。

民之轻死也，以其求生之厚也：民，实际上指的是统治集团。普通人民终年勤苦劳作，仅苟免于饥寒，不可能去“求生之厚”。轻死，轻易地蹈于死地、走向死亡。求生之厚，追求生活的富厚。这一句可参考前面说的“民之生，生而动，动皆之死地，亦十有三。夫何故？以其生生之厚”（8·1）。

夫唯无以生为者，是贤于贵生：为，为了。贤，好。贵生，重视生活，即“求生之厚”。

意译

人民吃不饱饭，是因为君主想尽办法来搜刮民财。百官腐败丛生，是因为君主为了一己的私利。人们轻易蹈于死地，是因为他们贪求生活的富裕丰厚。那些不追求生活享受的人，比生活过度讲究的人结果要好得多啊。

第三十章

30 **人之生也柔弱，其死也坚强。万物草木之生也柔脆，其死也枯槁。故坚强者死之途，柔弱者生之途。是以兵强则灭，木强则折。强大处下，柔弱处上。是以圣人为而不恃，功成而不处，若此其不欲见贤也。**

人之生也柔弱，其死也坚强：柔弱，柔软。坚强，僵硬、无弹性。

万物草木之生也柔脆，其死也枯槁：柔脆，柔嫩。“脆”有“嫩”义，如人们常用“脆生生的”来形容少女的脸。枯槁，干枯、枯萎。

坚强者死之途，柔弱者生之途：死之途，走在向死的路途上。生之途，走在向生的路途上。

兵强则灭，木强则折：兵强，指武力强大煊赫。木强，指树木干枯僵直。

强大处下，柔弱处上：下，下等。上，上等。

画线部分从 31·2 移来。因为 31·2 末尾“唯有道者”一句语气已经完足，不必再添枝加叶。这一句是说圣人领悟了“强大处下，柔弱处上”的道理，所以在功绩面前保持谦虚谨慎，不居功自傲。见，通现。贤，能。

意译

人出生的时候身体柔软，死去的时候身体僵硬。万物新生的时候柔嫩，草木失去生命的时候枯干。所以坚强的事物是走在向死的路途上，柔弱的事物是走在向生的路途上。因此武力强大煊赫的就要灭亡，树木干枯僵直的就要折断。强大的事物无足珍贵，柔弱的事物才有勃勃的生机。所以圣人为人民做事，不自认为做了什么；做成了事业，也不居功自傲，就是这样不愿意突出自己的贤能。

第三十一章

31·1 **天之道，其犹张弓欤！高者抑之，下者举之；有余者损之，不足者补之。**

天之道，其犹张弓欤：道，法则。张弓，开弓射箭。如果拉弓不够用力，箭就射不出去；如果用力过大，弓弦就会拉断。所以开弓射箭的时候用力必须适中，比喻治理国家必须把握平衡。

高者抑之，下者举之：高、下，指地位。抑，抑低、压低。举，举高、抬高。

有余者损之，不足者补之：有余、不足，指财富。损，减损、减少。补，补足、补充。

意译

上天的法则，就好比张弓射箭啊。地位高的就压低，地位低的就抬高。财富有余的就要削减，收入不足的就要增加。

31·2 **天之道，损有余而补不足。人之道则不然，损不足以奉有余。孰能有余以奉天下？唯有道者。**

孰能有余以奉天下：奉，奉养、进奉、奉献。

老子看到社会上有太多不公平的现象（“人之道则不然，损不足以奉有余”），呼吁君主把握平衡，调节社会矛盾。老子是站在卑贱、穷苦人民（“下者”、“不足者”）一边的。

意译

上天的法则，是减少有余者的财富以补充不足者的收入。世人的法则却不是这样，他们减少不足者的收入以奉养那些财富有余的人。谁能够把有余的财富拿来奉献给全天下？那一定是有道的君王。

第三十二章

32 **天下莫柔弱于水，而攻坚者莫之能先，以其无以易之也。弱之胜强，柔之胜刚，天下莫不知，莫能行。是以圣人云：“受国之垢，是谓社稷主；受国之不祥，是谓天下王。”正言若反。**

攻，攻击、攻打。坚，坚硬、坚实。先，领先、占先。易，替换、代替。垢，垢污、垢辱。社稷，国家。

一般人只知道君主的威势，不知道君主要懂得忍耐，学会以柔克刚。

意译

天下没有什么东西比水更柔弱，可是攻击坚硬东西的时候没有什么比水更占优势，因为无论什么都代替不了它。弱战胜强，柔战胜刚，天下没有人不知道这个道理，可是没有人做得到。所以圣人说过："忍受国家的垢辱，这就叫国家的君主；忍受国家的不祥，这就叫天下的君王。"正话听起来却像是反话。

第三十三章

33 **和大怨，必有余怨，焉可以为善？是以圣人执左契而不以责于人。故有德司契，无德司辙。夫天道无亲，恒与善人。**

这一章综合帛书甲、乙本校定文字。

和，调和、缓和。怨，怨恨、仇怨。契，凭信，分为左右两半，右半边更加重要。必须左契、右契对齐无误，完成合验的手续，才能行使相应的权力。君主手中总是留下右契以代表尊位，这里说"执左契"，是比喻君主谦虚柔和，不肆意倚仗权势责罚人，也就避免了仇怨。司契，"执左契"的做法，不强迫人，使人享有充分的自主权。辙，轨辙、轨道。司辙，使所有的人都走同样的道路，强迫的意思。天道，上天的法则。亲，亲近、偏爱。与，许可、帮助。

夫天道无亲，恒与善人：这是帛书甲本里的句子。王弼本为"天道无亲，常与善人"，张舜徽写定本未作更动。为了避汉高祖刘邦的讳，王弼本《老子》中的"邦"字都被改成了"国"字；为了避汉文帝刘恒的讳，"恒"字都被改成了"常"字。在现代汉语里，"恒"字和"常"字意思相差较大，所以《老子》原文作"恒"字的地方，应该一律改回。"邦"字和"国"字是同义词，张舜徽没有改回的，《老子寻绎》也不作更动。帛书甲本在句首有

“夫”字，读起来语气突然加重，有强调的意味，比王弼本好。所以这里采用帛书甲本里的句子。

此章即首章“上德不德，是以有德；下德不失德，是以无德。上德无为，而无以为”之意。

意译

过深的怨恨，即使尽力调解，还是一定会有难消的余怨。如果还有余怨，怎么能算是为善呢？所以圣人拿着代表较低地位的左契，不利用自己的强势地位来责罚人。所以有德的君主让人拥有自主的权利，无德的君主则强迫人必须听他的话。上天的法则并不偏爱谁，不过它最终总是帮了那些为善的人。

（《德经》完）

第三十四章

34·1 **道，可道也，非恒道也；名，可名也，非恒名也。无名，天地之始也；有名，万物之母也。**

道，可道也，非恒道也：第一个“道”和第三个“道”都是根本规律的意思，中间的“道”字的意思是述说。

名，可名也，非恒名也：第一个“名”和第三个“名”都是名字的意思，中间的“名”字的意思是命名。这里是特指“道”的名字而言。

“天地之始”即“先天地生”（56·1），“万物之母”即“可以为天下母”(56·1),《德经》还说过“天下有始，以为天下母”(9·3)。

意译

道，如果容易说清楚的话，那就不是永恒的道了；道的名字，如果容易命名的话，那就不是永恒的名字了。道本来没有名字，它是天地的根源；如果它有名字，就该称之为万物的母亲吧。

34·2 **故恒无欲也，以观其妙；恒有欲也，以观其所窍**。

无欲、有欲：得道之君恒无欲，失道之君恒有欲。

其妙、其所窍：“无欲”的奇妙，“有欲”的趋向。无欲则得道，有欲则失道。

观：静观者为王者师。

意译

君主总是无欲啊，我就观察那“无欲”的奇妙；君主总是有欲啊，我就观察那“有欲”的趋向。

34·3 **此两者同出而异名，同谓之玄。玄之又玄，众妙之门**。

此两者同出而异名：此两者，指“其妙”、“其所窍”。同出，同出于道。异名，名称、说法不同。

意译

“无欲”的奇妙，“有欲”的趋向，两者都出于道，只是称谓不同罢了，都可以说是不可思议的。幽远而又幽远啊，道是万千妙境之门。

第三十五章

35·1 **天下皆知美之为美，斯恶已；皆知善之为善，斯不善已。**

天下皆知，全天下都知道。“天下皆知”的对象正是君主。美，美好。善，贤能。有为的君主尽管德才兼备，却不愿表现，不愿宣扬。如果君主表现自己，宣扬自己，他的品格和才能就会成为他的包袱，就会走向反面。

意译

如果全天下都知道君主言行美好，那就坏了；如果全天下都知道君主贤能，那就不好了。

35·2 **有无之相生也，难易之相成也，长短之相形也，高下之相盈也，音声之相和也，先后之相随，恒也。**

生，生成，转化。从无到有，从有到无。成，成全，呈现。有易才有难，有难才有易。形，对比，映衬。有短才显出长，有长才显出短。下，低。盈，满足、促成。有低才有高，有高才有低。音，丰富的声音。声，单调的声音。和，应和。声和着音，音和着声。随，跟随。后随着前，前随着后。

这一节穷举日常生活中常见的现象以阐明对立统一规律。既然事物普遍依从对立统一的规律，君主为政当然也不能例外。

意译

有和无相互转化，难和易相互呈现，长和短相互映衬，高和低相互促成，音和声相互应和，前和后相互跟随，事物总是这样相反相成的啊。

35·3 **是以圣人处无为之事，行不言之教，万物作焉而不辞，为而不恃，功成而弗居。夫唯弗居，是以不去。**

教，教导、训诫、命令。万物，万人。作，兴作、兴起、变化。辞，违逆、逆止、阻止。去，离开。

圣人虽然有美善之德，但是不能随心所欲，不能轻易地推行政策、发布命令。

意译

所以圣人以无为的原则来处理事情，以不言的原则来发布命令。任凭万物兴作变化，不轻易去阻止、干涉。做了事，不自以为做了什么；有了成绩，不自以为有多大的功劳。正因为他不居功，所以人们才总是归功于他。

第三十六章

36 **不尚贤，使民不争；不贵难得之货，使民不为盗；不见可欲，使民心不乱。是以圣人之治，虚其心，实其腹；弱其志，强其骨。恒使民无知无欲也，使夫智者不敢为也。为无为，则无不治。**

不尚贤，使民不争：尚，尊尚、尊重、重视。贤，贤才、能人、精英。“不尚贤”就是不过高评价社会精英的作用，不过度抬高社会精英的地位。如果过于强调个人的作用，过于肯定个人的地位，人们就势必会为了名利而争斗不息。《德经》说“高者抑之，下者举之”(31·1)，老子所谓“不尚贤”就是“高者抑之”，法家所谓“尚贤”就是“下者举之”。

不贵难得之货，使民不为盗：贵，认为贵重，看重。难得之货，稀罕的、难以得到的货品。金珠宝贝、人参燕窝、绫罗绸缎等贵重的东西，对人并没有多大的好处，不必费力去营求。如果君主看重这些所谓的稀罕物，上行下效，社会上形成风气，很多人就会为了得到这些东西，铤而走险。

不见可欲，使民心不乱：见，看，亲近的意思。可欲，引起人欲望的东西。歌舞、美女、奇花等吸引人的东西，对生产生活没有太大帮助，不要过于贪恋。如果君主沉湎其中，群臣竞相效仿，就会扰乱人心，耽误工作。

虚其心，实其腹；弱其志，强其骨：虚其心，去除自己心中的欲望。实其腹，善于学习，充实自己，使自己肚子里有货。弱其志，抑制自己的野心。强其骨，磨炼自己的意志，做有骨气的大丈夫。“虚其心”和“弱其志”意思相近，“实其腹”和“强其骨”相互补充。

恒使民无知无欲也，使夫智者不敢为也：无知，这里就是无欲的意思。智者，聪明人，指多知多欲的人。为，轻举妄动。既然人民无知无欲，那些所谓的聪明人也就无空子可钻，无法通过煽动人们的欲望来达到自己的私利。

为无为，则无不治：这一章讲了“不尚贤”、“不贵难得之货”、“不见可欲”，所以“无为”在这里的意思是不为、毋为。

意译

不推重精英阶层，使人民不争名逐利；不在乎难以得到的货品，使人民不铤而走险；不接近勾起人欲望的东西，使人民心思不受扰乱。所以圣人治理国家，去除私欲，充实知识，抑制野心，增强意志。他总是使人民无知无欲，使那些所谓的智者不敢轻举妄动。这样就做到了无为，就会国家大治。

第三十七章

37 **道冲，而用之有弗盈也。渊兮！似万物之宗。*挫其锐，解其纷；和其光，同其尘*。湛兮！似或存。吾不知谁之子，象帝之先。**

冲，虚、空。盈，满、完。注意《德经》“大盈若冲，其用不穷”（6·21）跟这里意思不同。渊，幽深。宗，宗主。

斜体字部分已出现于第14章。这段话放在这里很突兀，与前后无关联，所以删去。

湛，深沉。帝，太阳。如果把“帝”字解释成上帝，上帝既然是宇宙的最高主宰，就不可能存在上帝之前的事物，所以这种解释是不通的。而且在《老子》中，宇宙的主宰称为“天”，不称为“帝”。而后文说“有物混成，先天地生”（56·1），则道在天地出现之前就已存在；天地是人们熟悉的自然物，太阳也是人们熟悉的自然物，既然能说“先天地生”，也就能说在有太阳以前就生出了道。“帝”字的本义就是太阳。

意译

道没有形体，它是空的，可是用起来却始终用不完。渊深啊，似乎是万物的宗主；深沉啊，仿佛时隐时现。我不知道它生于何时，大概在有太阳以前就已经存在了。

第三十八章

38·1 **天地不仁，以万物为刍狗。圣人不仁，以百姓为刍狗**。

天地不仁，以万物为刍狗：不仁，没有特别的眷顾。刍狗，草扎的狗。古代祭祀的时候，要用到草扎的狗。当祭祀之时，把刍狗当成宝物一样，小心翼翼，唯恐损坏了；祭祀完以后，就随便丢弃，不屑一顾。万物在天地之间生长繁育，都一度各尽其美，天地何曾喜悦，等到万物衰残凋零，天地又何曾在意？

圣人不仁，以百姓为刍狗：不仁，没有特别的偏私。百姓，指百官。圣人治国的目的是使人民生活安宁。他清醒地认识到，官僚集团包括他自己在内都只是完成这个历史使命的工具罢了。官员必须具有一定的名声、地位、权力才能推动事业前进，但名声、地位、权力不应该是个人私有的东西，等到大功告成，圣人“功遂身退”（42），他不在乎自己的得失，那么他也不会在意某个官员的权位和利益。

意译

天地没有特别的眷顾，把万物当作草扎的狗；圣人没有特别的偏私，把百官当作草扎的狗。

38·2 天地之间，其犹橐钥乎！虚而不屈，动而愈出。**多闻数穷，不如守中**。

橐钥，音驮越，风箱。虚，空。屈，屈竭、穷竭。出，出现。数，通术，做法。穷，穷屈、穷竭。中，空，即“无心”（7·3）之意。“多闻”和“守中”是对立统一的；相对于“多闻”来说，“守中”就是设置对立面。

意译

天地之间，就好像风箱一样啊！天地之间是虚空的，可是万象纷纭，从不凝滞，变化万千，层出不穷。君主过多地摄取信息、处理事务，就会身心疲惫，事倍功半，不如持守无心为好。

第三十九章

39 谷神不死，是谓玄牝。**玄牝之门，是谓天地根**。**绵绵若存，用之不勤**。

谷神，河谷女神。玄牝，地母。“玄牝之门”和“天地根”押韵，相当于“玄牝这门”，并不是“玄牝的门”的意思。绵绵，绵长不断。勤，穷竭、屈竭。

请参考《谷神和道心——重读〈老子〉札记》一文。

意译

永生的河谷女神啊，你便是化育万物的地母。幽深的地母之门啊，便是那生出天地的灵根。你仿佛掌管着生命的甘泉啊，潺湲不尽，滋育群生。

第四十章

40 **天长地久。天地所以能长且久者，以其不自生，故能长生。是以圣人退其身而身先，外其身而身存。非以其无私邪？故能成其私。**

自生，自求生活的富厚。《德经》有“生生之厚”（8·1）、“求生之厚”（29）两句，就是这个意思。退其身而身先，《德经》说“欲先民，必以身后之”（22）。外其身，不追求身体的奉养，和“不自生”意思相同。成其私，成全了私心。

世俗之人总想吃好穿好，追求声色犬马之娱，贪图生活享受，往往损害了身体健康。真有见识的人则生活朴素，这样做才是身体健康的保障。

意译

天长地久。天地之所以能够长久，是因为不营求生活的富厚，所以天地才能长生。因此圣人使自己退到人们的后面，反而地位更高了；不追求身体的奉养，反而身体得到了保全。不正是因为他没有私心吗？所以才能成全他。

第四十一章

41·1 **上善若水。水善利万物而不争，处众人之所恶，故几于道。**

上，上等。善，贤能。利，造福。恶，厌恶。几，接近。

意译

上等的贤能就要像水那样。水善于滋润万物，却不与物争，处于众人不喜欢的低洼地方，所以就和道接近了。

41·2 **居善地，心善渊，与善仁，言善信，政善治，事善能，动善时。夫唯不争，故无尤。**

地，地势、地位。居善地，圣人善处下。“居善地”即“处众人之所恶”。渊，静渊。心善渊，心里宁静，不起波澜。仁，尽已为人，不求回报。与善仁，与人交往，一心为人。信，信实、实在。政，原为“正”字，这里据文义以改。治，有条理。能，能干。动，举动。时，把握时机。尤，怨尤。

这一节承“上善若水”而来，讲君主应该怎样向水学习。这里的七善不必一一与水的特点相联系，勉强对应反而会失之穿凿。

意译

圣人善于处下。他心里宁静，不起波澜。他与人相处，总是一心为人。他说话实事求是，为政井井有条，办事得心应手，善于选择时机。因为他不与人争，所以就没有怨尤。

第四十二章

42 **殖而盈之，不如其已。揣而锐之，不可长保。金玉满堂，莫之能守。富贵而骄，自遗其咎。功遂身退天之道。**

殖而盈之，不如其已。揣而锐之，不可长保：殖，积累财富。

盈，满。已，停止。揣，捶击。刀剑已经很锋利了，如果继续捶击，就容易折断了。比喻荣华富贵已经是人人羡慕，如果还不知足，还要作威作福，好日子就要到头了。

金玉满堂，莫之能守。富贵而骄，自遗其咎："金玉满堂"即"殖而盈之"，"富贵而骄"即"揣而锐之"。遗，音位，加给。咎，灾祸。自遗其咎，自己给自己招来灾祸。

功遂身退天之道：遂，完成。退，谦退，不归功于自己，不一定指辞职、下野、退位。天之道，上天的法则。

意译

积累财富到多得不能再多，还不如止歇了吧。捶击刀剑想使它更锋利，刀剑恐怕要损坏了吧。满屋的金玉，光彩夺目，哪里守得住？富贵奢华的生活，还不满足，还要盛气凌人，这是给自己招祸啊。已经成就了一番事业，就应该谦虚戒骄，不要显示自己的地位，这样做才符合上天的法则。

第四十三章

43·1 **载营魄抱一，能无离乎？专气致柔，能婴儿乎？涤除玄览，能无疵乎？爱民治国，能无为乎？天门开阖，能为雌乎？明白四达，能无知乎？**

43·2 **生之畜之，生而不有，为而不恃，长而不宰，是谓玄德。**

载营魄抱一，能无离乎：载，承载。这里把人的身体比喻成车子，所以说承载。营魄，血气。《老子》说“营魄”，《论语》说“血气”（孔子曰：“君子有三戒：少之时，血气未定，戒之在色；及其壮也，血气方刚，戒之在斗；及其老也，血气既衰，戒之在得。”见《论语》“季氏第十六”篇），反映了时代的变化。所以老子生活的年代无疑要早于孔丘。营，营养、滋养。血有滋养身体各部分的功能，故称为“营”。魄，居于肺脏之中。肺主气，司呼吸。可见“魄”与气有紧密的关联，“气魄”一词也能证明这一点。故用“魄”来代表气，但意义偏重于精神方面。抱，怀抱、拥抱。一，指道。载营魄抱一，是说承载着血和气来拥抱道；血和气都是流经全身各处的，等于说用整个身体和精神来拥抱道，也就是全身心地来拥抱道。无，不。离，分离、离开。

专气致柔，能婴儿乎：专，专意。气，指呼吸之气，也指精神之气，不必硬译。致，达到。专气致柔，是说专意于气，来使身心柔和舒畅。

涤除玄览，能无疵乎：涤除，涤荡，清除。玄，幽远。览，观览，察看。玄览，察及幽远，观察到事物幽隐深微的地方。疵，疵累，过失。事情看得太分明，往往会带来不好的结果。

天门开阖，能为雌乎：天，天生的。天门，指耳、目、口。阖，闭上。天门开阖，指待人接物。为雌，柔顺的样子。

明白四达，能无知乎：四达，四面通达，通晓各种事物。无知，不自以为有知识，保持谦虚冷静。

“是谓玄德”句已出现于9·2，故不译。

意译

用整个身心来拥抱道，能从不分离吗？专意于气，使身心柔和舒畅，能像婴儿一样吗？除掉什么都想看分明的习惯，能够避免意料之外的过失吗？爱民治国，能做到无为吗？待人接物的时候，能保持和颜悦色吗？世间万事无不通晓，能做到不骄傲吗？

第四十四章

44 三十辐共一毂，当其无，有车之用。埏埴以为器，当其无，有器之用。凿户牖以为室，当其无，有室之用。故有之以为利，无之以为用。

三十辐共一毂，当其无，有车之用：辐，车上的辐条。毂，音古，在车轮中央，周围与辐条相接，有洞，可以插轴。无，中空。车轴插在毂上中空的地方，车轮才能转动，车子才能行驶。

埏埴以为器，当其无，有器之用：埏埴，音山执，抟土，和土。器，这里指陶器。器物有中空的部分，才能用来装东西。

凿户牖以为室，当其无，有室之用：凿，凿开。户牖，门窗。房子是空的，才能住人。

有之以为利，无之以为用：有，这里指各种发明，如车子、陶器、房子，为了和"无"字相对照，所以用"有"字来表达。利，便利。无，中空的部分。用，发挥作用。正是因为有了中空的部分，各种发明才能够发挥它们的作用。

这一章举车子、陶器和房子为例，说明"无"或"空"的价值，启发君主内守无心，外守无为。

意译

三十根辐条都连接在车毂上，车毂中空的地方可以插轴，车子这才能够发挥作用。抟土烧结了制成陶器，陶器中空的地方可以盛东西，陶器这才能够发挥作用。凿开门，凿开窗，房子做好了，房子是空的，可以住人，房子这才能够发挥作用。所以便利人们生活的各种发明都要靠各自中空的地方来起作用。

第四十五章

45 **五色令人目盲；五音令人耳聋；五味令人口爽；驰骋田猎，令人心发狂；难得之货，令人行妨。是以圣人为腹不为目，故去彼取此。**

五色令人目盲，五音令人耳聋，五味令人口爽：五色，繁富的色彩。五音，繁乱的声音。五味，繁杂的滋味。口爽，吃伤了，坏了胃口。

驰骋田猎，令人心发狂：田，通畋。田猎，畋猎，打猎。骑马打猎，心不静定，难以收束。

难得之货，令人行妨：行妨，品行受到妨害。在贪心驱使下，就会采取各种不正当的手段来攫取那些难以得到的东西。

是以圣人为腹不为目：为腹，吃进来，比喻注重知识学习，前面有“实其腹”（36）的辞句。为目，往外看，比喻寻求欲望的满足。

意译

繁富的色彩使人眼睛瞎，繁乱的声音使人耳朵聋，繁杂的滋味使人吃腻了。驰骋游猎，不知节制，使人心里发狂。难以得到的货品，使人的品行受妨害。所以圣人向内积累知识，而不向外放纵欲望。因此就摒弃后者而选择前者。

第四十六章

46 **"宠辱若惊，贵大患若身。"何谓"宠辱若惊"？宠为下，得之若惊，失之若惊，是谓"宠辱若惊"。何谓"贵大患若身"？吾所以有大患者，为吾有身，及吾无身，吾有何患！故贵以身为天下，若可寄天下；爱以身为天下，若可托天下。**

宠辱若惊：宠，荣宠。辱，卑贱。若，像。惊，惊扰。荣宠是卑贱的东西，对人来说只不过是一场又一场的惊扰。

贵大患若身：贵，看得很宝贵，重视。若，像。大患，大祸患。重视天下可能发生的大祸患就像重视身体可能出现的大病患一样。"贵大患若身"就是"贵天下大患若身之大患"的意思。

宠为下，得之若惊，失之若惊：宠，荣宠。为下，是卑下的。若，像。荣宠得来的时候像是一场惊喜，荣宠失去的时候像是一场惊恐。

吾所以有大患者，为吾有身，及吾无身，吾有何患：大患，大病。为，因为。即，假如。有了身体，就有了病患的担忧，没有了身体，就没有了病患的担忧。意思是说，对病患的担忧是必然的，所以要小心谨慎，保护好身体健康。

贵以身为天下，若可寄天下；爱以身为天下，若可托天下：贵，看得很宝贵。爱，爱护。贵以身为天下，把身体看得很宝贵，也就把天下看得很宝贵。爱以身为天下，爱护身体，也就爱护天下。若，像。寄，托付。托，交托。

这一章历来注解分歧很大，所以这里解释不厌其烦。这章讲的是，君主的重任不但是一种光荣，更是一种负累和考验；治理天下要有如临深渊、如履薄冰的心理准备，千万不可轻忽大意。

意译

“宠辱若惊，贵大患若身。”什么叫“宠辱若惊”？荣宠是低下的，得来的时候像是一场惊喜，失去的时候像是一场惊恐。这就叫“宠辱若惊”。什么叫“贵大患若身”？我之所以有生大病的忧虑，是因为我有这个身体，假如我没有这个身体，我哪里会有什么病患啊。因此像重视身体一样来重视天下的政治得失，大概就可以把天下托付给他了；像爱护身体一样来爱护天下的人民，大概就可以把天下交托给他了。

第四十七章

47·1·1 **视之不见名曰夷，听之不闻名曰希，搏之不得名曰微。此三者不可致诘，故混而为一**。

夷，可能就是“咦”字的意思，表示惊异。希，无声，如“大音希声”(4·1·1)。搏，拍打。微，微小。此三者，指“视之不见”、

"听之不闻"、"搏之不得"。诘，追问。致，极致。致诘，穷究。

意译

看也看不见，这真令人惊异；听也听不见，它无声无息；拍打它也触不到形迹，它是那么的微细。这三样无法穷究下去，只好混而为一。

47·1·2 **其上不皦，其下不昧，绳绳不可名，复归于无物。是谓无状之状，无物之象，是谓惚恍。迎之不见其首，随之不见其后。**

其上不皦，其下不昧：皦，明亮，明净。昧，昏暗。晴空明净，而潭底昏暗。它的上面不能用晴空的明净来形容，它的下面不能用潭底的昏暗来形容。意思是说，道充塞于宇宙之间，以天之高、渊之深，都还不能穷极道的范围，所以才说它"绳绳不可名"。这两句是从纵向来看。

绳绳不可名，复归于无物：绳绳，接连不断的样子。不可名，不知道怎样称呼它才恰当。无物，什么也没有。

是谓无状之状，无物之象，是谓惚恍：无状之状，没有形状的形状。无物之象，什么也没有的形象。惚恍，若有若无，难以捉摸。

迎之不见其首，随之不见其后：首，前面。后，后面。迎着它，却见不到它的前头，尾随它却见不到它的后头。这两句是从横向来看。也是连绵不断的样子。

意译

它的上面不像晴空那样明净，它的下面不像潭底那样昏暗；

以天渊之间的广大，都不能囊括它。它连绵不断，不知道该怎样来称呼它才恰当。它终究是什么物象也没有吧，这就叫没有形状的形状，没有物象的物象，可以说是不可捉摸的呀。迎着它，却见不到它的前面；跟着它，却见不到它的后面。

47·2 **执古之道，以御今之有。能知古始，是谓道纪**。

执，执握、掌握。御，控御、统率。有，万有、万物。古始，道为“万物之始”（34·1）。道纪，以道为纲纪，等于说以道为“万物之母”（34·1）。

意译

手握着古时候的大道，来统率今天世间的万有。能够懂得道在远古万物之初即已存在，这就叫以道作为万物的纲纪。

第四十八章

48·1 **古之善为道者，微妙玄通，深不可识。夫唯不可识，故强为之容，曰：豫兮若冬涉川，犹兮若畏四邻；俨兮其若客，涣兮其若释；敦兮其若朴，旷兮其若谷，混兮其若浊**。

古之善为道者，微妙玄通，深不可识：微，微细。妙，幽妙。玄，神秘。通，通达、悟透。深，深远、深沉。识，辨识、认识。

夫唯不可识，故强为之容：强，勉强。容，形容。

豫兮若冬涉川，犹兮若畏四邻：豫，迟疑。涉川，渡河。冬天河面结冰，路滑不好走，还怕掉进冰窟窿里。蹚过河的时候，举步迟疑缓慢，担心有危险。犹，谨慎。四邻，周围的邻居。在城市里居住，不高声说话，东西轻拿轻放，生怕吵扰了街坊四邻。这两句是说有道的君主不草率行事，总是三思而后行。

俨兮其若客，涣兮其若释：俨，严肃。客，做客。在别人家里做客，不能像在自己家里那样随便，多少总有些拘束。涣，轻松自如。释，放下担子，释然，放松。这两句是说有道的君主既庄重，又洒脱。

"涣兮其若释"，王弼本为"涣兮若冰之将释"，不如楚简本"涣兮其若释"亲切自然。"若冰之将释"，是说人的表情像寒冰快要融化的样子，不好理解。

敦兮其若朴，旷兮其若谷，混兮其若浊：敦，敦厚。朴，原木，未加工的木材，比喻朴实。旷，广阔，比喻心胸开阔。谷，河谷平原。混，读第二声，浑浊的意思。浊，浊水。这三句是说有道的君主朴实自然，有胸怀，能容物。后文有"知其白，守其辱，为天下谷。为天下谷，恒德乃足，复归于朴"（59·1·2），意思是相似的。

意译

古时候善于守道的君主，他幽微玄妙，悟透了世间的道理，他深沉博大，不容易被认识。因为他不容易被认识，所以就这样勉强来形容他：缓慢迟疑啊，像冬天蹚过结冰的河面；谨慎小心啊，像害怕会吵扰了四围的邻居。庄重恭敬啊，像在别人家里做客；轻松自在啊，像完全放下了身上的担子。敦厚啊，他是那么的朴实；心胸开阔啊，就像空旷的原野；与世俗混同啊，就像那浑浊的水流。

48·2 **浊而静之，徐清；安以动之，徐生**。**保此道者不欲盈**。**夫唯不盈，故能弊而新成**。

浊而静之，徐清；安以动之，徐生：浊，比喻政治浊乱。注意这里“浊”字的意思与在上节里的意思不同。静，清静无欲，即“清静可以为天下正”（6·3）之意。徐，缓缓地。清，比喻政治清明。安，表面安定，却危机四伏。动，革新政治，但要动之万全。生，走向新生，万象更新。这两句讲怎样革故鼎新，澄清污浊的政治。

保此道者不欲盈。夫唯不盈，故能弊而新成：盈，盈满、圆满。弊，帛书乙本作“敝”字，衣服破旧之义，比喻政治弊坏，就是“浊”字的意思。新成，新的成功，就是“生”字的意思。这两句讲的是“大成若缺”、“大盈若冲”（6·2·1）的道理。

“弊而新成”，张舜徽本为“弊而不新成”，多了“不”字，“不”和“而”形近而误。按老子原意，“不盈”是方法，“新成”是目标。如果改为“弊而不新成”，意思就完全变了，似乎老子叫人苟安于现状、无所作为。

意译

浊乱的政治局面，就用清静无欲来改变。一步一步，不操之过急，政治终必得以澄清。社会表面的安定，掩盖不了暗流汹涌；必须大刀阔斧，才能革故鼎新。但要动之万全，一步一步，不躐等躁进，社会终必喜获新生。保有此道的君主不贪图圆满，知道不可能一次功成。因为他从来不贪图圆满，所以才能够洗刷弊政，赢得一次次新的成功。

第四十九章

49·1·1 **致虚，恒也；守中，笃也。万物并作，吾以观其复。夫物芸芸，各归其根。归根曰静，是谓复命。复命，常也。**

49·1·2 **知常，明也；不知常，妄作，凶。**

致虚，恒也；守中，笃也：这句王弼本为“致虚极，守静笃”。这里采用楚简甲本里的句子。致，达到。虚，空。恒，恒久。中，虚、空。笃，诚笃。前文有“多闻数穷，不如守中”（38·2）之句。

万物并作，吾以观其复：并，一齐。作，兴作。复，复归、返回。

夫物芸芸，各归其根。归根曰静，是谓复命。复命，常也：芸芸，纷纭、变幻。归，回到。根，根源。命，本性。常，常道、规律。

知常，明也；不知常，妄作，凶：妄作，乱动。凶，凶险。《德经》13·2“知和曰明”一句可能是受“知常，明也”的影响，被后人改成了“知常曰明”。“不知常，妄作，凶”，类乎卦辞，说明《老子》作者很熟悉《周易》。

意译

要做到无心，持之以恒；要守住无心，专心致志。宇宙间万物一齐兴作，我静静观察它们的循环往复。万物纷纭啊，变幻无穷，可是终究都要回到最初的根源。回到根源就静下来了，也就是复归了本性。复归于本性，这就是世间的常道。

懂得这世间的常道，才算是有智慧；不懂这世间的常道，恣意妄为，绝没有好结果。

49·2 知常容，容乃公，公乃王；王乃天，天乃道，道乃久，没身不殆。

知常容，容乃公，公乃王：容，包容。知常容，懂得了常道，保持宁静无欲，就能包容万物。后文说“恒无欲也，可名于小；万物归焉而不为主，可名于大”（64·1·1），又说“人之不善，何弃之有”（19）。乃，就。公，大公无私。公乃王，大公无私，就能成为君王。

王乃天，天乃道，道乃久：王乃天，君王的品格上与天齐，极言君王之伟大。天乃道，天合于道。道乃久，合于道就能长久，可参考《德经》“有国之母，可以长久”一句（17·1）。

没身不殆：这句话已出现于9·3（“复守其母，没身不殆”）。

意译

懂得了常道，保持宁静无欲，就能包容万物；包容万物，就能大公无私；大公无私，就能成为世间的君王。君王与天同其伟大，天与道相合，合于道就能长久，到死都不会疲惫不堪。

第五十章

50·1 **太上，下知有之；其次，亲之誉之；其次，畏之；其下，侮之**。

太上，最高、最好。亲，亲近。誉，赞誉。其下，最差。侮，侮慢。

这一节是说，最高明的君主给人以充分的自主权。

意译

最好的君主，底下的人自由自在，只是知道有他这个人而已；差一些的君主，大家亲近他，赞扬他；再差一些的君主，大家畏惧他，厌恶他；最低下的君主，大家反对他，侮弄他。

50·2 **信不足，焉有不信。犹兮其贵言！功成事遂，百姓皆谓“我自然”**。

信不足，诚信不足。焉，于是。犹，犹豫、迟疑。贵，看重。贵言，不随便讲话。百姓，群臣。我自然，我自己做到这样的。

这一节刻画了谦虚谨慎的君主形象。

意译

如果诚信不足，那就难以取信于人了。君主不能随便讲话，一定要反复斟酌啊。事情办好了，功业完成了，君主却不居功，群臣都说“是我自己做到的”。

第五十一章

51·1 **大道废，有仁义；慧智出，有大伪；六亲不和，有孝慈；国家昏乱，有忠臣**。

废，废弛、失落。慧智，即智慧，这里指小聪明。伪，虚伪、欺诈。六亲，古代指父、母、兄、弟、妻、子，即家庭关系。昏乱，黑暗、混乱。

在这一节里，老子深深慨叹大道的废弛和国家的混乱。他看不起所谓的“慧智”即小聪明，但是他何尝否定“仁义”、“孝慈”和“忠臣”。有人认为“慧智出，有大伪”一句使“仁义”、“孝慈”、“忠臣”有了负面的含义，这种看法值得商榷。如果说有贬义，“大道废”、“六亲不和”、“国家昏乱”难道没有强烈的贬义？即使“慧智出，有大伪”为后人所加，也是为了使句式整齐、行文流畅，并不曾损害老子的原意。

意译

大道失落了，仁义才盛行；小聪明出来了，就有了偷天换日的行径；家庭不和睦，慈父孝子才显得可贵；国家黑暗混乱，才需要忠臣来支撑。

51·2 **绝智弃辩，民利百倍；绝巧弃利，盗贼无有；绝伪弃虑，民复季子。此三言也，以为文未足，故令之有所属：见素抱朴，少私寡欲，绝学无忧**。

下画线的部分用的是楚简甲本里的句子，王弼本则为“绝圣弃智，民利百倍；绝仁弃义，民复孝慈；绝巧弃利，盗贼无有。”老子抨击的只是礼治，不是仁义，不可能说“绝仁弃义”。而且“仁义”和“孝慈”在上一节中分属“大道废，有仁义”和“六亲不和，有孝慈”两句，如果说是“绝仁弃义，民复孝慈”，则与上文有何联系？况且“绝仁弃义”如何能做到“民复孝慈”？所以此处的窜改是很拙劣的。至于“绝圣弃智”一语，《老子》全书推崇圣人不遗余力，怎么可能在这里突然改口攻击圣人？对于“民复季子”这句话，有人释为“民复孝慈”，这还是因为受了“绝仁弃义，民复孝慈”的影响。“绝伪弃虑”的直接结果并不是“民复孝慈”，不必以繁易简，迂回为辞。

绝智弃辩，民利百倍：绝，排除。弃，摒弃。辩，争辩。利，收益。“弃辩”比“绝智”更进了一层。

绝巧弃利，盗贼无有：巧，奇巧，即引起人欲望的“奇物”(15·2)。利，利欲。“弃利”比“绝巧”更进了一层。因为“奇物滋起”的根本原因是为了追逐私利。

绝伪弃虑，民复季子：伪，虚伪、哄骗。虑，思虑、盘算。“弃虑”比“绝伪”更进了一层。有人释为“绝伪弃诈”，是错误的。“诈”字比“伪”字意思更重，远不如“虑”字用在这里得当。复，复归、回复。季子，就是稚子，幼小的孩子。小孩子还没有学会虚伪，还不懂得思虑营谋。

此三言也，以为文未足，故令之有所属：以为，作为。文，守则、规范。“文”字，有人根据楚简甲本释为“辨”字，错。既然已经说了以上“三言”，不必再作分辨，“辨”字用在这里不恰切。未足，不足。“三言”是“破”，不足以作为立身的准则；还要明确地“立”，人民才能有所依约。令，使。之，指人民。属，归属、归依。有所属，有所遵循，有了处世为人的规范。

见素抱朴，少私寡欲，绝学无忧：见素抱朴，亲近朴素的事物；请对比“绝智弃辩，民利百倍”。抱，拥抱，比“见”字更进了一层。少私寡欲，减少私心和贪欲；请对比“绝巧弃利，盗贼无有”。绝学，不学伪饰和私虑；请对比“绝伪弃虑，民复季子”。无忧，小孩子是没有忧愁的。

意译

去除聪明，摒弃争辩，人民将得到百倍的益处；去除技巧，摒弃利益，盗贼就会绝迹；去除虚伪，摒弃思虑，人民就会恢复孩子般的天真。这三句话，拿来作为人们立身的准则还是不够的，所以要使人们有所依循，就这样来教导他们：亲近朴素的东西；减少私心和贪欲；不学伪饰和私虑就不会有忧愁。

第五十二章

52·1 **唯之与呵，相去几何？美之与恶，相去何若？人之所畏，亦不可以不畏人**。

唯，唯唯诺诺，顺服的样子。呵，呵斥，叱责。去，距离，差别。美，美好。恶，丑恶。

这一节是说君主不能因为自己有了至高无上的地位，就为所欲为。

意译

顺服和叱责，相去有多远？美好和丑恶，相差有多大？人们畏惧的君主，也不能不畏惧人啊。

52·2·1 **恍兮其未央哉！众人熙熙，如享太牢，如春登台。我独泊兮其未兆，如婴儿之未孩。**

恍，浑浑噩噩的样子。央，尽。未央，没有终竟。熙熙，暖融融，欢喜的样子。享，享用。太牢，古代帝王祭祀社稷的时候用牛、羊、猪作为祭品，称为“太牢”。祭礼完毕后，祭品供众人分享。泊，淡泊宁静的样子。未兆，不显露，不忘形。孩，小儿笑。

意译

他们要浑浑噩噩到什么时候啊！众人都沉醉在锦绣富贵里，好像在享用丰盛的太牢，又好像春天登上高台远望。只有我淡泊宁静，不得意忘形，好像婴儿还不会笑的时候那样淳朴。

52·2·2 **儽儽兮若无所归！众人皆有余，而我独若遗，我愚人之心也哉！**

儽儽，音垒垒，疲困的样子。归，归趋、趋向。无所归，不知要到哪里去。遗，遗落，不完全，有所不足。愚人，愚蠢的人，这里是反讽的话。

意译

他们纵情使性，已经疲困不堪了，却还是不肯回头！众人样样都胜人一筹，只有我还有欠缺不足。我是蠢人的心思吧！

52·2·3 **沌沌兮！俗人昭昭，我独昏昏；俗人察察，我独闷闷。**

沌沌兮：沌，音赚。武汉有一处地方叫沌口，即古沌水入长江之口。沌沌，犹如说混混（第二声），浑浊、同流合污的意思。

“沌沌兮”，帛书乙本作“湷湷呵”，可见“沌”、“湷”音义相近。前文“混兮其若浊”（48·1），帛书乙本作“湷呵其若浊”；楚简甲本为“坉乎其若浊”，而“坉”通于“沌”，可见“混”、“沌”至少义近。所以“沌沌”一词的意义近于“混混”。

又“敦兮其若朴”（48·1）在帛书乙本中为“沌呵其若朴”，此句紧邻“湷呵其若浊”。既然两句前后相邻，又用不同的字，此处“湷”、“沌”或“敦”读音必定迥异。而“湷湷”、“沌沌”读音相近，可证“沌沌兮”中的“沌”字的音义与“敦”字相去较远，不读“顿”字的音。

“沌沌兮”在这里是贬义，应该和“我愚人之心也哉”分属上下两小节。上一小节意义已经很完全，不必再有“沌沌兮”三字画蛇添足。而且“哉”字和52·2·1小节末尾的“孩”字押韵，如果硬加上“沌沌兮”，读起来反而不顺畅了。

俗人昭昭，我独昏昏：昭昭，精明的样子。昏昏，糊涂的样子。

俗人察察，我独闷闷：察察，清楚的样子。闷闷：愚笨的样子。《德经》说过“其政闷闷，其民淳淳；其政察察，其民缺缺”（15·3·2）。

意译

他们同流合污啊，是那样污浊！这些俗人似乎很精明，只有我蒙在鼓里；这些俗人似乎很清楚，只有我糊里糊涂。

52·2·4 **忽兮其若海，漂兮若无所止。众人皆有以，而我独顽似鄙。我欲独异于人，而贵食母。**

忽兮其若海，漂兮若无所止：忽，飘忽。漂，漂荡。止，止处、定止。

众人皆有以，而我独顽似鄙：以，理由、借口。顽，顽固。鄙，鄙陋。

我欲独异于人，而贵食母：异，不同。食，比喻汲取。母，比喻道。

“恍兮其未央哉”、“儽儽兮若无所归”和“忽兮其若海，漂兮若无所止”的意思是相近的，都是用来形容众人无操守、无定止的样子。

意译

飘忽啊，就像大海的潮头；四处游荡啊，就像失去了方向的小舟！众人都有一套借口，只有我顽固不化，甘守鄙陋。我就是想跟他们不同，独自一人默默依从大道母亲。

第五十三章

53·1 **孔德之容，惟道是从。**

孔德，大德。容，容止、仪容、举止。从，依循。

意译

大德之君的一言一动，都遵循着大道。

53·2 **道之为物，唯恍唯惚。惚兮恍兮，中有象兮！恍兮惚兮，中有物兮！窈兮冥兮，中有精兮！其精甚真，其中有信。自今及古，其名不去，以顺众父。吾何以知众父之然？以此。**

象，形象。物，东西。窈，深远。冥，幽深。精，精微之物。“象”、“物”、“精”，越来越细小。信，信实、确实。顺，依顺、随顺。众父，比喻各方面的具体规律。道是根本规律、一般规律，而事物还有各个方面的具体规律、特殊规律。根本规律随顺具体规律，也就是说具体规律和根本规律是不相违逆、不相抵触的。所以掌握了根本规律，也就容易理解各方面的具体规律。然，这样。此，指道。

意译

道这个东西，总是模模糊糊。恍恍惚惚啊，其中似乎有个形象；模模糊糊啊，其中似乎有个东西；幽深奇妙啊，其中似乎有精微之物。这精微之物很真实，它确切无疑地存在。从今天上溯到远古，它的名字都被人传颂。它随顺各方面的具体规律。我怎样知道具体规律的情况？就是因为掌握了大道。

第五十四章

54·1·1 **企者不立，跨者不行。自见者不明，自是者不彰；自伐者无功，自矜者不长。其在道也曰余食赘形，物或恶之，故有道者不处。**

企，踮起后脚跟。自见，自己来看。自是，认为自己是对的，自以为是。彰，明显。自伐，夸耀自己。自矜，自恃、自大。余食，吃剩的食物。赘形，身上的赘肉。各本都作“赘行”，这里据文义校改。物，指人。恶，厌恶。

意译

踮起脚跟站立就站不长久，跨开步子走路就走不稳便。光靠自己去看就看不分明，自以为是就无法了解实情；夸耀自己的人还有什么功劳，自高自大的人长久不了。以道的观点来看，这些做法可以说是剩饭和赘肉，惹人反感，所以有道的人从不这样。

54·1·2 **曲则全，枉则正；洼则盈，敝则新；少则得，多则惑。是以圣人执一，以为天下牧。**

曲则全，枉则正：曲，弯曲、退缩。全，保全。枉，弯曲、迂回。正，达到目标。“枉”和“曲”同义，“正”比“全”意思更进了一层。

洼则盈，敝则新：洼，地势低洼。盈，充满。低洼的地方能积水。敝，衣服破旧。衣服破了，不能穿了，才会换新的。

少则得，多则惑：得，收获。惑，迷惑。简要不烦，才有收获；多端寡要，就迷惑不解。

圣人执一，以为天下牧：一，指道。牧，牧人。把道作为牧人，就是说用道来治理天下。

意译

退缩才能得到保全，迂回才能达到目标。地势低洼才能积水，衣服破旧了才会换新的。简要不烦，才能有收获；多端寡要，则无从下手。所以圣人手握那唯一的大道，用它来治理全天下。

54·2·1 **不自见，故明；不自是，故彰。不自伐，故有功；不自矜，故长。夫唯不争，故天下莫能与之争。**

不自见，故明：《德经》7·1 说过“圣人不行而知，不见而明，不为而成”。

意译

不光靠自己去看，才能看分明；不自以为是，才能了解实情。不夸耀自己，才有功劳可言；不自高自大，才能地位长久。正因为他不争，所以天下没有人能跟他争。

54·2·2 **古之所谓曲则全者，岂虚言哉！诚全而归之。**

虚言，说空话。诚，的确。归，回家。

意译

古代流传下来的“曲则全”的道理，哪里是说空话呢？的确是能全身以归。

第五十五章

55·1 **希言自然。飘风不终朝，暴雨不终日。孰为此者？天地。天地尚不能久，而况于人乎？**

希言，少说话，不轻易发布命令。是说君主宜不言、无为。参见 5·2、35·3。飘风，狂风。飘风、暴雨，比喻为政急骤，即“不言”、“无为”的反面。朝，早晨。

意译

不轻易发布命令，这才合乎自然。狂风持续不了一早晨，暴雨持续不了一整天。是谁兴起了风雨？是天地。天地尚且做不到持久，何况是人呢？

55·2 **故从事于道者同于道，德者同于德，失者同于失。同于道者，道亦乐得之；同于德者，德亦乐得之；同于失者，失亦乐得之。**

德，就是道。失，失去了道。

意译

所以遵循道的就合于道，遵循德的就合于德，失去道德的就合于失。合于道的，道也乐于得到他；合于德的，德也乐于得到他；合于失的，失也乐于得到他。

第五十六章

56·1 **有物混成，先天地生。寂兮寥兮，独立而不改，*周行而不殆*，可以为天下母。未知其名也，字之曰道；吾强为之名曰大。大曰逝，逝曰远，远曰反。**

混成，即混沌。寂，寂静。寥，寥落。独立，单独存在。改，改变。

周行而不殆：周，周普、周遍、普遍。周行，通行。殆，困乏、疲惫。这一节并没有讲道的运行特点，“*周行而不殆*”也不能

成为“可以为天下母”的原因。帛书甲、乙本和楚简甲本都无此句，当为后人所增。今删去。

可以为天下母：张舜徽根据帛书甲、乙本改为“可以为天地母”。对比楚简甲本和王弼本，可知帛书有误，这里改回。另见《德经》9·3：“天下有始，以为天下母。”道为“万物之母”，不仅仅是“天地母”。

未知其名也，字之曰道；吾强为之名曰大：张舜徽定为“吾不知其名，字之曰道，强为之名曰大”，今综合楚简甲本和帛书乙本改之。人们都“未知其名”，并不只有“吾”是这样。道，导出，有万物根源的意思，所以人们用“道”字来称呼“天下母”。

大曰逝，逝曰远，远曰反：曰，而。逝，去、往。反，通“返”，返回。这句是说，“道”虽大却难以捉摸，并不是讲道的运行特点。

意译

有一个东西混混沌沌，生于天地之先。寂静啊寥落，它独自存在，永不改变，可以当它是天下万物的母亲。人们都不知道它的名字，就用“道”字来称呼它，我勉强把它叫做“大”。它如此广大，近在眼前，却倏然行去，远到天边，又返回原处。

56·2 **天大，地大，道大，王亦大。域中有四大，而王居其一焉。人法地，地法天，天法道，道法自然。**

天大，地大，道大，王亦大：王弼本作“故道大，天大，地大，王亦大”，张舜徽未改。这里根据楚简甲本写定。后文还说

"道恒无名、朴。虽小，天地弗敢臣"（62·1）。所以按老子原意，道比天地更加尊贵。而君王与道一样伟大，所以"王亦大"紧接着"道大"。王弼本里这四者的次序是错的。

域，疆域、疆界。人法地，人效法地的厚重。地法天，地效法天的宁静。天法道，天效法道的虚空。道法自然，道效法自然而然；最后一章说"道恒无为也"，也就是这个意思。有人解释成道效法它自己，是错误的。如果那样的话，文句应该是"道法其自然"，而不是"道法自然"。

意译

天大，地大，道大，王也大。疆界之内有四大，而君王就是其中一大。人效法地的厚重，地效法天的宁静，天效法道的虚空，而道效法的则是自然而然。

第五十七章

57 **重为轻根，静为躁君。是以君子终日行不远其辎重。虽有荣馆，燕处则超然。若何万乘之王，而以身轻于天下？轻则失本，躁则失君。**

重为轻根，静为躁君：根，根本。君，君王。大地厚重而宁静，这两句可能就是"人法地"之意。

画线部分根据帛书乙本校正。张舜徽未改。

君子终日行不远其辎重：君子，身居高位的人，这里实际上是指君主。行，巡行。辎重，辎车，古代一种有帷盖的大车，物资齐备，能在里面休息，便于随时应付紧急事件。犹如今天的专机、专列。

虽有荣馆，燕处则超然：荣，殿宇辉煌。馆，王宫。燕，比喻美女。超然，超脱、浑不在意的样子。

若何万乘之王，而以身轻于天下：若何，为什么。乘，兵车。轻，不慎重。轻于天下，在天下人面前不慎重。这句意思是身为万乘之主，一举一动都必须慎重，以免发生危险，遭到天下人耻笑。

意译

重是轻的根本，静是躁的君王。所以君子出巡的时候，整天不远离辎车，准备随时应付紧急情况。虽然有辉煌的宫殿，周围美女环绕，也处之超然，不敢轻躁。为什么拥有万乘的君王，却不知自重，不怕天下人耻笑？轻浮就会失掉根本，狂躁就会失去君位。

第五十八章

58·1 **善行者无辙迹，善言者无瑕谪，善数者不用筹策。善闭者无关钥，而不可启也；善结者无纆约，而不可解也。**

辙迹，车子驶过留下的印迹。瑕谪，缺点、毛病。筹策，竹子制成的小棒或小片，用于计数。闭，关门。关钥，门上横木，用来闩门。启，开。结，用绳索系。纆，音默，绳索。约，也是绳索。

君主善于用人，自己不行、不言、不数、不闭、不结，却能做到善行、善言、善数、善闭、善结。

意译

善于巡行的没有车印，善于讲话的挑不出毛病，善于计数的用不着小竹棒。善于关门的不用门闩，门却开启不了；善于系牢的不用绳索，打的结却解不开。

58·2 **是以圣人恒善救人，而无弃人；恒善救物，而无弃物，是谓袭明**。

“恒”字，王弼本为“常”字，张舜徽写定本仍沿用“常”字，这里根据帛书甲、乙本改之。救，救助，使用。袭，承袭、沿袭、因袭、袭用、运用。明，智慧。

这一节是说，无论好人坏人，人尽其才；无论良器恶物，物尽其用，圣人不拘一格用人才。

意译

所以圣人总是善于救度人，于是就没有遗弃的人了；总是善于使用器物，于是就没有遗弃的器物了，这就叫运用了智慧。

58·3 **故善人者，不善人之师；不善人者，善人之资。不贵其师，不爱其资，虽智大迷，是谓要妙**。

资，借助、凭借；可资使用、驱遣。要妙，要言妙道，精微的道理。

意译

因此善人是不善的人学习的榜样，不善的人是善人成事的凭借。不尊重学习的榜样，不怜惜成事的凭借，即使有才智，也会在杂务面前手足无措，这就是精微的至理。

第五十九章

59·1·1 **知其雄，守其雌，为天下溪。为天下溪，恒德不离，复归于婴儿。**

雄，比喻君主位高权重。雌，比喻柔和谦虚。溪，谷、川，河谷的水流。恒德，符合恒道，就称为恒德。婴儿，比喻无心之态。

意译

知道自己位高权重，于是就持守柔和谦虚，来做滋润万物的江河；像滋润万物的江河一样啊，恒德就不会离去，然后复归于无心自然。

59·1·2 **知其白，守其辱，为天下谷。为天下谷，恒德乃足，复归于朴。**

此处张舜徽校定为："知其白，守其黑，为天下式；为天下式，恒德不忒，复归于无极。知其荣，守其辱，为天下谷；为天下谷，恒德乃足，复归于朴。"但是"知其白，守其黑"、"不忒"、"无极"等语意牵强，不可取。"恒德不离"和"恒德乃足"正好前后对应，中间插入"恒德不忒"，十分突兀。"复归于婴儿"和"复归于朴"都属于形象思维，中间多出"复归于无极"，非常生硬。又，上一小节实际上也是在教君主"为天下谷"，只不过为了避免重复，就把“谷”字的两个意思分离了开来，在上一小节里用“溪”字代替了“谷”字。而且《德经》已有“上德若谷，大白若辱”两句（3·2·1），跟这里对照来看，画线部分的意思已经完整，不必再加无关辞句。

白，洁白，比喻君主品格高尚。辱，污浊，比喻善于容人。谷，河谷平原。足，足够、充足、完全。朴，原木，砍伐下来以后还没有经过加工的木材，比喻朴实。

意译

知道自己内心洁白，可是也不嫌弃外物的污浊，来做养育万物的原野。像养育万物的原野一样啊，恒德才算完全，然后复归于朴实自然。

59·2 朴**散则为器，圣人用之则为官长**。**夫大制无割**。

散，劈开。朴散则为器，把木材劈开、加工以后制成各种器具。器，比喻精通某一方面的人才。官长，官员。制，制器，制成器具。大制，大器，最好的器具。割，割裂，把木头劈开。大制无割，最好的器具没有经过加工，即君主不是专门人才，有“外行领导内行”的意思。

意译

把木头劈开、加工以后就制成了各种器具。每种器具都给生活带来了某一方面的便利，就像在某一方面精通的专门人才。圣人使用专门人才，让他们来分管某一方面的事务。而最好的器具并不需要加工，那就是圣人自己。

第六十章

60·1 将欲取天下而为之，吾见其弗得已。夫天下，神器也，非可为者也。为者败之，执者失之。

吾见其弗得已：此句综合帛书甲、乙本订正。已，矣。“不得已”有歧义，不如“弗得已”。

夫天下，神器也，非可为者也：此句依据帛书乙本校正。神器，犹如说神物，难以把握的东西。

意译

想要夺取天下却一意逞强，我看他一定达不到目的。天下啊，那是难以把握的东西，不是可以轻易得到的。强要有为的就一定要败落，强要把持的就一定要失去。

60·2 物或行或随，或嘘或吹；或强或羸，或培或堕。是以圣人去甚，去太，去奢。

第一句句首据帛书甲本删去“故”字。第二句据帛书甲、乙本订正。

或行或随，或嘘或吹：嘘，叹息。吹，说大话。前面的行，后面的随。走在前面的地位高，走在后面的地位低。地位高的说大话，地位低的抑郁叹息。

或强或羸，或培或堕：强，强大。羸，瘦弱，比喻贫弱。培，培土，比喻帮助成长。堕，跌落，比喻衰落。强大的衰落，贫弱的起来。

以上四句写人间种种情态，对比之鲜明，转变之急遽，局中之人不知，唯旁观者清。

去甚，去太，去奢：甚，过分。太，极度。奢，奢侈。“甚”、“太”、“奢”三者，都是“不知足”（6·3）的表现。

意译

人们地位高的走在前面，地位低的跟在后头。地位高的趾高气扬，地位低的空自叹息。强大的不可一世，贫弱的困顿屈辱。不可一世的转眼倒台，困顿屈辱的锻炼成才。圣人有鉴于此，所以就去掉过分的欲望，摒却太高的野心，弃绝奢华的生活。

第六十一章

61·1·1 **以道佐人主者，不欲以兵强于天下。善者果而已，不以取强。果而弗伐，果而弗骄，果而弗矜，是谓果而不强。**

此段采用楚简甲本。

后人在“果而不强”后羼入“物壮则老，是谓不道，不道早已”；这段话已见于13·2，这里宜删去。但既然后人用此段作注，就说明这一小节意义已经完整了。

善者，善于用兵的人。果，取胜。取强，致强、逞强。已，停止、结束。伐、矜，都是骄傲的意思。“弗伐”、“弗骄”、“弗矜”，语气越来越谦虚。

意译

以道辅佐君主的人，不愿以强大的武力威临天下。善于用兵的人达到取胜的目标就好了，他绝不借机耀武扬威、恃强凌弱。取胜了不要自大，取胜了不要自满，取胜了不要自得，这就叫取胜了不自以为强大。

61·1·2 **夫兵者，不祥之器也；其事好还。是以君子居则贵左，用兵则贵右。故曰兵者非君子之器，不得已而用之。**

“夫兵者，不祥之器也”这句采用帛书乙本。各本“其事好还”在“不欲以兵强于天下”之后；只有楚简甲本在“是谓果而不强”后面，但缺了“还”字。楚简“其事好还”前缺脱了文字，致使意义转折显得突然。“夫兵者，不祥之器也”句首有“夫”字领起全句，表示意义转折；如果把“其事好还”放在这句之后，“其事”当指用兵之事无疑，而“好还”正表明“不祥”之意。

后人在“夫兵者，不祥之器也”之后加上“物或恶之，故有道者不处”；此段已出现于 54·1·1，宜删去。

各本“其事好还”既在“不欲以兵强于天下”之后，又妄加“师之所处，荆棘生焉”云云，其实这段话的语意比起“其事好还”大为减弱；师旅踏坏农田，战争过后，劳动力大量减少，使“荆棘生焉”，这与“不祥”之事毕竟有所不同。

“是以君子居则贵左，用兵则贵右”这句根据帛书乙本在句首加“是以”二字。因为用兵“不祥”，所以才“贵右”。

第三句根据楚简丙本在“故”字之后加“曰”字。后人在“兵者非君子之器”后面增添“兵者，不祥之器也”一句，纯属蛇足，当删去。

其事好还，这种事很快就会得到报应。好，容易。还，还报、报应。

意译

用兵啊，是不祥的东西。这种事很快就会得到报应。因此君子平常居处的时候以左边为尊，用兵的时候则以右边为尊。所以说用兵不是君子所应做的事，只有在万般无奈的情况下才会这样做。

61·2·1 **铦袭为上，弗美也。美之，是乐杀人。夫乐杀人，不可以得志于天下。**

此段采用楚简丙本。

铦，音先，锋利。铦袭，迅速勇猛地攻击，即战术上的速决战。上，善、好。美，得意。“弗美也”就是“善者果而已，不以取强”的意思。

意译

打仗的时候，以迅速勇猛地发动攻击为好，但是取胜了以后不要得意。如果得意洋洋，就等于以杀人为乐。如果以杀人为乐，就绝不可能得志于天下。

61·2·2 **吉事尚左，丧事尚右。是以偏将军居左，上将军居右，言以丧礼居之也。故杀人众，则以哀悲莅之；战胜，则以丧礼居之。**

此段采用楚简丙本，但根据王弼本删去段首“故”字。“丧事”一词，王弼本为“凶事”，帛书甲本和楚简丙本都作“丧事”，应该改为“丧事”。“哀悲”一词，各本都作“悲哀”；整段末尾“以丧礼居之”，各本都作“处之”。“哀悲”和“居之”语气凝重，比“悲哀”和“处之”要好。

尚左、尚右，相当于前面的“贵左”、“贵右”。偏将军、上将军，偏将军地位低，上将军地位高。“偏将军居左，上将军居右”即用兵贵右之意。莅，莅临、对待。

意译

吉利的事以左为尊，而丧事则以右为尊。所以偏将军位于左边，上将军位于右边，就是说采取丧礼的做法。因此如果杀人太多，就用悲戚的态度来对待；战胜了，就以丧礼来对待。

第六十二章

62·1 **道恒无名**、**朴**，**虽细**，**天地弗敢臣**。**侯王如能守之**，**万物将自宾**。**天地相合也**，**以雨甘露**，**民莫之令而自均**。

此段根据楚简甲本和帛书乙本订正。

朴，原木，比喻混沌、浑朴。细，小。臣，使臣服。宾，宾服、归服。合，会合。天地相合，快要下雨的时候，铅云低垂，阴沉沉的，仿佛天地之间距离缩短了。雨，下雨。甘露，甘霖，就是雨。令，命令、吩咐。莫之令，即莫令之。均，均平，到处都有雨。

这一节把有道的君主比喻成天上下的及时雨，到处都能得到雨水的润泽。

意译

道总是浑朴无名，似乎微不足道，可是连天地也不敢使它臣服。王侯如果能守住道，万物自然就会来归附。当铅云低垂、天地接近的时候，甘霖普降，人们不下指令却自然四处雨水均平。

62·2 **始制有名。名亦既有，夫亦将知止，知止所以不殆。譬道之在天下也，犹川谷之与江海。**

始制有名：制，裁制、控驭。始制，登基、即位。有名，有了名位。知止，知足，适可而止。殆，危殆、危险。譬，譬如。川谷，小河。这里把道比作江海，把天下万物比作小河。第22章说过"江海所以能为百谷王者，以其善下之，故能为百谷王"，可以参考。

末句根据楚简甲本订正。

这一节再次叮嘱君主要知足，要谦虚，这样才会万民归心。

意译

君主登基，就有了至高的荣名。既然有了至高的荣名，也就该知足了吧。知足才能避免危险。道和天下万物的关系啊，就好像一条条小河汇入江海。

第六十三章

63 **知人者智，自知者明；胜人者有力，自胜者强。知足者富，强行者有志，不失其所者久，死而不忘者寿。**

强行者有志：强，顽强、坚决、毅然。

不失其所者久：所，地方、寄托、志向。

意译

了解别人的人聪明，了解自己的人才真正有智慧；胜过别人的人有力量，战胜自己的人才真正强大。知足的君主才真正富贵，坚决沿着大道前进的才真正有志向，永不改变自己志向的才真正长久，离开人世后人民不会忘记的才是真正的长寿。

第六十四章

64·1 **大道泛兮，其可左右**。**成功遂事而不名有，万物归焉而不为主**。**则恒无欲也，可名于小；万物归焉而不为主，可名于大**。**是以圣人之能成大也，以其不为大也，故能成大**。

大道泛兮，其可左右：泛，大水漫流，比喻通行天下。可左右，可左亦可右，无所不在之意。

成功遂事而不名有：名，称说。有，有功劳，有成绩。

意译

大道通行天下，就像河水漫流。君主成就了功业，做出了成绩，却不自以为有功劳，有成绩；万物都归向他，他却不自居领袖。所以君主总是无欲啊，可以说很平凡；万物都归向他，他却不自居领袖，可以说很伟大。圣人之所以能够那样伟大，正是因为他不自居于伟大。

64·2 **执大象，天下往。往而不害，安平泰。**

大象，即道。安、平、泰，都是安定的意思。

意译

他手握大道，全天下的人民就都来归往他。人民都来归往，圣人绝不侵害他们，于是普天下的人民都安定、平静、舒泰了。

64·3 **乐与饵，过客止。道之出言也，淡兮其无味也，视之不足见也，听之不足闻也，用之不可既也。**

乐，音乐。饵，食物。止，停歇。足，值得。既，尽。

意译

音乐和食品能使过客止步。而道说出口的时候，却是那样的朴素，它尝起来淡而无味，看起来没什么值得看的，听起来没什么值得听的，可是用起来却从来都用不完。

第六十五章

65·1 **将欲翕之，必固张之；将欲弱之，必固强之；将欲废之，必固兴之；将欲夺之，必固与之，是谓微明。**

翕，合拢，比喻顺服。固，通故，姑且、暂时。张，张开，比喻张大、增强。微明，微妙的智慧。

《老子》全篇都谆谆教诲君主为善，所以对付坏人的权谋当然应该留在文章最后面才写出来。这也证明了《道经》本来就是在

《德经》后面的。

意译

想要叫他顺服，就一定先要把他抬高。想要使他削弱，就一定先要使他增强。想要使他覆灭，就一定先要使他兴盛。想要从他手中夺取，就一定先要给他东西。这就叫微妙的智慧。

65·2 **柔弱胜刚强。鱼不可脱于渊，国之利器不可以示人**。

柔弱胜刚强，这句话用来总结上一节的内容。脱，脱出、离开。渊，深潭，比喻潜藏、不显露。利器，锐利的东西，比喻智谋，指上节的“微明”。

意译

柔弱胜过刚强。鱼不能离开幽深的潭水，治国的谋略不能告诉别人。

第六十六章

66 **道恒无名，侯王若能守之，万物将自化。化而欲作，吾将镇之以无名之朴。镇之以无名之朴，夫亦将知足。知足以静，天下将自定**。

“道恒无名”是根据帛书甲、乙本订正的。王弼本作“道常无为而无不为”，张舜徽只把“常”字改为“恒”字；楚简甲本为“道恒无为也”。

楚简第66章夹杂在第20章两段文字之间；这两段文字中也都

有“无为”一语，楚简第66章可能因此而混入其间。或许《老子》在流传中，一部分人很早就将《道经》置于《德经》之前，因为《德经》首章有“上德无为”之句，就将《道经》末章的“道恒无名”改成了“道恒无为也”；当“上德无为，而无以为”变为“上德无为，而无不为”之后，“道恒无为也”就随之变为“道恒无为而无不为”了。韩非《解老》、《喻老》和帛书甲、乙本都是《德经》在前，《道经》在后，属于重视《德经》的系统；而楚简可能传承自《道经》在前、重视《道经》的系统。

15·3·1说“我无为而民自化”，“无为”是君主的做法，不能用来形容“道”；而且《道经》首章说“无名，万物之始也，万物之母也”，如果要使首尾呼应，末章就应该用“无名”，而不用“无为”。又从62·1可知，王侯守的对象是“道”而不是“无名”、“朴”，不存在有人所说的“无名”如何守的问题。“无名”的道能够使万物“自化”，可见它的作用之大。所以写定为“道恒无名”。

化而欲作，吾将镇之以无名之朴：作，作乱。吾，指王侯自己。镇，镇服，使安定。可能是用65·1里的“微明”来镇服。无名之朴，指道。

夫亦将知足。知足以静：根据楚简甲本写定。知足，帛书甲、乙本为“不辱”，可能是受了“知足不辱”（6·1）的影响；后人因音近而改为“不欲”，又有人继续将“不欲”改为“无欲”。“夫亦将知止”（62·2）和“夫亦将知足”是很相近的。知足，即“大成若缺”、“大盈若冲”（6·2·1）之意；就用兵而言，也就是“果而不强”（61·1·1）之意。

老子在篇末画龙点睛，指明“道”是治国的最高原则，“万物”“自化”、“天下”“自定”是他的政治理想。

意译

道总是无名啊，君主如果能守住它，万物就将自然归化。归化了却又有人蠢蠢欲动，我就用这浑朴无名的大道来镇服他们。已经用浑朴无名的大道镇服他们了，我也就达到目的了，不必仍不知足。君主知足而平静，天下自然就安定了。

（《道经》完）

关于海峡两岸合作建设闽台生态经济实验区的设想

一、引言

目前，着眼于未来海峡两岸政治统一的海峡西岸经济区建设仍然缺乏适合福建省和台湾地区特点的经济和社会发展的具体路径。在亚洲，中国与东南亚自由贸易区已经进入实施阶段，福建和台湾两地经济面临被边缘化的风险。无论是两岸自由贸易区的规划还是两岸共同市场的构想，都难以在闽台地区聚集资源、形成类似广东或浙江等地那样的经济增长极。近两年经常被引述的厦门与金门合并、设立厦金特别市的提议在两岸政治统一时间表尚未确定的情况下，很难行得通，在经济上也没有特别的意义。在文化交流上，福建方面“五缘”的提法过于空泛，难以引起海峡对岸的共鸣，也无法和经济建设实际结合起来。

中华大经济圈的整合已经为在不久的将来两岸实现政治统一准备了相当成熟的经济基础，但是还需要我们解放思想，设计更有可行性的经济融合方案。这个方案还应该在中国的社会建设和文化建设方面具有一定的前瞻性和示范作用。本文意在提出以下设想：海峡两岸合作建设闽台生态经济实验区。

二、闽台生态经济合作

近年来，大陆的经济发展对于自然环境的生态承载能力提出了极其严峻的挑战。在台湾地区，多年来生态灾难频繁发生，有识之士开始反思旧的经济增长观所带来的严重后果。经济发展不能以牺牲环境为代价的看法在两岸社会各界已经形成了共识。有了思想上的一致，只要出现合适的共同建设目标和方案，两岸经济、技术上的合作就是可以预期的了。

福建是多山的省份。这是劣势，因为在传统经济增长方式下难以获得广东、浙江等地那样的迅猛发展；这也是优势，因为一旦我们转变观念，福建很可能在台湾海峡（闽台）生态经济实验区的建设中成为山水秀美、人民安居乐业的模范省。福建的森林覆盖率为62.9%，排全国首位，生态环境质量综合评价稳居全国第一。如果我们不再追求经济上量的增长，而是寻求质的进步，那么在新的生态经济观的指引下，相信能够实现福建“又好又快”的发展。

在台湾地区，大量制造业移往岛外，人才外流，消费不振，经济乏力。台湾深陷依附型工业的困局，而传统的经济增长方式也已经难以为继。目前在台两党无视现实，纠缠枝叶，相互攻讦，都不愿承认大陆单方面的资源输送（对台湾长期巨额逆差），不可能从根本上振衰起隳。另一方面，台湾对于传统工业化的弊病认识得比较早，摸索出了一些行之有效的生态修复技术。如果和大陆许多方面更为成熟的生态环境整治技术（比如上海的城市地下水回灌技术）结合起来，用于闽台生态经济实验区的建设，那么不但可以带动社会就业，促进技术进步，还将更加切实地增进两岸人民的“共同体”认识和文化上的统合。马克思主义认为，经济基础决定上层建筑，具体可行的经济、技术合作必然会促进两岸迈向文化和政治的统一。台湾海峡也将在闽台生态经济实验区的建设中真正成为中国的内海。

在全国范围内，大规模的国土资源普查和生态环境普查已经展开或即将展开。根据日本工业化的经验，在经济增长达到一定阶段，全面的国土整治工作就要提上议事日程。中国也是人多地少、资源贫瘠的国家，经济发展到了今天，国土整治工作已经迫在眉睫。位于海峡两岸的福建省和台湾地区先行一步合作，重新安排山河，将在全国的经济战略大局中具有重要的典范意义和引导作用。在共同建设闽台地区和治理台湾海峡的过程中培育的大批优秀人才和产生的大量实用新技术，同样可以用于我国其他地区的生态经济建设和环境保护。

三、生态公社的前景

不仅如此，闽台地区的生态经济建设，将为人类在 21 世纪建立新的经济形态树立优秀的样板。生态经济建设，不仅是消极的环境整治，而且是积极的在更高层次上建设"第二自然"。以国土整治和污染防治作为起步，组织起来，开发新能源（太阳能和风能等），对资源和材料进行循环利用，将促进人与自然的和谐，实现经济的永续发展。

中国自古就有人与自然和谐的思想，在资本主义工业化和城市化的有害后果日趋严重的今天，显得尤为可贵。中国将来的小城镇和乡村的生态经济建设，很可能以"生态公社"（Eco Commune）作为基本的社会单元。生态公社是人口较少（从数千到数万）、经济上自足的生态文化共同体。莱斯特·R. 布朗所说的"大量的分散的小型动力源"，如太阳能、风能等，将彻底解决过去乡镇企业曾经普遍存在的能源匮乏问题，使生态公社在经济上的自我存续成为可能。而互联网的普及，将使"小邦寡民"的生态公社能够与外界畅通地交流信息，实现人类历史上最广泛的社会主义的民主。如果生态公社这种新的生产方式在神州大地上能够形成和推广，就将极大地降低新技术（如太阳能电池）的开发、应用成本，促进生产力的发展。这意味着社会主义的生产关系将真正得以确立和巩固。劳动者在他们自己的"自由人的联合体"中共同生产和生活，"万物负阴而抱阳，冲气以为和"。这将是在社会生产力已经取得飞跃的更高层次上向孔丘祖述的帝舜时代的中华文化源头复归。生态公社这一社会组织形式的发展和成熟，将使社会主义社会最终消除三大差别，通向共产主义的大同世界。

四、中国领导生态经济建设

在生态经济观的指引下，30多年前提出的闽台经济区的计划将第一次在海峡两岸得以实施。这个方案对于两岸的统一、对于全国的经济规划与协作，意义都是十分深远的。今天，闽台经济区的建设必须进入实际操作阶段，不能只是停留在纸面上。只有在共同的建设目标指引下，台湾人民才会真正体会到自己是中国人民的一部分，而不是孤悬海外的“亚细亚孤儿”，才会抛弃所谓“台湾悲情”的迷思，欣然融入到中华民族的大家庭里。

我们预计，今后十几年，中国主导的上海合作组织各国的经贸关系将更加密切，成员国在经济上将逐步走向融合；在上合组织经济一体化的基础上，通过自由贸易，以中国为中心将形成一个新的世界市场。这个与现有世界市场相平行的新的世界市场所容纳的诸国将在不远的将来，在中国领导下共同建设生态经济，应对人类社会生态急剧恶化的困境。这也可能是在全世界范围内实现社会主义的历史机遇。从这个意义上来说，闽台生态经济实验区的建设还是一个伟大的试验，它将为日后全球合作建设生态经济积累经验和教训。

人们已经认识到，无论市场还是计划，都是调节经济的手段。过去，我们强调市场较多，现在是到了重新认识计划作用的时候了。闽台生态经济实验区的合作建设，当以政府或政党为主导，在2010—2020年十年内分阶段逐步推行。深入研究将表明，在两岸现有的技术和经济条件下，合作起来建设生态经济实验区，不但是必要的，而且切实可行。这个构想将超越过去的“一国两制”框架，利用时机，赢得人心，促进祖国统一大业的早日实现。

初稿发表于《亚太经济》杂志，2007 年第 5 期

后记：春风杨柳万千条

一

《红楼梦》第七十回题名为《林黛玉重建桃花社　史湘云偶填柳絮词》，这个题目暗含了一个人的名字。宝玉撰《芙蓉女儿诔》，芙蓉比喻的实际上是黛玉。《离骚》中写道："制芰荷以为衣兮，集芙蓉以为裳"，东汉王逸解释说："芙蓉，莲华也。"曹雪芹于柳絮取柳字，于湘云取湘字，于黛玉取意莲华，合起来就是柳湘莲。在第五十一回，薛宝琴作诗十首，最后一首《梅花观怀古》中说："不在梅边在柳边"，暗示了薛宝琴与柳湘莲的婚姻。

在《青帝事业普贤行》一文里，我们说湘云和黛玉对应于《华严经》中的文殊和普贤，而宝琴对应于弥勒。文殊喻智，普贤喻行，所以湘莲二字寓意知行合一，用今天的话来说，也就是认识和实践的统一。弥勒是未来佛，因此薛柳结合寓意柳湘莲属于未来。柳字使我想起唐人的名句："渭城朝雨浥轻尘，客舍青青柳色新。"所以在曹雪芹的心目中，柳湘莲是他瞩望的未来时代的新人。

第六十六回讲湘莲"来见宝玉，二人相会，如鱼得水"，我们也可以说，柳湘莲是贾宝玉的化身。（贾宝玉见贾雨村的情景则与此相反，虽然曹雪芹对中举前的贾雨村亦感慨系之。）贾宝玉对应于《华严经》里的善财童子，柳湘莲亦有“开以智剑”（《华严经》第七十八卷）之概。

二

《红楼梦》所言“太虚幻境”就是人间，就是大观园。《金刚经》里讲：“一切有为法，如梦幻泡影，如露亦如电，应作如是观”，《好了歌》就是这个意思。《红楼梦》文字上深婉隽永的特色也来自于《金刚经》。《金刚经》兼有《诗经》和《老子》的风格，而与《诗经》的清婉更为接近。神会和尚读此经而悟“圆觉”与“空观”（参看胡适《荷泽大师神会传》），曹雪芹亦复如是（“智通”、“圆心”，第七十七回）。

《金刚经》是一篇佛教寓言，经中释迦牟尼说“然（燃）灯佛与我授记，作是言：汝于来世当得作佛”，曹雪芹写《红楼梦》也是在为未来的“柳湘莲”授记。《金刚经》言：“佛于然灯佛所，无有法得阿耨多罗三藐三菩提”，因为本来就“无有定法，名阿耨多罗三藐三菩提”。在曹雪芹时代眺望未来，新的一代从《红楼梦》领受的也应该是它的精神，而怎样“重建”要靠自己去摸索，因为“实无有法，得阿耨多罗三藐三菩提”，而“一切贤圣，皆以无为法，而有差别”。

三

1930 年，胡适在《胡适文选》自序中说：“我认定民国六年以后的新文化运动的目的是再造中国文明。”民国六年是 1917 年，这一年的 9 月，正当西方列强在一战当中相互绞杀的时候，王国维写成了《殷周制度论》。他自述这部著作是“于考据之中，寓经世之意”，那么这里面的“经世之意”究竟是什么呢?

在将近一百年后回顾近代的世界史，可以说西方文明主导的世界体系就像我们历史上的唐朝，第一次世界大战就好比结束了盛唐的安史之乱。《红楼梦》里冷子兴谈到荣宁两府，引用古人的成语“百足之虫，死而不僵”，说“如今外面的架子虽没很倒，内囊却也尽上来了”。王国维当时的感受必定也是如此。王国维考证“周改商制”，是在预言资本主义的世界体系要为一个新的世界体系所代替，而改制的“周公”应是中国文明的继承者。

同是在 1917 年，施本格勒完成了名著《西方的没落》的第一卷。1996 年，亨廷顿在《文明的冲突与世界秩序的重建》中承认，“自那时以来”，西方文明的衰落“一直是 20 世纪历史的主题”。亨廷顿说，“西方的力量相对于其他文明将继续衰落”，而“最重要的力量增长正在并将继续发生在亚洲文明之中，中国正逐渐成为最有可能在全球影响方面向西方挑战的国家”。

四

三年前，美国的金融资本集团为了减缓、转移即将到来的类似于20世纪30年代大萧条的经济危机，主动地提前引爆了这一次金融危机。（参看2010年6月22日政协委员何新先生的博客文章 http://blog.sina.com.cn/s/blog_4b712d230100jky3.html）美国不但要从中国“这个世界上所知道的最大的潜在富源汲取利润”（转引自列宁的《帝国主义是资本主义的最高阶段》），还要在金融上对中国进行最大限度的压榨和掠夺。

金融资本是人类社会的血吸虫。这些金融贵族煽起整个世界的贪欲，使人与人之间的矛盾，人与自然之间的矛盾，空前激化。未来的新制度，一定要铲除金融寡头产生的土壤。而历史的经验告诉我们：没有斗争，就没有和谐。

五

这本书里的大部分文章写于2008年4月至2010年9月之间。这当中的重要变化是2009年7月来到北京，开始在李稻葵教授指导下从事博士后研究。李老师为人温厚，是一位吐属俊雅、博闻洽识的社会科学家。李老师现任中国人民银行货币政策委员会委员，他在清华主持的中国与世界经济研究中心（Center for China in the World Economy）正建设成为我国一流的思想库。以今视昔，离弃浅池，航行深海，幸甚至哉！

承蒙杨学军老师促成此书的出版，他原是《绿叶》杂志的主编，多年来一直致力于战略思想的研究和传播。感谢商务印书馆的常绍民先生和丁波先生，他们都是史学专家，学养渊深，提的修改意见周到而中肯。

我记得自己在香港科技大学读博士时（2003 年 2 月到 2007 年 1 月）的那些日子，这本文集里的一些想法是在清水湾边科技大学学习期间萌生的。在那里，我的导师丘东晓教授（如今他在香港大学任教）、原经济学系主任郑国汉教授（现在是商学院院长）和胡膺期教授给了我很多帮助。我会永远感激他们！

两年多的时间过去了，而今，生活在清华园里，闻亭、荒岛、静安先生纪念碑，朴拙的庭院，挺秀的古木，清淑的空气，真使我感到“人文日新”，“秋日胜春朝”。现在，这本书放在了读者的面前，希望你们能给我以教益，欢迎联系 yuhy5@sem.tsinghua.edu.cn。

庚寅年秋，于燕门舜德楼